弁護士が答える Q&A 100

民事信託

大阪弁護士会
司法委員会信託法部会 編

日本加除出版株式会社

は し が き

　2006年（平成18年）の信託法改正に伴い，財産の管理や承継等の分野において信託法適用の場面が大きく拡がることとなりました。そして，昨今，世間では，民事信託や家族信託などといった言葉が多く飛び交っています。信託は，比較的柔軟な設計が可能な仕組みであり，例えば，自身の財産について自らの認知能力が低下した後の管理方法を定めておきたいといった場面や，障がいを持った子どもを持つ親として，その子どものために自身の死後の財産の承継や管理の方法を定めておきたいといった場面など，財産の管理や承継に関する様々な場面で自身の意思を生かすことができるものとしてその活用範囲は非常に広いと言われています。

　大阪弁護士会では，上記信託法の改正に際し，法制審議会信託法部会から公表された「信託法改正要綱試案」のパブリックコメントに対する意見書を提出し，その後も信託法の研究を進めてきました。そして，2010年度（平成22年度）からは，司法委員会のなかに信託法部会を新設し，研究だけではなく，研修や高齢者・障害者総合支援センター（通称「ひまわり」）と信託法部会が合同でパンフレットを発行することなどを通じて会員の弁護士等に対して信託に関する情報提供を行ってきました。

　一般に，信託において当事者は３名以上になりますし，また，信託は比較的長期に亘って存続することも予定されていることから，財産の管理や承継等をめぐる様々な問題の解決にあたっては，信託以外の制度の利用可能性も検討しつつ，必要に応じて，複雑かつ長期に亘る信託のスキームを的確に構築し，かつ，運用することが必要不可欠です。

　適切な民事信託の普及を図るとの観点から，この度，大阪弁護士会司法委員会の研究により得た知見やノウハウ等の蓄積を，Q&Aという形式で，民事信託の利用者や弁護士をはじめとする専門家，金融機関関係者など民事信託に関わる皆様にお届けしたいと考えて，本書を発行しました。

　本書が，財産の管理や承継等の場面において，後見や遺言などと同様に，

専門家によって民事信託が十分かつ適切に活用されることの一助となること
を祈ってやみません。

2019年（令和元年）10月

大阪弁護士会　会長　今　川　　　忠

凡　例

[**法令等**]

法	信託法
旧信託法	信託法（大正11年法律第62号）
改正信託法	信託法（平成29年法律第45号による改正後の信託法）
信託令	信託法施行令
信託規	信託法施行規則
信託業	信託業法
公益信託	公益信託ニ関スル法律
信託業令	信託業法施行令
民又は民法	民法
改正民又は改正民法	民法（平成30年法律70号による改正後の民法）
会	会社法
金商法	金融商品取引法
不登法	不動産登記法
不登令	不動産登記令
地法	地方税法
所法	所得税法
所法令	所得税法施行令
所法規	所得税法施行規則
法法	法人税法
法法令	法人税法施行令
消法	消費税法
消法令	消費税法施行令
相法	相続税法
相法令	相続税法施行令
相法規	相続税法施行規則
租特	租税特別措置法
租特令	租税特別措置法施行令
租特規	租税特別措置法施行規則
所基通	所得税基本通達

凡　例

法基通　　　法人税基本通達

［裁判例］
最判平成４．７.14民集46‐5‐492

　　→　最高裁判所平成４年７月14日判決最高裁判所民事判例集46巻５号492頁

［参考文献等］

伊庭　伊庭潔（編著）『信託法からみた民事信託の実務と信託契約書例』（日本加除出版，2017）

神田＝折原　神田秀樹，折原誠『信託法講義』（弘文堂，第２版，2019）

道垣内　道垣内弘人『信託法　現代民法　別巻』（有斐閣，2017）

条解　道垣内弘人（編著）『条解信託法』（弘文堂，2017）

新井　新井誠『信託法』（有斐閣，第４版，2014）

遠藤　遠藤英嗣『家族信託契約―遺言相続，後見に代替する信託の実務―』（日本加除出版，2017）

田中　田中和明（編著）『詳解　民事信託―実務家のための留意点とガイドライン』（日本加除出版，2018）

能見＝道垣内１　能見善久＝道垣内弘人（編）『信託法セミナー１―信託の設定・信託財産』（有斐閣，2013）

能見＝道垣内４　能見善久＝道垣内弘人（編）『信託法セミナー４―信託の変更・終了・特例等』（有斐閣，2016）

寺本　寺本昌広『逐条解説　新しい信託法』（商事法務，補訂版　，2008）

於保＝中川　於保不二雄＝中川淳（編）『新版注釈民法⑵⑸親族⑸』（有斐閣，改訂版，2004）

目　　次

第 **1** 章　信託の設定

第 **2** 章　信託財産

第3章　受　託　者

Q33　受託者の選任についての一般的な注意点

Q34　信託業法との関係

Q35　一般社団法人を受託者とする場合の注意点

Q36　個人（親族・知人）が受託者となる場合の注意点

第 **4** 章　受益者・受益権

第 **5** 章　受益者代理制度

第 **6** 章　委 託 者

第 **7** 章　信託の変更

第 **8** 章　信託の終了と清算

第**9**章　そ　の　他

Q84　追加信託

　費用を賄うなどのために信託財産を追加することはできますか。また，自己信託で追加する場合，手続上，留意すべき点はありますか。——— 291

第10章　具 体 例

Q85　親亡き後問題

　X（70歳）は，自宅の他，賃貸マンション，現預金を有しています。妻は既に死亡しており，Xは障がいを有している独身の息子Aと同居していますが，高齢のため自ら賃貸用マンションの管理を続けることが難しくなってきました。自分が死亡した後も息子Aが自宅に住み続けることができ賃貸マンションの収益で生活をしていってほしいと思っていますが，息子Aがきちんと賃貸マンションの管理をしてその収益を確保できるかが気がかりです。また，自分が認知症になり施設に入らなければならなくなったときや自分の死後，息子Aが自宅で居住できず施設等で居住をしなければならない場合には，自宅を売却してそのための費用に充ててほしいと考えています。また，自宅や賃貸マンションの管理や売却について，いつも気にかけてくれている別居している娘Bに任せたいと考えています。——— 295

Q86　後継ぎ遺贈型受益者連続信託

　Xには，先妻（先に死亡）との間に長男Aがいます。Xと後

妻Yとの間に子どもはおらず，また，後妻Yと長男Aの間で養子縁組も行われていません。Xは，後妻Yと自宅で居住していますが，自分が生きている間はこれまでどおり自分は自宅に居住し，自分が死んだ後も，後妻Yの存命中は後妻Yを自宅に住まわせたいと希望しています。しかし，後妻Yと長男Aの関係は芳しくなく，自分の死後，長男Aが後妻Yをないがしろにしないか気がかりです。なお，後妻Yの死後は長男Aが自宅を相続してもやむを得ないと思っています。

Q87　事業承継

　XはA社の代表者であるところ，70歳になったのを契機に，事業承継について考えはじめました。A社はXが創業した会社（非上場会社）で，株式は全てXが保有しています。Xには長男Y（42歳）と長女Z（40歳）がいます。妻には先立たれています。

　長男YはA社に入社して20年になり，現在取締役です。長女Zは専業主婦で，A社の経営に関わる気はなさそうです。Xは，A社は長男Yに継がせたいと考えているものの，あと5〜6年は代表を譲るつもりはありません。A社の株価を算定してもらうと比較的高額になり，全株式を長男Yに引き継がせると遺留分の問題も発生します。

Q88　離婚給付

　自営業を営むX（50歳）には，妻Y（35歳），子A（11歳），子B（8歳）がいますが，今般Xが妻Yと協議離婚することとなり，A，Bの親権はいずれも妻Yが持つことになりました。養育費については，妻Yは，Xの事業の悪化もあり得ることから将来養育費を確実に支払ってくれるのか不安があるので養育費を一括で支払ってほしいと希望しています。Xも，子どものために使われるのであれば一括で養育費を支払っても構わない

Q89　不動産活用のための信託

Q90　自己信託の活用

　　相談者X社は，この度，Y社から甲土地を購入することを前
向きに検討していますが，甲土地に土壌汚染が存在しないかを
確認するため，土壌汚染調査を行いたいと考えています。

　　一方，Y社としては，資金繰りの関係から，土壌汚染調査の
結果を待たずに早期に甲土地を売却して現金化したいと考えて
いますが，早期売却のため必要以上に安価な売却も避けたいと
考えており，できれば購入希望金額が高額なX社に売却したい
とも考えています。

第**11**章　税　務

Q94　信託設定時の課税関係

Q95　信託期間中の課税関係

Q96　信託終了時の課税関係

Q97　税務署長に提出しなければならない書類

第1章 信託の設定

 **1 民事信託**

民事信託をめぐる現在の状況を教えてください。

　生前の財産管理から，死亡後の財産承継まで，高齢者の財産を，高齢者の意思に沿って管理活用できる方法としての有用性が社会的に認識されるようになったことから，民事信託が注目されています。

1　平成18年信託法改正まで

大正11年の信託法制定後，平成18年信託法改正までは，信託銀行が主たる信託の担い手でした。

これに対して，平成18年信託法改正では，商事信託を使いやすくするだけでなく，福祉型信託など民事信託にも信託法が積極的に活用されることが期待されていました。

2　平成18年信託法施行後

しかしながら，信託法（平成18年法律第108号）施行直後は，信託銀行以外には必ずしも信託が積極的に利用されているわけではありませんでした。

その理由としては，信託が信託銀行を担い手とする商事信託として理解されており，信託銀行以外の当事者や専門家が活用することができるものとして，認知されていなかったからかもしれません。

その後，施行10年を経て，社会において徐々に民事信託が認知されるよう

になり，民事信託を扱う専門家も多くなっています。

3　近時の状況

(1)　後見制度支援信託の利用の開始

平成24年より後見制度において，後見制度支援信託が利用されています。後見制度支援信託とは，後見制度による支援を受ける本人の財産のうち，日常的な支払をするのに必要十分な金銭を預貯金等として後見人が管理し，通常使用しない金銭を信託銀行等に信託する仕組みをいいます[1]。

その後，後見制度支援信託の利用は拡大しており，後見制度支援信託に基づく信託銀行等に対する預貯金量も大幅に増えているようです。

(2)　教育資金贈与信託の普及

信託銀行も，個人向けの信託商品の開発を試みており，子や孫への教育資金を長期にわたって給付していく商品として，教育資金贈与信託（委託者が，その孫等の教育資金として信託銀行等に金銭等を信託した場合に，1,500万円（学校等以外の教育資金の支払に充てられる場合には500万円）を限度として贈与税が非課税になる信託[2]）を開発しており，広く利用されています。

(3)　民事信託における信託口口座の利用の拡大

民事信託を設定する場合，金銭や預貯金を分別管理する方法として，通常，信託口口座を開設しています。今のところ全ての金融機関で信託口口座を開設できるわけではありませんが，積極的に信託口口座を受け入れている金融機関では，近時，年を追うごとに開設が増えているところです（→Q22参照）。

4　高齢社会と信託の有用性への理解の拡大

高齢社会の進展に伴い，認知症に関わる問題もよりクローズアップされるようになっています。そこでは，認知症となった高齢者の財産の管理や活用の手段が必要となり，さらには，高齢者の財産の次世代への承継も問題とな

---

1)　最高裁のパンフレット「後見制度において利用する信託の概要」（http://www.courts.go.jp/vcms_lf/210034.pdf）参照。
2)　信託協会（https://www.shintaku-kyokai.or.jp/products/individual/assetsuccession/education.html）参照。

ります。

　また，いわゆる親亡き後問題も注目されています。親亡き後問題とは，障がいのある子の親が，自身の死後に備えて，子への財産承継や財産の管理活用をいかにして行えばよいかという問題ですが，親の生前の段階であっても親自身が将来認知症になった場合に備えて財産管理をいかに行うべきかとの問題も伴います。

　以上のような認知症や親亡き後問題の解決策としては，もとより，成年後見制度や任意後見，財産管理制度のほか，遺言・相続の制度の利用も考えられますが，それぞれに，メリットもデメリットもあります。そうした制度の不備を補い，それにとどまらない高齢者の意思に沿った資産活用や資産承継の手段として，民事信託の有用性が社会に理解されつつあります（後見制度との対比につきQ5参照）。

　実際に高齢者が認知症になってしまうと，成年後見制度というセーフティネットはあるものの，遺言を作成できなくなるおそれがあるほか，具体的な資産の活用や利用には大きな制約が生じます。高齢者が生前に自らの意思に沿った資産の利用や活用，資産の承継をするためには，認知症になる前に対策を講じることが必要であり，その方法の一つとして信託の利用が考えられます。

　また，信託は，相続や遺言に代わる高齢者の死亡後の財産承継にも利用でき，特に後継ぎ遺贈型の受益者連続信託のように遺言等の他の制度ではなし得ないことを実現できることもあります。

　民事信託であれば高齢者の生前の財産の管理活用と死後の財産承継を1つの契約で行うことができることから，上記のような問題をはじめとして，様々な場面における問題解決の方法として有用性が理解され，活用されるようになっています。

 **2　信託の特徴・機能**

信託にはどのような特徴や機能がありますか。

　　信託は，委託者が信頼できる第三者（受託者）に財産権を移転し，一定の目的（信託目的）に従い，受託者が受益者のために当該財産（信託財産）を管理・処分する制度です。財産管理制度の一形態ですが，信託財産の所有権等の権利の帰属（所有権，管理処分権は受託者に帰属）と経済的利益の帰属（受益権は受益者に帰属）が分離する点に特徴があります。このような特徴から，信託は転換機能や倒産隔離機能など多様な機能を有することになります[3]。

1　信託の特徴

　信託は，信託法によって認められた財産管理制度です。財産管理制度としては民法にも代理，委任などがありますが，これらの制度は，財産権の帰属権利者がその財産権を留保したまま他人に財産を管理・処分をさせる制度です。これに対し，信託は，委託者が受託者に財産を移転し，受託者に信託目的に従い受益者のために財産を排他的に管理・処分する権限を付与する制度です。これによって財産の権利の帰属と経済的利益の帰属が分離し，代理，委任などとは異なる様々な機能が出てきます。信託法では，委託者と受託者が同一である自己信託が認められ（法3条3号），財産の受託者への移転は必須ではありませんが，自己信託の場合も，財産を委託者の財産から分離するという点では財産の移転と同様な効果があります。

　四宮和夫教授は，「信託は，その目的が不法や不能でないかぎり，どのような目的のためにも設定されることが可能である。したがって，信託の事例は無数にありうるわけで，それを制限するものがあるとすれば，それは，法

　3）信託の機能の分類については，様々な試みがされていますが，ここでは転換機能については四宮和夫教授の分類をもとにしています。

律家や実務家の想像力の欠如にほかならない」といわれています（四宮和夫『新版　信託法』（有斐閣，1989）15頁）。信託の機能は多様であり，信託への信頼を確保しながら，実務のニーズに応じた信託の活用が求められているといえます。

2　転換機能

(1)　権利者の属性の転換

　財産の管理・運用の専門家でない者が，財産を専門家に信託し，管理・運用をしてもらう場合に，信託は有用です。信託財産は金銭のこともあれば，不動産の場合もあります。例えば，土地を所有する個人（委託者）が所有地にテナントビルを建築し賃貸業を営もうとする場合，専門家に土地を信託し，専門家（受託者）がその高い信用力を利用して資金調達し，ビルを建築してテナントに賃貸することにより，委託者（兼受益者）はその収益の配分を受けることができ，委託者は自らではできない土地活用が可能となります。

　信託を利用して権利者の属性を個人から専門家（法人）に変更することにより，専門家の高い財産管理能力や信用力を利用することができ，さらには相続などの影響を受けないようにできます（相続財産は不動産から受益権に転換されています。）。

(2)　権利者の数の転換

　複数の権利者を単一にし，あるいは単一の権利者を複数にすることができます。例えば，複数の地権者が有する土地を一体として活用するために，信託を利用して権利を受託者に集約し，権利関係を簡明にすることができます。

　また，賃貸ビルを信託して，その受益権を小口化して売却する場合は，権利者は単一から複数に転換されます。資産流動化において，有力な方法です。

(3)　財産権享受の時間的転換

　自己や近親者などの将来に備えることを目的に，財産権の利益享受の時点を将来に延期する機能です。例えば，親（委託者）が浪費癖のある子（受益者）の将来の生活費に充てるため，信託を利用する場合です。この場合，受益者である子は信託に定められた時期に定められた給付を受けますが，信託

で認められた以上の給付を受託者に求めることはできません。信託により委託者の意思に従って長期的な財産保全が可能となります。

⑷　財産権の性状の転換

財産権が持っている性状を転換する機能です。例えば，不動産を信託した場合，受益者が有する権利は，受託者に対する受益権という権利に転換されます。例えば，不動産をそのまま流動化させることは困難ですが，受益権に転換することにより，それを小口化あるいは証券化して流動化させることが容易になります。

また，受益権の内容は，信託行為において定めることができることから，優先的に利益の配分を受ける受益権（優先受益権）と優先受益権が分配を受けた後に分配を受ける受益権（劣後受益権）を創設することも可能です。受益権に優劣関係を作ることにより，資産流動化スキームで投資家のニーズに合わせた権利を創出することができます。

3　倒産隔離機能

信託では，信託財産は，委託者から受託者に移転して委託者の財産から切り離されるとともに，受託者の固有財産からも分別管理されます。その結果，信託財産は，委託者や受託者の固有財産からは独立した財産となり，委託者や受託者の債権者は，信託財産に対し強制執行できませんし（信託財産責任負担債務を除きます。Q25参照），委託者や受託者が破産しても信託財産は破産財団とはなりません。資産流動化スキームにおいて投資家の権利を保全するために重要な役割を果たします。

このような機能を倒産隔離機能といい，信託財産，ひいては受益権を有する受益者の保護を図ることができます。

 **3　信託の構成要素**

信託の主要な構成要素は何ですか。

　信託の主要な構成要素は，①信託目的，②信託行為，③信託財産，④委託者，⑤受託者，⑥受益者です。

1　はじめに

　信託においては，財産を預ける人（委託者）とその財産の管理又は処分等を行う人（受託者），その財産に係る給付の利益を受ける人（受益者）の３人の人物が登場します。そして，どのような目的でどのように財産を管理又は処分等をするのか基本的な方向性を定めて（信託目的），委託者が受託者に財産（信託財産）を譲渡すること（信託行為）が必要です。信託財産は，預けるのではなく，委託者から受託者へ所有権が移転します。受託者は，信託目的に従って，信託財産の管理又は処分等を行い，受益者が信託財産に係る給付の利益を受けます。

　例えば，本人が単身，高齢となって施設へ入所すると，本人が自宅の管理をすることができなくなります。そこで，自宅を貸家に出し，家賃収入を施設料等の支払に充てられるように（信託目的），本人（委託者）が，長男（受託者）に自宅（信託財産）の管理・運用を委ね，長男に自宅の所有権を譲渡します（信託行為）。長男は，この信託目的に従って，自宅を貸家に出して管理・運用し，委託者である本人は，同時に受益者となり，自宅の賃料収入を長男から交付してもらうということが考えられます。

　このように，信託の主要な構成要素としては，①信託目的，②信託行為，③信託財産，④委託者，⑤受託者，⑥受益者が挙げられます。

2　信託目的

　信託目的とは，信託の基本的な方向性を定めるものです。受託者は，信託

目的に従って，信託財産を管理又は処分等を行う必要がありますから，信託目的は，受託者の権限の範囲を示すものでもあり，受託者がどのような行動をとるべきかを示す基準ともなります（法2条1項）。

信託目的には，信託財産をどのように管理又は処分等をするかというだけでなく，受益者にどのように利益を与えるかということも含まれます。

信託目的は多種多様ですが，専ら受託者の利益を図る目的でなされる信託は有効に成立しません（法2条1項括弧書き）。専ら受託者の利益を図る目的でなされているかどうかは，形式的に，受託者の行動を決定する基準としての「目的」が，自分自身の利益を図るべしとされているか否かではなく，その信託によって，当事者が達成しようとした実質的な経済的効果に照らして判断されるべきと思われます（条解20頁）。

3　信託行為

信託行為とは，信託を設定するための法律行為をいいます。信託を設定する方法としては，信託契約による方法（信託契約→Q7），遺言による信託（遺言信託→Q8），信託宣言による方法（自己信託→Q9）の3つがあります（法2条2項）。

信託契約は，委託者と受託者の合意によって成立します。遺言信託は，委託者の単独行為であり，民法の遺贈に関する規定が類推適用されます（→Q8）。

自己信託（信託宣言）は，前述の例のように，委託者と受託者を同一人が兼ねる信託の類型です。自己信託（信託宣言）も単独行為ですが，財産の隠匿や執行免脱等の弊害を防止するため，公正証書その他の書面又は電磁的記録によって意思表示を行わなければなりません（要式性）。

4　信託財産

信託財産とは，受託者に属する財産であって，信託により管理又は処分をすべき一切の財産をいいます（法2条3項）。

信託財産の種類には，原則として制限はなく，金銭，動産，不動産，株式

など，金銭的な価値があり，委託者から移転することが可能な財産であれば信託財産とすることができます。ただし，信託財産となり得るものは積極財産だけであり，消極財産は信託することができないと一般的に考えられています（→Q19）。

5　委託者

　委託者とは，一定の財産を預けて信託をする者であり，信託契約，遺言信託，信託宣言の方法によって，信託を設定する者です（法2条4項）。自己信託（信託宣言）では，委託者が同時に受託者を兼ねることができます。

6　受託者

　受託者とは，信託の担い手（信託財産の名義人）であり，信託行為の定めに従い，信託財産に属する財産の管理又は処分及びその他の信託の目的を達成するために必要な行為をすべき義務を負う者をいいます（法2条5項）。

7　受益者

　受益者とは，信託の利益を享受する受益権を有する者をいいます（法2条6項）。受益権とは，信託行為に基づいて受託者が受益者に対し負う債務であって，信託財産に属する財産の引渡しその他の信託財産に係る給付をすべきものに係る債権（受益債権）及びこれを確保するために信託法の規定に基づいて受託者その他の者に対し一定の行為を求める権利（監督的権利）をいいます（同条7項）。

　受益者は，信託行為の当事者ではないので，信託の成立の局面では，委託者と受託者の背後に隠れて表には出てこないのですが，信託は，受益者のための財産管理制度であり，一旦，信託が成立すると，全てが信託行為に基づいて受益者のために動き始め，受益者が，信託の主役となります。

 **4　信託の種類**

信託にはどのような種類がありますか。

　いくつかの観点から分類されています。

　まず，原因となる経済行為による分類として，民事信託，商事信託があります。また，信託利益の帰属先による分類として，自益信託と他益信託があります。

　さらに，信託の設定方法による分類として，信託契約，遺言信託，自己信託（信託宣言）があります。

　そのほか，信託目的による分類として，公益信託，私的信託があります。

1　民事信託・商事信託

　民事信託と商事信託については，論者によりいろいろな分類方法がありますが，原因となる経済行為による分類として，例えば，原因となる経済行為が長期の財産管理制度と組み合わされた贈与（gift）であり，主として財産の管理・承継のために利用される信託を民事信託とし，原因となる経済行為が対価の交換を伴う取引（deal），すなわち商取引であって，主として財産の管理・運用（投資）に利用される信託を商事信託とする分類方法があります（神田＝折原5，6頁）。

　民事信託は，例えば，いわゆる親亡き後問題等の場合に使われています。本人（委託者）が賃貸マンションを所有しており賃料収入がある場合に，受託者との間で当該マンションを信託財産とした上で，本人（委託者）の生前には本人（委託者・第1次受益者）へ，本人の死亡後には障がいのある息子（第2次受益者）へ，毎月賃料を配当として定期的に受け取るようなスキームで信託契約を締結することが考えられます。本人（委託者）の死亡時にも中断なく管理を続けながら，財産の承継を図ることができます。

　商事信託の例としては，投資信託，資産流動化信託，株式処分信託（受託者に株式等を拠出することによって，インサイダー取引規制や相場操縦等に抵触することなく株式を市場で処分するスキーム）等が挙げられます。

2　自益信託・他益信託

　信託利益の帰属先による分類として，委託者自らが受益者となる信託を自益信託，委託者以外の者が受益者となる信託を他益信託といいます。

3　信託契約・遺言信託・自己信託（信託宣言）

　信託の設定方法による分類として，信託契約，遺言信託及び自己信託（信託宣言）の３つがあります（詳細については，Q7～9参照）。日本における信託は，ほとんどが信託契約です。

4　公益信託・私益信託

(1)　公益信託

　信託目的による分類として，受益者の定めのない信託（法258条以下）のうち，学術，技芸，慈善，祭祀，宗教その他公益を目的とする信託で，主務官庁の許可を受けたものを公益信託といいます（公益信託1条，2条）。公益信託は，公益目的であり，受益者は社会一般であるとして特定の受益者は存在せず，受益者の定めのない信託（目的信託）の一つですが，公益性の観点から目的信託の期間制限（20年）の適用はなく（公益信託2条2項2号），存続期間は無制限であり，主務官庁の監督に服します（公益信託3条）。

　もっとも，平成30年12月18日に「公益信託法の見直しに関する要綱案」が取りまとめられており，公益信託法は近い将来に改正予定です。同改正では，主務官庁による許可制の廃止，公益信託事務及び信託財産の範囲の拡大等が予定されています。

(2)　私益信託

　公益信託以外のものを私益信託といいます。

 **5　信託と類似の制度─財産管理**

　信託は，他の財産管理（委任・寄託・後見）の制度とどのように異なるのでしょうか。

　信託には，他の財産管理制度と異なり，委託者が信託財産の所有権を受託者に移転させるという特徴があります。また，信託と他の民法上の財産管理制度とは，それぞれ主に次の点で異なります。

　信託と委任を比べると，信託では，受託者が行った法律行為の効果は，信託財産に帰属するのに対して，委任に基づく代理では，代理人が行った法律行為の効果は，直接に本人に帰属します。また，信託では，契約当事者が死亡しても当然には終了しませんが，委任では，本人又は代理人のいずれかが死亡すれば終了します。

　信託と寄託を比べると，財産の引渡しが行われるという点は類似しますが，信託では，財産の所有権が受託者に移転するのに対して，寄託では，財産の占有権が移転するだけで，所有権は移転しません。

　信託と後見を比べると，信託は，本人（委託者）が選択した財産のみを受託者による財産管理の対象とすることができますが，法定後見は，本人の全財産が後見の財産管理の対象となります。また，信託では，本人（委託者）の意思能力が十分なときに設定され，身上監護は対象となりませんが，法定後見では，本人の意思能力が不十分になった場合に適用され，身上監護も対象となります。

1　信託による財産管理

　信託と他の財産管理制度との違いを一言で言い表すとすれば，信託は財産管理と財産承継を一度に行うことのでき得る制度だということです。

　本来，自分の財産は自分で管理するのが原則ですが，何かの理由により，自分で管理できない場合や他人に頼んだ方がよい場合があります。他人に財

産を管理してもらう財産管理制度には，委任に基づく代理，寄託，後見などがあり，信託もその一つです。

信託では，受託者が，委託者から財産の移転を受け，それを信託財産として信託目的に従い，受益者のために管理することになります（→Q3）。信託と他の財産管理制度は，他人による財産管理という点で類似しますが，信託は，信託財産の所有権を委託者から受託者に移転させ，信託財産の権利の帰属主体（受託者）と利益の帰属主体（受益者）を分離させる点が，他の財産管理制度と大きく異なります。

2 委任との相違点

委任・準委任とは，委任者が法律行為その他の事務処理を受任者に委託する契約です（民643条）。

委任に基づく代理では，管理等を委託された財産の所有権が受任者たる代理人に移転することはなく，名義も本人のままです。本人が，財産の管理又は処分等の権限を失うわけではなく，代理人と本人が共同して管理又は処分等を行うことができます。受任者が委任者のために自己の名において取得した権利は，委任者に移転する義務を負い（民646条），受任者が委任者の代理人として法律行為を行った場合は，委任者に直接その法律効果が帰属します（民99条1項）。

これに対して，信託では，信託財産の所有権が受託者に移転し，名義も受託者の名義になります。信託財産の管理又は処分等の権限は受託者に専属し，委託者又は受益者が直接に管理又は処分等を行うことはできなくなります。そして，受託者が行った信託財産の管理又は処分等の法律効果は，信託財産の権利者（所有者）である受託者を通して，信託財産に帰属します。

終了に関して，委任の場合，本人又は受任者のいずれかが死亡すれば終了します。これに対して，信託では，委託者が死亡しても当然には終了せず，また，信託財産の権利者（所有者）である受託者が死亡しても，新たな受託者が受託者の任務を引き継げばよいので，信託契約の当事者が死亡しても当然には終了しません。

3　寄託との相違点

　寄託は，寄託者が受寄者に対して，保管を目的として物を預ける契約です（民657条）。寄託者から受寄者に，財産の引渡しが行われる点は，信託と類似します。

　しかし，寄託では，財産の占有権が移転するのみで，所有権は移転しません。また，信託では，受託者は，信託財産の管理又は処分等を行いますが，寄託では，受寄者は寄託物を保管し，返還する義務を負うのみであり，信託と異なります。

　受寄者が寄託物を消費できる消費寄託（同法666条）の場合（なお，金銭の寄託の場合，封金にしたような場合を除いて原則として消費寄託になると解されています。）は，目的物の所有権が受寄者に移転する点で，信託財産の所有権が受託者に移転する信託と類似します。しかし，消費寄託の場合は，寄託物は受寄者の完全な所有物となるため，受寄者は，自らのために寄託物の管理又は処分等を行い，その効果も受寄者に帰属することになります。これに対して，信託では，受託者は，受益者のために信託財産の管理又は処分等を行い，その効果も信託財産に帰属する点が異なります。

4　後見との相違点

　後見は，本人の判断能力が不十分になった場合に，裁判所の監督・関与のもとで，財産管理及び身上監護（食事の介助などの事実行為は含まれません。）を行う制度です。後見には，未成年あるいは成年に関する法定後見（判断能力の程度により，後見・保佐・補助に分かれます。）と任意後見契約があります。成年後見と任意後見契約は，いずれも本人の判断能力が不十分になった場合に適用されますが，成年後見と異なり，任意後見契約は，本人の判断能力が十分なときに設定される点で信託と類似します。

　成年後見では，本人の財産に関し，後見人が管理処分の包括的代理権を持ち，本人の行為について取消権を有します。成年後見では，後見人は被後見人の財産の維持に努める必要があるため，贈与など他人のために財産を利用することは困難であり，本人の全財産が財産管理の対象となります。

　これに対して，信託であれば，本人（委託者）が選択した財産のみを受託者に託すことができます。信託では，裁判所の一般的な監督に服することなく，どのような監督方法をとるかについても，本人（委託者）の意思に基づき決定することができます。任意後見契約でも，本人が選択した財産のみを対象とすることができ，どのように財産を管理又は処分等するかについても本人が決めることができる点で，信託と類似しますが，本人の判断能力が不十分となり任意後見が開始されると，後見監督人を通じて，裁判所の一般的な監督に服することになります。

　信託は，あくまで財産管理の制度であるため，施設料の支出は可能ですが，施設の入所契約の締結などの身上監護は対象となりません。本人（委託者）の身上監護が必要になった場合には，信託だけでは十分に対処することはできず，後見制度を併用し，互いに補完しあうように利用されることが望ましいといえます。

　終了に関して，後見は，被後見人の死亡により終了しますが，信託では，委託者の死後の財産管理処分についても決めることができます。

 **6　信託と類似の制度─財産承継**

　信託は，他の財産承継（遺言・生前処分）の制度とどのように異なるのでしょうか。

　遺言は，本人が死亡したときの財産の承継方法を定めるもので，相続人又は受遺者は遺言で定めた財産を，本人（被相続人）の死亡時に，承継します。遺言では，本人の生前の贈与を定めることはできませんし，相続人が承継した財産のその後の承継方法まで定めておくことは無効であるとする見解が有力です。また，相続財産を分割して，定期的に渡すという方法を定めておくことも同様です。

　これに対して，信託では，信託行為の定めによって，本人の死亡後だけでなく，本人の生前や受益者が死亡した後の財産の承継方法まで定めておくことができ，さらに財産を分割して，定期的に受益者に渡すといった方法を実現することもできます。

　また，生前処分として不動産を譲渡や贈与した場合，譲受人や受贈者に，実質的にも形式的にも不動産の所有権が完全に移転しますが，自益信託の場合，形式的に不動産の所有権が移転しても，賃料など収益を受ける経済的な利益は本人（委託者）に受益権の形で残しておくことができます。

1　信託による財産承継

　信託の財産承継は，信託の終了に伴い帰属権利者へ信託財産が帰属することや，その他受益権（→Q3）が相続される，あるいは，当初の受益者の受益権が消滅するとともに，次順位の受益者が受益権を取得することによって，財産の承継が行われることになります（→Q54）。財産承継制度には，遺言や譲渡・贈与などの生前処分がありますが，信託も財産承継制度の一つとして活用されています。

2　遺言との違い

　遺言によって信託の設定を行う遺言信託の場合（→Q8），委託者の死亡により効力が生じる点は，遺言と同じです。また，遺言信託は，信託契約とは異なり，相手方のいない単独行為であり，この点も遺言と同じです。

　遺言は，本人が死亡したときの財産の承継方法を定めるものであり，本人の生前や死亡より後の時点での財産の承継方法まで定めておくことはできません。例えば，遺言では，まず後妻に自宅不動産を相続させた上で，後妻の死亡後，後妻の親族に相続させないために後妻と血縁関係のない先妻との間の実子に当該不動産を相続させる旨の遺言（いわゆる「後継ぎ遺贈」）を定めることは無効であるとする見解が有力です。

　これに対して，信託による場合には，その信託行為の定めによって，本人

の死亡時だけでなく，生前に財産を承継することができ，信託では，相続人（受益者）が承継した財産のその後の承継方法，すなわち上記のような後継ぎ遺贈型の受益者連続信託も定めることができます。

　また，遺言では，本人（被相続人）の死亡時に，相続人又は受遺者は遺言で定めた財産を一括して承継します。例えば，相続人となる息子が浪費家であり，一度に大金を相続させるよりも，分割して一定額を定期的に渡した方が，息子は安定した将来を送ることができると考えたとしても，このような方法を遺言で定めることも無効であるとする見解が有力です。しかし，信託では，信託行為に定めることによって，信託財産を受益者へ一括で承継することも，分割して一定額を定期的に承継することもできます。

　ただ，分割による承継などを遺言信託で定めた場合は，委託者による一方的な意思表示のため，受託者候補者が受託者を引き受けないこともあり得ます（→Q8）。このような不安定な要素を排除するため，遺言に代えて，生前に委託者と受託者との間で，委託者の死亡により委託者の妻や子などが受益権等を取得する旨の信託契約を締結しておく方法もあります（遺言代用信託）（→Q53）。遺言代用信託は，生前行為によって，本人の死亡後における財産の分配を図るという点において，死因贈与と類似します。

3　生前処分との違い

　生前に財産を承継させる方法として，譲渡や生前贈与などがあります。

　譲渡や生前贈与では，財産の所有権は，実質的にも形式的にも完全に移転します。

　これに対し，信託も，信託財産の所有権を委託者から受託者に移転させる点は，譲渡や生前贈与と同様です。しかし，信託では，委託者から受託者に信託財産の所有権が移転するものの，受託者は，信託の目的に従って，受益者のために，信託財産を管理又は処分等を行う義務を負い，その意味で，受託者はあくまで形式的な権利の帰属主体であり，受益者が実質的利益の享受主体です。

　自益信託の場合において，本人（委託者兼受益者）の安定した生活の維持

のために，株式や収益不動産を信託財産とし，本人（委託者兼受益者）に配当や賃料収入を分配する定めをすれば，委託者から受託者に，形式的に財産が移転したとしても，本人（委託者兼受益者）は，配当や賃料収入など実質的利益の分配を受けることができます。

　税務に関することですが，自益信託の場合，実質的利益の享受主体に変更がないことから，信託契約締結時に贈与税は課されません（→Q94）。本人（委託者兼受益者）が死亡し，財産の実質的利益の享受主体が移転した場合に，贈与税や相続税が課されることになります。

 **7　信託行為⑴　信託契約**

　契約による信託の設定について教えてください。

　信託法では，信託は3つの方法によって成立すると定められています。3つの方法とは，①契約，②遺言，③信託宣言であり（法3条各号），これら信託の設定行為を「信託行為」といいます（法2条2項）。その中で，基本的でかつ最も使われているといわれているのが契約による信託の設定です。

1　設　定

　信託法3条によれば，信託は，信託契約，遺言（→Q8），信託宣言（→Q9）のいずれかによって設定できるとされています。

2　信託契約

　上記3つの方法のうち，実務上，最も使われているものが信託契約です。
　信託契約は，委託者と受託者の意思の合致により成立します。具体的には，委託者と受託者とで，受託者に財産の譲渡，担保権の設定その他の財産の処

分をする旨並びに受託者が一定の目的に従い財産の管理又は処分及びその他の当該目的達成のために必要な行為をすべき旨を合意することによります（法3条1号）。

　ここで重要なのは，信託契約の当事者は，委託者と受託者であって，受益者は信託契約の当事者ではないということです。この点で，信託契約は第三者のためにする契約（民537条）に類似しているともいえます。

　信託法には，信託契約の書式など要式に関する定めはなく，口頭の合意でも信託契約は成立します（方式自由の原則）。この点，実務上は，書面で信託契約を取り交わすのが一般的で，さらに民事信託では公正証書によっていることが多いといえますが，法的には必ずしも公正証書はもとより書面によって行う必要もありません。そのため，当事者間で明示的に信託契約を締結していなかったものの当事者の意思から信託の成立を認めた裁判例もあります。これらは，「黙示の信託」や「擬制信託」といわれるものです（→Q10）。ただし，繰り返しになりますが，実務上は，書面で信託契約を取り交わすのが一般的で，さらに，民事信託では公正証書によっていることが多いです（→Q15）。

　信託契約による信託の効力発生時期について，従前，信託契約の法的性質について要物契約か諾成契約であるか争いがありましたが，現行信託法では諾成契約説が採用され，信託の効力発生時期は「委託者となるべき者と受託者となるべき者との間の信託契約の締結」（法4条1項）時であると定められました。[4][5]

4）ただし，信託契約に停止条件や始期が付されているときには，停止条件の成就又は始期の到来によって効力が発生します（法4条4項）。

5）諾成契約であるとすると，受託者の委託者に対する信託財産の移転請求等の履行請求権が生じることになりますが，委託者と受益者を保護する立場から，履行請求権を認めるべきではないとの考え方があります（能見=道垣内1の5頁以下が詳しい。）。この立場は，諾成契約性を認めたのは，財産の移転等がなくても契約を成立させることで，受託者の義務を早期に成立させて，信託，ひいては受益者等を保護する点に主眼があるとします。

3　信託契約の無効・取消し

　信託契約も契約である以上，意思表示その他の事情による無効・取消しが存在します。無効・取消しの場合には，基本的に，遡及効があるとされています。

　これに対して，受託者と取引をした債権者保護及び受託者の固有財産の保護の観点から，委任の解除に関する民法652条の法意により遡及効を否定する考えがあります。

　しかし，伝統的な法理論に反するものであり，かつ，受託者保護について別途考えればよい[6]ということなどから，その考えは否定的に解されています（道垣内57頁）。

 **8　信託行為(2)　遺言**

遺言による信託の設定について教えてください。

 　遺言によって設定する信託を，遺言信託といいます。

　遺言信託は，原則として遺言者の死亡により効力を生じます。

　遺言で受託者となるべき者として催告を受けた者は，信託の引受けをする場合は，定められた期間内に確答することになりますが，その期間内に確答がなければ引受けがないとみなされます。遺言に受託者の指定に関する定めがないとき，又は受託者となるべき者として指定された者が信託の引受けをしないとき等は，裁判所が受託者を選任します。

6）受託者が委託者から詐欺を受けた場合には，信託財産に対する留置権（民295条）を通じて，受託者を保護すべきとします。

1　遺言信託を内容とする遺言をする場合の注意事項

　信託法における遺言信託は，「特定の者に対し財産の譲渡，担保権の設定その他の財産の処分をする旨並びに当該特定の者が一定の目的に従い財産の管理又は処分及びその他の当該目的の達成のために必要な行為をすべき旨の遺言をする方法」（法3条2号）によってする信託です[7]。遺言信託は，受託者に遺言者の意思に従って遺産を管理してもらいたい場合などに利用されると考えられます。具体的には，受益者に浪費の懸念があるため，受託者が信託財産とされた賃貸不動産を管理することとし，賃料収益のうちから定期的に一定の額が受益者に支払われることとする場合等が考えられます。

　遺言の方式に制限はなく，自筆証書遺言によることも可能です。しかし，自筆証書遺言は検認が必要であり，本人の意思に基づくものか争われることも多い[8]ため，公正証書遺言によることが望ましいと考えられます。また，遺言の解釈をめぐる紛争を防ぐため，信託の目的，信託財産の内容，受託者の氏名，信託の期間，受益者の氏名，受益者への支払方法，信託終了時点の権利帰属者などを遺言において明確に記載しておく必要があります。なお，受託者となるべき者を記載する場合，その者が引き受けてくれるかどうか，遺言に記載された内容について，遺言者と受託者との間で理解に齟齬がないかどうか，十分に打ち合わせておくことが望ましいと思われます。このほか，譲渡制限株式を信託財産とする場合には，当該株式を受託者へ移転することについて，株式発行会社の承認がなされている必要があります[9]。

7）信託銀行が遺言書作成に関与し遺言執行も行う等の商品としての「遺言信託」とは全く意味が異なります。

8）令和2年7月10日施行の法務局における遺言書の保管等に関する法律により，法務局で保管された遺言は検認が不要となります。法務局で保管された遺言によって信託がなされた場合，以下の者は，遺言者の死亡後，遺言書の画像情報を証明する書面（遺言書情報証明書）の交付を請求できることとされています。
　受益者となるべき者として指定された者，残余財産の帰属すべき者となるべき者として指定された者，信託法89条2項の受益者指定権等の行使により受益者となるべき者（法務局における遺言書の保管等に関する法律9条1項2号），受託者となるべき者，信託管理人となるべき者，信託監督人となるべき者，受益者代理人となるべき者として指定された者（同項3号）。

9）東京高判平成28.10.19判時2325-41は，遺言信託の受託者に対する譲渡制限株式の移転についても，株式発行会社の承認が必要であり，この承認が得られない以上，信託は目的達成不能によって終了したものと判示しました（法163条1号）。

　また，遺言信託によっても，遺留分侵害額請求権（→Q18, Q55）の行使を受ける可能性があることに留意する必要があります。遺留分侵害額請求を受けた場合，信託財産の欠乏等により委託者（遺言者）の意図を達成することができないことがあるからです。

2　遺言者が死亡した場合の対応

　遺言が検認を必要とする自筆証書であれば，速やかに検認手続を行います（民1004条）。その上で，遺言が遺言信託を内容とする場合，遺言に受託者となるべき者の指定があれば，その者に対して，利害関係人が相当の期間を定めて引受けをするか否か催告することができます（法5条1項本文）[10]

　催告を受けた者が確答をする相手方は，委託者の相続人（法5条2項）ですが，委託者の相続人がいないときは受益者（2人以上の受益者が現に存する場合にあってはその1人，信託管理人が現に存する場合にあっては信託管理人）に対して確答をすることになります（法5条3項）。

　催告を受けた者は，信託の引受けをする場合は，定められた期間内に，その旨確答することになりますが，その期間内に確答がない場合も，引受けがないとみなされます。これは，受託者が引受けをするかどうかの確答をしない状態が継続すると，受益者等の権利が不安定なものとなるためです。

　遺言に受託者の指定に関する定めがないとき，又は受託者となるべき者として指定された者が信託の引受けをしないとき，あるいはできないときは，裁判所[11]が利害関係人の申立てにより，受託者を選任することができることとされています。このような信託引受の問題があることから，遺言信託は，実務上，あまり用いられてはいません。

　なお，遺言信託がされた場合には，遺言に別段の定めがない限り，委託者の相続人は，委託者の地位を相続によって承継しないこととされています

10）ただし，受託者となるべき者を指定する定めに停止条件又は始期が付されているときは，当該停止条件が成就し，又は始期が到来した後になります（法5条1項ただし書）。また，「利害関係人」については，信託法に定義がありませんが，遺言者の相続人，遺言執行者，受益者等がこれに該当すると考えられます（寺本49頁（補訂前））。
11）遺言者の最後の住所地を管轄する地方裁判所の管轄に属します（法262条5項）。

（法147条）。これは，遺言信託においては，委託者の相続人にとって法定相続分よりも不利なことがあるので，委託者の相続人と受益者とは相互に利害が対立することから，委託者の相続人が委託者の権利を行使するのは不適切と考えられることによります。

 **9　信託行為⑶　自己信託（信託宣言）**

自己信託（信託宣言）について教えてください。

　　委託者が，委託者自身を受託者として設定する信託を，自己信託（信託宣言）といいます。自己信託では，信託の効力が生じる時期が恣意的に遡らせられることのないよう，公正証書等の作成あるいは確定日付のある書面による通知が必要とされます（法4条3項）。また，委託者に対する債権者保護の観点から，信託財産に対する強制執行等について，特例が設けられています（法23条）。

1　自己信託の特徴

「特定の者が一定の目的に従い自己の有する一定の財産の管理又は処分及びその他の当該目的の達成のために必要な行為を自らすべき旨の意思表示を公正証書その他の書面又は電磁的記録（略）で当該目的，当該財産の特定に必要な事項その他の法務省令（注：信託法施行規則3条）で定める事項[12]を記載し又は記録したものによってする方法」によってする信託を，自己信託（信託宣言）といいます（法3条3号）。自己信託は，平成18年信託法改正に

---

12) ①信託の目的，②信託をする財産を特定するために必要な事項，③自己信託をする者の氏名又は名称及び住所，④受益者の定め（受益者を定める方法の定めを含む。），⑤信託財産に属する財産の管理又は処分の方法，⑥信託行為に条件又は期限を付すときは，条件又は期限に関する定め，⑦信託法163条9号の事由（当該事由を定めない場合にあっては，その旨），⑧その他信託の条項が挙げられています。

より導入された制度で，委託者が自ら受託者となるものです。例えば，長男に財産を贈与したいが，長男の浪費が懸念される場合，長男を受益者としつつ，自己信託により管理を引き続き委託者自らが行う等の利用が考えられます。他方，自己信託は，形式的に信託財産の所有権が移転せず，名義もそのままであるため，自己信託がされたか否かについて第三者の認識が困難であることから，委託者の債権者の権利が害されるのではないか等の懸念が，立法段階で指摘されていました[13]。そこで，法は，自己信託に関し様々な規定を置いています。

2　信託が効力を生じる時期

信託設定により，信託財産は委託者の固有財産と区別されることから，委託者に対する債権に基づいて信託財産に対する強制執行をすることは禁止されるのが原則です（法23条1項[14]）。法改正によって自己信託が導入された時点では，委託者が自己の資産に対する強制執行を免れる目的で，自己信託を用いた上，信託の効力が生じる時期を不当に遡らせる等の事態が懸念されました[15]。そこで，自己信託においては，信託の効力が生じる時期を客観的に明確にすることで濫用の防止を図ることにしました。具体的には，信託の効力が生じるには，公正証書等が作成されることが必要であり，受益者となるべき者に宛てた内容証明郵便などで信託がされた旨及びその内容を通知したときに効力が発生するとされました。

3　強制執行を行う債権者の保護

委託者が，債権者の強制執行を妨害するため信託をした場合には，債権者は，裁判により，受託者を被告として詐害行為取消権（法11条1項，民424条1項）を行使する必要があります。

これに対し，自己信託が債権者を害する目的で行われた場合，債権者は詐

13）寺本38頁参照。
14）信託財産責任負担債務に係る債権に基づく強制執行は除きます。
15）寺本39頁。

害行為取消権を行使することなく，信託財産に対し強制執行等[16]をすること
ができることとして，濫用の抑制を図っています（法23条2項本文）。もっと
も，受益者が現に存する場合，受益者の全部又は一部が，受益者としての指
定を受けたことを知った時又は受益権を譲り受けた時において債権者を害す
べき事実を知らなかったときは，強制執行等を免れます（同項ただし書）[17]こ
の場合，受託者又は受益者は，第三者異議の訴えを提起することができます
（法23条5項，民事執行法38条等）。

4　不法な目的に基づく自己信託への対応

　不法な目的に基づいて信託がされたとき等には，利害関係人の申立てによ
り，裁判所が信託の終了を命じることがあります（法166条1項）。専ら強制
執行を免れるためなどの自己信託も対象になり得ます。

5　受益者の定めのない自己信託の禁止

　受益者の定めのない信託は，信託契約や遺言信託において認められますが，
自己信託では認められていません（法258条1項）。これは，自己信託におい
ては，委託者が信託財産を所有したままであるので，受益者が存在しないと，
受益者による受託者への監督がなされず信託が適切になされることが確保で
きないからです[18]。

6　受益権を取得する者が多数である場合の規制

　単に自己信託を行う場合，内閣総理大臣による信託業の免許（信託業3条）
は不要ですが，自己信託の受益権を50名以上の者が取得することができるこ
ととする場合には，内閣総理大臣の登録を受けなければならないことがあり

16）仮差押え，仮処分等を含みます。
17）平成29年民法（債権法）改正の施行（令和2年4月1日）後は，受益者の全部が債権
　者を害することを知っていたときのみ，信託財産に対する強制執行を受けることとされ
　ます。転得者に対する詐害行為取消請求に関する改正後の民法424条の5も，同様の内
　容となっています。
18）寺本451頁。

ます。[19]

7　自己信託の変更

　信託法は，自己信託の設定について公正証書等の要式性を求めますが，自己信託の設定に要式性を求めた趣旨が，自己信託がされた事実，その内容及び日時等を客観的に明確にする点にあることからすれば（寺本39頁），自己信託の変更も公正証書等によって行うことを考える必要があります。とりわけ，追加信託がなされる場合には，新たな自己信託の設定と同視できることから，要式性が求められると解するのが適当であり，その都度，公正証書等によって追加信託をするのがよいでしょう（→Q84，Q90）。

Q 10　黙示の信託

　他人にお金を預けていたところ，その人の債権者に差し押さえられてしまいました。差し押さえられたのは間違いなく私のお金なのですが，何とか取り戻すことはできないでしょうか。

A　このような場合，預けたお金は原則として取り戻すことはできません。金銭については占有の移転とともに所有権も移転するため，預けただけのつもりでも預かった人のものになってしまうからです。

　しかし，お金を預けた趣旨や，お金の管理方法によっては，「黙示の信託」の成立が認定され，取り戻すことができる場合もあります。

　黙示の信託とは，当事者が信託という言葉を用いていなくとも，信託の成立が認定される場合のことです。預けたお金であっても，

---

19)　信託業法50条の2第1項，信託業法施行令15条の2，15条の3。

黙示の信託が成立していると，預かった者（受託者）の財産からの独立性が認められ，預かった者（受託者）の債権者が預けたお金を差し押さえることはできません。預かった者（受託者）が破産した場合も，破産財団には含まれません。

　一定の目的のため管理してもらう趣旨でお金を預けていた場合には，黙示の信託の成立を主張して取り戻すことを検討してみるべきでしょう。

1　黙示の信託とは

　信託契約は，通常は「信託」と明示された契約書を締結することで成立します。しかし，契約書に「信託」の文言がない場合や契約書そのものがない場合など，当事者が「信託」という用語を用いていない場合でも，信託する黙示的な意思があったと認定され，信託契約が成立することがあります。このような信託は，「黙示の信託」と呼ばれています。

　黙示の信託の成立が問題となる主な場面は，使途を定めて金銭を支払ったり預けたりしていたところ，金銭の受領者や預かった者が破産したり，その金銭が差し押さえられたりしてしまったという場面です。

　金銭は，支払ってしまえば受領者のものになりますし，占有の移転とともに所有権も移転するため，単に預けた場合でも預かった者のものになります。このため，破産や差押えがあると，受領者や預かった者の債権者の取り分になってしまいます。

　しかし，金銭を支払った側，預けた側からすると，使途を定め受領者や預かった者の他の財産とは区別して管理されている金銭が，その使途とは無関係の債権者の取り分になってしまうことは納得がいきません。もちろん，受領者や預かった者に対しお金を返してもらうよう請求することが考えられますが，破産や債権者から差押えを受けている状態であれば，資力に乏しく，回収は困難です。そこで，預けたお金について，受領者や預かった者の財産とは切り離された財産であるとする，特別な枠組みが認められないものでしょうか。

　こうした問題で注目されたのが「黙示の信託」です。財産の移転に際して，いわゆる「信託」という用語について明確な認識はなくとも，その財産について他人に一定の目的に従い管理又は処分させる意思があり，これが信託する黙示の意思と認定されるとともに，他の信託の成立要件を充足すれば信託は成立するとされることがあります。その場合，信託財産はその他人（受託者）が破産した場合でも破産財団に組み入れられず（→ Q 30），その他人の（＝受託者）の債権者が差し押さえることもできません（→ Q 29）。

2　黙示の信託の成立を認めたリーディングケース

　最高裁が黙示の信託を認めたリーディングケースは，公共工事の前払金に関する最高裁判例（最判平成14.1.17民集56-1-20。以下「平成14年最判」）です。

　この事案では，愛知県が公共工事を建設会社に発注し，請負代金を前払いし，建設会社はそのお金を信用金庫の預金口座で管理していました。

　ところが，建設会社が工事完成前に破産してしまったため，前払金から工事完成部分に対する代金相当額を控除した残額についての帰属が争いになりました。

　建設会社の破産管財人は，使途が定められているとはいえ，一旦支払われてしまった以上は建設会社の固有の財産になるとして，破産財団に組み入れられると主張しました。

　これに対し，愛知県側（愛知県に対して保証債務を履行したことによって，前払金残額返還請求権を代位取得したと主張する保証事業会社）は，前払金は当該公共工事の必要経費の支払に充てる目的で愛知県から建設会社に支払われたものであること，信用金庫に開設された建設会社名義の専用口座で，建設会社の他の財産とは区別して管理されていたこと，公共工事の必要経費以外には支出されない体制がとられていたこと等を理由として，前払金は建設会社を受託者とする信託財産であり，建設会社の固有の財産ではないと主張しました。

　最高裁は，前払金が請負契約約款，地方自治法，公共工事の前払金保証事

業に関する法律，建設代金の承認を受けた前払金保証約款等に基づいて厳格
に管理されるという合意の上で支払われていたことを理由として，愛知県と
建設会社との間には，愛知県を委託者兼受益者，建設会社を受託者，前払金
を信託財産とし，当該公共工事の必要経費の支払に充てることを目的とした，
信託契約が成立していると認定し，破産管財人の主張を退けました。

　愛知県が建設会社に支払った前払金が上記の信託の信託財産と認定された
ことで，前払金の残額は，建設会社の破産財団に組み込まれることはなくな
りました。

　そして，受託者である建設会社の破産により信託が終了したことになり，
前払金の残額は委託者である愛知県側に返還されることになりました（保証
債務を履行した保証事業会社が取得することになりました。）。

3　日常生活の預り金について黙示の信託の成立が認められたケース

　上記の平成14年最判の他に，日常生活の範疇での預り金について黙示の信
託の成立を認めた裁判例があります（東京地判平成24.6.15判時2166-73）。

　この事案では，4人の母親のグループが，一緒に海外旅行に行くことを目
標として，そのうちのXが銀行に「○○会代表者X」名義の普通預金口座を
開設し，それぞれが毎月一定額を積み立て，Xがその口座の通帳とカードを
保管していました。

　ところが，Xの債権者がこの普通預金口座を差し押さえ，銀行はこの差押
えに基づいて，預金残高全額を払い出してXの債権者に支払ってしまいまし
た。

　X以外の3人としては，「○○会代表者X」名義の口座から，自分たちが
積み立てたお金までがXの債権者に差し押さえられ，払い出されてしまった
ことから，このお金を取り戻せないかにつき黙示の信託の成立が問題になり
ました。

　裁判所は，Xらのグループでは，X以外の3人を委託者兼受益者，Xを受
託者，旅行資金の管理・使用を信託目的とした信託が成立していると認定し，
この普通預金口座内の預金のうち4分の3は信託財産であると認めました。

　裁判所はその理由として，この普通預金口座が，グループの旅行資金として それぞれの固有財産から分離して確保すること，旅行目的にのみ使用する ことを目的として開設された預金口座であること，グループのメンバーはそ れぞれ一定額をこの口座に振り込む方法でXに支払い，旅行目的に従ってX に管理・使用させることを合意していたこと，Xも不定期ながら他のメン バーに管理状況を報告し確認を得ていたことなどを挙げています。

　実際にも，Xらのグループはこの普通預金口座を作ってから差押えを受け るまでの約9年の間に2回ほど海外旅行に行っており，旅行会社への代金や 滞在費用もこの口座の預金が使われていたという事情がありました。

　結論として裁判所は，この普通預金口座の全額を差し押さえて払い戻しを 受けたXの債権者に対し，受託者であるXに払い戻し金額の4分の3を返還 することを命じました。

4　まとめ

　このように，信託は「信託」と明示された契約書によってのみ成立するも のではありません。当事者の合意に基づく対応が信託と呼ばれるものである という明確な認識がなかったとしても，一定の目的に従って管理又は処分さ せる意思で，他人に財産を支払ったり預けたりしていた場合などには，裁判 でも，当事者間に信託を成立させる黙示の合意があったものと認定してもら える可能性があります。

　その際，上記の裁判例からは，預けられた財産が，別個の預金口座で管理 されるなど，受託者の固有財産から明確に分離して分別管理されていること が黙示の信託の成立の認定に当たっての積極的な要素となると思われます。

　設例のような，他人に預けていたお金が差し押さえられてしまったという 事案でも，預けていた目的を特定でき，そのお金が別の預金口座で管理され るなど分別管理されている場合などには，信託が成立する可能性もあります ので，黙示の信託の成立を主張して取り戻すことを検討してみるべきでしょ う。

 **11　信託目的**

信託を設定するに当たって信託の目的が重要だと聞きましたが，どのような点で重要なのでしょうか。

A　信託を設定する際には，信託の目的（信託目的）を定める必要があります。例えば，高齢者の財産管理を適切に行うために信託を設定する際に，「本信託は受託者が委託者の本件信託財産を適正に管理・運用・処分することにより，受益者の財産管理の負担を軽減し，受益者が安全・安心，かつ快適な生活がおくれるようにすること。」というのが，信託目的になります。信託目的は，受託者が信託財産を管理又は処分等を行う際の判断基準になるといわれています。この点で，信託目的が重要だと理解されています。

1　要素としての信託目的

信託の目的は，信託の基本的かつ不可欠な要素といっても過言ではないくらい重要なものです。それは，信託の方向を基礎づけるものです。

2　信託の設定

信託の定義を定める信託法2条では，「この法律において「信託」とは，次条各号に掲げる方法のいずれかにより，特定の者が一定の目的（専らその者の利益を図る目的を除く。同条において同じ。）に従い財産の管理又は処分及びその他の当該目的の達成のために必要な行為をすべきものとすることをいう。」とされています。このように，信託目的は，信託の設定においては不可欠な要素となっています。

3　受託者の権限・義務

信託は，受託者に信じて託すものですので，受託者は，その範囲で権限を

有すると同時にその信に応えなければなりません（→Q44）。受託者の権限
（法26条），信託事務遂行義務（法29条 1 項）といわれるものです。

　「受託者は，信託財産に属する財産の管理又は処分及びその他の信託の目
的の達成のために必要な行為をする権限を有する。」とあるように，受託者
が信託財産について管理等を行う場合には，権限が付与されなければなりま
せん。その権限の範囲を画するのが，信託目的になります。また，　受託者
は，信託の事務を処理する際には，「信託の本旨」に従わなければならない
とされています（法29条）が，これは，信託目的実現のためには，形式的な
信託行為の定めのみならず，委託者の意図に従うべきということを定めてい
ます。

　先に述べた受託者の権限違反については，一定の場合に取り消すことがで
きるとされています（法27条）。信託の保護と相手方の保護とのバランスを
とるものです。

4　信託の変更・信託の終了

⑴　信託の変更

　委託者・受託者・受益者の三者間合意で信託は変更できます（法149条 1
項）が，「信託目的に反しないことが明らかである」場合には三者間合意が
なくとも信託の変更ができる場合があります（法149条 2 項・ 3 項）（→Q73）。

⑵　信託の終了

　信託は，信託目的の実現を目指すものなので，信託目的を達成したとき，
又は信託の目的を達成することができなくなったときに終了します（法163
条 1 項）。

5　信託目的の解釈

　信託目的は，信託設定時の文言のみならず，信託設定時の当事者の意思を
も踏まえて解釈されるべきものです。

6　信託目的に関する留意点

(1)　実現可能性等

信託は，一定の信託目的のために設定される以上，そもそも，その目的が当初から，実現できない場合・実現している場合には，信託を機能させる意味がないといえ，信託は無効となるおそれがあります。これに対して，目的を実現できないことが確定した場合，あるいは，後に目的が実現してしまった場合には，信託の終了として論じられます。

もちろん，公序良俗や強行法規に反する目的は許されません。

(2)　信託事務との区別

信託目的は，信託の基本構造を構成する要素になり，信託の方向を基礎づけるものです。その点で，受託者の行うべき具体的信託実務とは区別されなければなりません。信託事務に該当する事項を目的として定めてしまうと，それを変更する場合には信託の目的の変更に関する定めが適用されることになって，信託事務の変更ができない場合が生じかねません。この場合，受託者が信託事務を行うことができなくなり，信託が立ち行かなくなる可能性があります。

このように，具体的信託事務を信託目的として定めることは適当ではないといわれています。

(3)　目的自体の整合性

また，仮に，信託目的を「自宅での居住の維持」と「生活の安定の維持」と定めた場合，現状の財産では生活の安定が維持できない場合に，自宅を維持することを優先するのか，自宅を売却して生活の安定の維持を優先するのか，という問題に直面することになります。

この場合，その目的のみでは，受託者としては，どちらの目的を優先するのか判断できずに，対応できないということになりかねません。

この点の注意も必要になります。

Q12　詐害信託

信託を設定することが詐害行為となり取り消されるのはどのような場合ですか。また，信託法は詐害信託についてどのような特則を設けていますか。

　　信託法は，委託者による信託行為が委託者の債権者を害する場合に，詐害信託として改正民法424条3項による取消しをできる場合を規定しています（改正信託法11条）。

詐害信託の場合，受託者を被告として訴えによって詐害信託の取消しを請求できます。この場合，信託行為が債権者を害することにつき，受託者の善意悪意は問いません。

受益者が受託者から信託財産の給付を受けたときは，受益者を被告として訴えによって詐害信託の取消しを請求できます。

また，委託者の債権者は，受益者を被告として訴えをもって受益権を委託者に譲渡するよう譲渡請求することもできます。

ただし，いずれの場合も，受益者の全部が信託行為が債権者を害することについて悪意である必要があります。

なお，改正信託法11条に規定されている以外の事項については，民法の詐害行為取消権の規定や解釈によることとなります。

1　はじめに

信託を設定する場合，委託者は，当初信託財産となるべき財産を受託者に対して信託譲渡します。そのため，信託が設定されると，当初信託財産に属する財産は委託者の責任財産から逸出することから，委託者がその債権者の利益を害することを知って受託者に対して信託行為をする場合が考えられます（詐害信託）。一方，信託においては，受託者は信託財産を受益者のために管理するのであり信託財産について固有の利益を有せず，また，受益者の

利益にも配慮する必要があります。そこで，信託法は，詐害信託に該当する場合には改正民法424条3項に基づく取消しを請求できるとしつつ，詐害信託の特則を設けています（改正法11条1項）。

　なお，民法（債権法）の改正による詐害行為取消しに関する民法424条の改正に伴い，民法（債権法）の改正の整備法により信託法11条にも改正が加えられています。

2　改正信託法11条（詐害信託における特則）

(1)　詐害信託の取消し（改正信託法11条1項）

　債務者たる委託者が信託財産を譲渡する相手方は受託者ではありますが，委託者がその債権者を害することを知って信託をした詐害信託の場合には，委託者の債権者は，債権者を害することにつき[20]受託者の善意悪意にかかわらず，改正民法424条3項の規定による詐害信託の取消しを訴えによって請求することができます（改正信託法11条1項本文）。

　同項本文は，受託者を被告として信託行為を詐害行為として取り消し，当該信託行為によって移転した財産の返還を求める場合を規定していますが，同項ただし書は，受益者が現に存する場合において，その受益者（当該受益者の中に受益権を譲り受けたものがある場合においては当該受益者及びその前に受益権を譲り渡した全ての者）の全部が受益者としての指定を受けたことを知った時（受益権を譲り受けた者にあっては受益権を譲り受けた時）において，債権者を害することについて悪意であるときに限り取り消すことができるとしています。[21]そのため，受益者が現に存しない場合であれば，委託者の債権

---

20)　民法(債権法)改正に伴い，信託法11条1項本文のうち善意悪意の対象につき「債権者を害すべき事実」から，民法424条1項に沿って「債権者を害すること」に改められています。

21)　民法（債権法）改正に伴い，信託法11条1項ただし書は，「……知らなかったときは，この限りでない。」との消極要件の体裁から，「……を知っていたときに限る。」と積極的要件に書き改められています。これは，民法（債権法）改正における民法424条の5において，転得者に対する詐害行為取消権の要件を規定するに際して，転得者の悪意の主張立証責任を取消債権者に負担させるとされたことから，整備法において，信託法についても，かかる趣旨に沿って，受益者の立証責任を委託者の債権者に負担させる趣旨の改正がなされたものであります（佐久間亨「信託法改正に伴う整備法による信託法改正の内容について」信託フォーラム8号111頁参照）。

者は，受益者にかかわらず，受託者を被告として，受託者の善意悪意を問わず信託行為を詐害信託として取り消しをすることができます。

(2)　委託者の弁済責任（改正信託法11条2項・3項）

改正信託法11条1項の詐害信託の取消請求を認容する判決が確定した場合は，詐害信託によって受託者に信託譲渡された財産が委託者に戻されることになり，信託財産が減少します。この場合，詐害信託にかかる信託行為後に信託財産責任負担債務にかかる債権を取得した債権者にとっては，委託者や受益者の主観的要件によってかかる債権の引き当てとなる責任財産が減少することとなって，かかる債権者が不利益を受けることになります。また，受託者としても固有財産をもって弁済すべきリスクが増大することとなります。

そこで，改正信託法11条2項は，かかる債権者は，当該債権を取得した時において債権者を害することを知らなかった場合には，委託者は，当該債権者に対して，詐害信託の取消しによって受託者から委託者に移転する財産の価額の限度において，当該信託財産責任負担債務について弁済の責任を負うとしています。

また，この場合，受託者が信託財産に対して費用償還請求権や費用前払請求権（法49条1項（法53条2項及び法54条4項において準用する場合を含みます。）法48条1項及び2項）を有している場合には，かかる請求権は金銭債権とみなされ（改正信託法11条3項），改正信託法11条2項における信託財産責任負担債務に係る債権として，委託者は受託者に対してかかる費用前払請求権の価額を限度として弁済の責任を負います。

(3)　給付行為にかかる取消し（改正信託法11条4項）

委託者がその債権者を害することを知って信託をした詐害信託の場合で，受益者が受託者から信託財産に属する財産の給付を受けたときは，委託者の債権者は，受益者を被告として，訴えをもって改正民法424条3項の規定による詐害信託の取消しを裁判所に請求することができます。かかる場合には，被告たる受益者に対して，受託者から給付を受けた財産の返還を請求することとなります。ただし，かかる場合でも，当該受益者（当該受益者が受益権を譲り受けた者である場合にあっては，当該受益者及びその前に受益権を譲り渡

した全ての者）において，受益者としての指定を受けたことを知った時（受益権を譲り受けた者にあっては，受益権を譲り受けた時）において，債権者を害することについて悪意であるときに限り取り消すことができるとしています[22]。

(4) 受益権の譲渡請求（法11条5項）

さらに，委託者がその債権者を害することを知って信託をした詐害信託の場合には，委託者の債権者は，受益者を被告として，その受益権を委託者に譲り渡すことを訴えによって請求することができます。この場合でも，信託法11条5項後段は同条4項ただし書を準用していますので，当該受益者（当該受益者が受益権を譲り受けた者である場合にあっては，当該受益者及びその前に受益権を譲り渡した全ての者）において，受益者としての指定を受けたことを知った時（受益権を譲り受けた者にあっては，受益権を譲り受けた時）において，債権者を害することについて悪意であるときに限り取り消すことができることとなります[23]。

(5) その他の要件等

もとより，詐害信託の取消しは，改正民法424条3項の規定により取消しするものですから，①債権者側の要件として，委託者の債権者の被保全債権が詐害行為の前の原因に基づいて生じていること，[24]②債務者側の要件として，委託者による信託設定行為が債権者を害すること（無資力要件）及び委託者が債権者を害することを知って信託を設定したこと（詐害意思）[25][26]が必要です。ただし，無資力要件については，委託者が受益者となる場合には，無資

---

22) 民法（債権法）改正に伴う受益者の悪意の立証責任の改正につき，前掲注21）参照。
23) 民法（債権法）改正に伴う受益者の悪意の立証責任の改正につき，前掲注21）参照。
24) 民法（債権法）改正により改正されました（改正民424条3項）。被保全債権は金銭債権である必要がありますが，金銭債権以外でも，究極的には損害賠償債権に変じるものであるから，被保全債権となり得ます（最判昭36.7.19民集15-7-1875）。
25) 「債務者がその債権者を害することを知って法律行為をしたことを要するが，必ずしも害することを意図しもしくは欲してこれをしたことを要しない」（最判昭和35.4.26民集14-6-1046）ことは，詐害信託における詐害意思にも妥当すると考えられます。
26) 民法上の詐害行為取消権についても，例えば子どもの教育費の支払については，この要件の充足が否定されていることから，障がい者である子のための信託などでは主観的要件の充足が否定されるべきという見解もあります（道垣内123頁）。

力の判断において，信託行為で処分された財産の価値から委託者が取得する受益権の価値を控除すべきであり，また，受益権の全てが委託者に帰属する信託の設定は債権者を害することになりません。

(6)　潜脱目的での善意者の受益者指定等の禁止（法11条7項・8項）

　こうした詐害信託の取消しの場合では，受益者（受益権の譲受人も含みます。）が1人でも善意であれば詐害信託の取消しができなくなることから，善意の受益者を利用して，詐害信託の取消しを不当に免れ，財産を隠匿しようとすることが考えられます。そこで，改正信託法11条7項は，受益者の指定又は受益権の譲渡に当たっては，改正信託法11条1項本文，同条4項本文又は信託法11条5項前段の規定の適用を不当に免れる目的で，債権者を害することにつき善意である者を無償（無償と同視すべき有償を含みます。）で受益者として指定し，又は善意者に対し無償で受益権を譲り渡してはならないとしています。その上で，改正信託法11条8項は，改正信託法11条7項の規定に違反する受益者の指定又は受益権の譲渡により受益者となった者については，改正信託法11条1項ただし書及び同条4項ただし書（信託法11条5項後段において準用する場合を含みます。）の規定を適用しないとしており，かかる受益者は善意者としては扱われないことから，かかる善意の受益者に対しても詐害信託の取消しができるとしています。

3　その他

　上記以外については，改正民法424条3項を準用することから，民法の詐害行為取消権の規定や解釈によることとなります。

　しかしながら，改正民法424条の7第2項においては，民法上の詐害行為の取消しについて，債務者に対して訴訟告知が必要とされており，これが取消しの効果を債務者にも及ぼす正当化根拠とされています（民425条）。これに対して，詐害信託の取消しについては，委託者に対する訴訟告知は定められていないことから，民法の詐害行為取消権とは異なり，債務者たる委託者には詐害行為の取消しの効力は及ばず，改正前と同様に相対的効力が維持されているとの解釈も考えられます。

　取消しの目的物が金銭や動産の場合，取消債権者は，自らへの直接の引渡しを請求できることも，民法上の詐害行為の取消しと同様です。

　また，取消しの目的物がすでに受託者の手元にないときには，受託者は価格賠償の責任を負います。しかし，受託者は，自らの主観的態様にかかわらず取消しの相手方となります。したがって，受託者が価格賠償責任を負うとしても，信託財産に属する財産のみをもってのみ履行の責任を負うと解釈すべき（法21条2項3号に該当すると解釈すべき）とされています[27]。

　委託者による処分行為が取り消されても，信託は当然には終了せず，残余財産で信託目的が達成可能であれば，信託は継続します。残余財産がない，又は残余財産で信託目的が達成不可能な場合は，信託は終了します（法163条1号）。信託の変更により目的達成が可能であるときは，信託の変更が行われます（法149条，150条）。

　詐害信託の取消権行使の期間制限は，改正民法426条に従うこととなります。426条は，2年の期間制限につき，起算点を「債務者が債権者を害することを知って行為をしたことを債権者が知った時」とするとともに，期間制限の趣旨を出訴期間に改めています。そのため，詐害信託においては，委託者がその債権者を害することを知って詐害信託を設定したことを委託者の債権者が知った時（通常，委託者が詐害信託を設定したことを委託者が知った時となると考えられます。）から2年間の出訴期間に服します。また詐害信託の設定時から10年[28]を経過したときも同様です。

27）道垣内126，127頁。
28）民法（債権法）改正により，長期の期間制限は，20年から10年に改正されています。

 **13　脱法信託の禁止**

　特許法は，原則として国内に居住しない外国人に権利を認めていませんが，信託を使ってこれを回避することができないでしょうか。

　　信託法では，法令によりある財産を享有することができない者が，その権利を有するのと同一の利益を受益者として享受することができないと規定されています（法9条）。すなわち，信託を利用して権利能力の制限を回避することは認められません。

　　設例の場合，特許法上，特許権の享有主体になることができない外国人を受益者として，特許権を信託財産とする信託を設定し，特許権を有するのと同じような効果を受益者に享受させる方法をとることは，特許権を有するのと「同一の利益」を享受させることになるため，認められません。

1　脱法信託について

　信託法では，法令によりある財産を享有することができない者が，その権利を有するのと同一の利益を受益者として享受することができないと規定されています（法9条）。そのような信託が認められてしまうと，当該法令の趣旨に反することになるため禁止したものです。すなわち，信託が，ある財産権を，機能的に見てそれと等価の受益権に転換する機能を有することを利用して，当該財産権を享有する資格を持たない者が受益権として享受することを阻止するための規定です（条解58頁）。

　これに反する信託は脱法信託と呼ばれます。

2　「同一の利益」に該当するか

⑴　「同一の利益」

「その権利を有するのと同一の利益を受益者として享受することができな

い。」と規定されているところ，この「同一の利益」に当たるか否かについて，形式的に適用して一律に判断するのではなく，当該法令の趣旨，信託の目的，受益権の内容等を総合的に考慮して決すべきものであると考えられています（寺本53，54頁）。

(2)　特許法25条における「同一の利益」の考え方

民法では，「外国人は，法令又は条約の規定により禁止される場合を除き，私権を享有する。」（民3条2項）と規定されており，外国人の権利能力について原則として認めた上で，例外的に制限しています。このうち「禁止される場合」の一つが特許法25条です。

特許法25条は，「日本国内に住所又は居所（法人にあっては，営業所）を有しない外国人は，次の各号の一に該当する場合を除き，特許権その他特許に関する権利を享有することができない。」と規定しています。そして，日本国内に住居所がない外国人について例外的に権利を享有できる場合として，当該外国人の国が日本国民に対して平等主義（内国民待遇）・相互主義を採用している場合（特許法25条1号・2号）や条約に別段の定めがある場合（特許法25条3号）を挙げています。

外国人の権利享有に対してこのような制限を課す理由は，特に同条1号・2号については，国際的な平等の観点が挙げられています。特許制度を有しない国や外国人を差別している国の国民に日本の権利の享有を認めると，日本にとって不平等な状態が生じることとなるためです。また，このような制度とすることで，間接的にそのような国に対して制度の改善を迫る効果も期待されています（茶園成樹（編）『特許法』（有斐閣，第2版，2017）51頁）。

特許法25条の上記趣旨からすれば，ある国において日本国民が内国民待遇を受けていない場合には，その国の国民は，特許権を信託財産とする信託の受益者として当該信託の利益を享受することはできないことになるでしょう（寺本54頁）。

これに対し，鉱業権につき，鉱業法17条本文では，「日本国民又は日本国法人でなければ，鉱業権者となることができない。」とされているところ，同条の趣旨は，エネルギー政策・安全政策にも関係するところの鉱業権の運

用を外国人・外国法人に委ねてはならない点にあります。かかる立法趣旨を受けて，受託者が受益者からの指図に基づかず自らの裁量で鉱業権を利用して事業を行い，その利益を金銭で受益者に交付するというスキームの場合には，脱法信託に該当しないとする見解があります（道垣内48頁）。上記のとおり，「同一の利益」に当たるかは，当該法令の趣旨等を総合的に考慮して決すべきものです。

なお，当該信託が付与している受益権の内容が不明確である場合には，それは「同一の利益」を与えるものではないと適法解釈することによって，信託法9条の適用を免れることができるとする見解があります（条解60頁）。

3　脱法信託の効果

信託法9条違反の場合の効果について，大きく2つの見解が対立しています。1つは，信託が無効になると解する見解です。もう1つは，信託が当然に無効となるわけではなく，強行規定に反する法律行為の私法上の効力一般の議論に準じて法規の目的との関係で考えるべきとの見解です。後者の場合には，当該信託に基づく受益権の享受が，信託法9条に抵触する限度で否定されることになると考えられます。例えば，受益権者に広範な指図権がある場合には，当該指図権が否定されるといったことが考えられます（条解60頁，道垣内48，49頁）。

もっとも，後者の見解をとったとしても，受益権を制限した結果，信託本来の目的が達成できなくなれば，当該信託そのものが終了します（法163条1号）。

 **14　信託の相談における留意点**

　信託の相談に応じる場合には，どのような点に気を付けたらいいのでしょうか。

　信託の主要な構成要素（信託目的・信託行為・信託財産・委託者・受託者・受益者）に注意しつつ相談し，信託に適した事案に信託を勧めます。

　また，遺留分，税務のほか，信託が長期にわたることや信託の終了も考慮しつつ，将来の紛争の予防を考慮した，長期に継続し安定した信託となるよう対応することが必要です。

1　はじめに

　信託に関わる事案は，他の様々な分野に関わっているといってよいところです。例えば，信託に関する主要な事例としては，親亡き後問題，配偶者亡き後問題，後継ぎ遺贈型受益者連続信託，高齢者の財産管理，事業承継，養育費の一括支払と定期給付を両立する信託等が考えられます。

　これらは，高齢者の資産管理，相続，事業承継など，弁護士が日常的に取り扱う業務に密接に関わるところですので，こうしたテーマの相談を受ける場合には，信託も解決手段の一つとして検討していただきたいと思います。

　一方，もとより，信託に向かない事案に安易に信託を勧めるべきではないのは当然であり，他の法律構成が適する事案には適切な法律構成を勧めるべきです。

2　信託の基本的要素

(1)　信託の要素

　信託を組成する場合には，少なくとも下記の6つの構成要素（→Q3）を確定する必要があります。

①信託目的（→Q11），②信託行為（→Q7～9），③信託財産（→Q19以下），④委託者（→Q68以下），⑤受託者（→Q33以下），⑥受益者（→Q51以下）

こうした信託の要素が信託の内容を決定づけるため，信託に関わる相談において，これらの要素をどのようなものにするかはいずれも非常に重要ですが，特に，受託者については，事案に応じた適切な受託者を選択する必要があり，より重要といえます。

⑵　自益信託・他益信託（Q4）

委託者が当初受益者となる自益信託とするか，受益者が委託者以外の第三者である他益信託とするかも，税務の問題とも絡んで，検討の必要があります。委託者の生前から他益信託とすると，現行の税務では受益者に対する贈与として課税されてしまう問題があります（→Q94）。

⑶　信託行為の方法

信託行為の方法として，信託契約，遺言信託，自己信託（→Q7～9）のいずれかを選択することになります。

民事信託では生前の認知症対策から死亡後の相続対策まで1つの信託で行うことができるため，信託契約による場合が多いと思われますが，必要に応じて，遺言信託，自己信託も検討すべきです。

なお，自己信託については，執行免脱や詐害信託といった濫用のおそれが懸念され，弊害防止の制度が設けられており，濫用事案ではないことや信託としての必要性があることの慎重な検討を踏まえて，自己信託を選択する必要があります。

3　信託の組成上の問題

⑴　遺留分（→Q55）

遺言代用信託等の相続に関わる信託の相談に当たり，特に推定相続人の特定の者に資産承継するという場面では，遺留分の問題があります。

相続法上，遺留分に関わる規定は強行規定ですから，信託の組成において

もその適用は避けられないと一般的にはいわれています（通説）ので,[29] 通常の遺言を作成する場合と同様に，遺留分について配慮して信託スキームを組成する必要があります（信託を採用すると遺留分の適用はなくなる旨の見解が主張されることもありますが，少数説といえます。）。

例えば，信託財産が唯一の相続財産たる不動産の場合には，遺留分侵害額請求権の行使によって，資金捻出のために不動産を売って信託を終了させるほかない事態に至ることも考えられますので，そういうことのないように配慮が必要です。

なお，近時東京地判平成30.9.12金法2104-78が公表されました。かかる裁判例に対する評価もまだ定まっていないところですが，かかる裁判例を踏まえると，信託にも遺留分の規定の適用はあることを前提に，推定相続人である受益者間で形式的に平等であれば足りるのではなく，遺留分権利者が，同権利者において終局的に遺留分相当額の財産権を取得できる内容でなければ，遺留分に配慮した信託スキームとはいえず，遺留分侵害額請求権の行使がされ得ることになりますし，さらにその内容いかんによっては，当該信託は公序良俗違反や脱法により無効と評価される場合があり得ると解されますので，注意が必要です。

(2) **税　務**

信託の組成に際しては，組成時はもとより，信託契約期間中，信託終了時の各段階において，税務の問題に対する配慮が欠かせません（→Q94以下）。

まずは，単に信託を使用しても税務上のメリットはないとされているので，それを大前提に信託スキームを組成することになります。

また，信託スキームによっては，本来受けられるはずの税務上のメリットが受けられず，信託によって税務上マイナスになることもあり得ます。意図せずにこうした事態に陥ることは避けるべきですから，個々のスキームごとに可能な限り信託に精通した税理士に確認する必要があり，相談の段階から，そうした税務についても意識しておく必要があります。

---

29) 道垣内62頁，寺本259頁等。

⑶　**長期間にわたる信託**

信託は長期間継続することがあります。特に後継ぎ遺贈型受益者連続信託（→Q54）を採用すると相当長期となる場合があります。

そうすると，信託行為の後に委託者が，認知症等のため意思表明できない状態になる場合を想定したスキームも考えられます。また，信託継続中の事情変更などを想定した信託の変更の条項を設ける視点も必要です（→Q73以下）。

信託の組成，信託契約書等の作成時において，信託は長期間継続するものであることを想定することは重要です。

⑷　**信託終了に対する配慮**

長期間にわたる信託ですが，将来どこかの時点で必ず終了すべき時がくるはずです。もちろん信託法上は信託目的達成又は不達成が終了事由ですが，それ以外に委託者において当該信託の終了時期を想定しているのであれば，信託行為に終了事由として条項を設ける必要があります（→Q77，Q79）。

また，信託が終了した場合の残余財産の帰属権利者等を誰にするのかも検討する必要があります。帰属権利者について信託行為に定めがなければ，信託終了時に信託財産は委託者又は委託者の相続人に帰属するところですから，特に委託者死亡により信託を終了する場合等において信託終了後に信託財産が委託者の相続人に帰属することを希望しない場合には，帰属権利者又は残余財産受益者の定めを置く必要があります（→Q82）。

信託設定時において，信託をどのように終了させるのか，残余財産を誰に帰属させるのか，十分検討しておく必要があります。

4　まとめ

信託の組成においては，慎重に検討することはもとより，長期的な視点とともに，将来の紛争の予防に対する視点が必要です。長期間にわたって安定した適切な信託を組成することが，今後，民事信託が信頼されるための重要なポイントと考えます。

15　信託に関する契約書作成における留意点

　信託に関する契約書を作成する場合に，特に注意すべき点を教えてください。

　信託法に沿って，必要な条項を漏れなく契約書に盛り込む必要があります。

　その際，信託の変更，信託の終了事由，帰属権利者又は残余財産受益者に関する条項も設ける必要があります。

　また，信託契約書の内容を決定するに当たっては，税務や遺留分のほか，信託が長期に継続することに配慮する必要があります。

1　はじめに

　信託は複雑であり，信託契約書の作成も非常に難しいと思われるかもしれません。

　しかしながら，信託契約書は，初めから難しいものと考える必要はありません。

　信託法の条文に沿って，必要な条項を盛り込んでいけば，信託契約書の基本的な部分は作成できます。

　もとより，その際，遺留分，税務，信託が長期にわたること，信託の変更や終了についても配慮しなければなりません（→Q14参照）。

　様々な書式例を参考にされるとは思いますが，信託契約書において必要なポイントを以下，説明します。

2　信託契約書において必要なポイント

⑴　信託目的（→Q11）

　信託目的は，信託の重要な要素の一つですので，信託契約書には必ず，信託目的を記載する必要があります。

　信託目的があまりに抽象的過ぎると，信託によって何を達成しようとしているのかが不明確になります。

　信託目的はのちの信託事務の指針にもなりますので，事案に応じて，ある程度具体的にかつ明確に書く必要があります。

　ただし，あまりに詳細に書き過ぎ，具体的な信託事務に相当する事項を信託目的に記載してしまうと，それ以外の事項には受託者に権限がないことになり，受託者が事務を行えなくなる場合もあり得ます。さらに，その場合に具体的な事務を追加変更しようとすると信託目的の変更の規定の適用があり，信託目的の変更をできない場合が生じかねないので，注意が必要です。

⑵　**信託契約**（→Q7）

　委託者が信託財産を信託し，受託者がこれを引き受けた旨を明記する条項が必要です。

⑶　**信託財産**（→Q19以下参照）

　信託財産目録を作成する等して対象となる財産を明確に記載する必要があります。

　信託成立後に，金銭等をさらに追加することを想定している場合は，信託の追加に関する条項を設ける必要があります。

　なお，委託者の預貯金債権そのものは，譲渡禁止特約が付されているため，預貯金口座から払い戻しを受け金銭化した上で，受託者に信託譲渡して信託財産とするとの工夫が必要です（→Q21）。

⑷　**委託者**（→Q68以下）

　委託者を特定する事項（氏名，住所，生年月日）を記載します。

　なお，委託者死亡時に委託者としての権利を委託者の相続人に相続させないことを希望する場合は，信託行為たる信託契約において，委託者死亡時に委託者の権利が消滅する旨を定めておく必要があり，注意を要します（→Q70）。

⑸　**受託者**（→Q33以下）

　受託者を特定する事項（氏名，住所，生年月日）を記載します。

　受託者が自然人の場合，受託者の死亡により信託が直ちに終了するもので

はありませんが，死亡その他の事由により受託者としての任務が終了する場合（→Q46）があります。かかる場合に備えて，後継受託者（第2次受託者）に関する条項を可能な限り設けるべきところです（後継受託者については，後継受託者の定めのない場合も含め，Q47）。

　さらに，可能であればではありますが，事案によっては第3次受託者の条項も設けることを検討するとよいでしょう。

(6)　受託者の信託事務

　信託目的に従い，受託者が行う信託事務を，明確に記載します。

　財産の種類が複数ある場合には，種類に応じて，信託事務の内容を記載する場合が多いと思われます。

　金銭や預貯金については，信託口口座の開設も信託事務の範囲として，受託者の権限内とするとよいです。

　不動産については，管理方法（例えば第三者に賃貸するか等）や，修繕費などの不動産の管理のための支出等について記載することが考えられます。

　信託借入れが想定される場合は，信託借入れの権限も，信託事務に記載し，受託者の権限内とするとよいです。

　また受益者への給付にかかる信託事務についても記載すべきです。

(7)　信託事務処理の第三者への委託

　個人の受託者の場合に，不動産の管理等，必ずしも受託者自身で行うことができない信託事務処理については，第三者に委託することが考えられますので，信託契約書に第三者委託に関する条項を設けます。

　ただし，信託事務の全てを包括的に第三者に委託することは，委託の趣旨にも反します。また，専門家たる第三者に全てを包括的に委託することは，信託業法の脱法となることも懸念されますので，委任事項をある程度絞って第三者委託することが適当です。

(8)　善管注意義務・忠実義務

　受託者は，善管注意義務及び忠実義務を負います（善管注意義務と忠実義務の内容については，Q38及びQ39参照）。

　特に信託契約書に書かなくても，受託者はこれらの各義務を負いますが，

受託者の善管注意義務を軽減する場合はもちろんのこと，軽減しない場合でも注意的に受託者の善管注意義務に関する条項を設ける方がよいでしょう。

忠実義務については，信託法31条1項の利益相反行為の制限に対して，例外としてこれらの利益相反行為を許容する場合には，特に，これらの利益相反行為を許容する旨の定め（同条2項1号）を明示して信託契約書に設ける必要があります。

(9)　分別管理義務

受託者は，信託財産を固有財産と分別して管理する義務を負います（→Q40）。

そのため，その旨とともに，信託財産の管理方法についても，信託契約書に条項を設ける必要があります。

金銭や預貯金については，金融機関の信託口口座を利用することになると思われます。信託口口座を利用する場合には，その旨を記載するとともに，受託者に信託口口座の開設及び入出金に関する権限を与える条項を設けます（→Q22）。

(10)　帳簿等の作成・報告・保存義務

受託者は受益者に対して最低年1回の報告義務があり，会計基準に従って，報告する必要があり，そのため，帳簿等の作成が義務付けられています（どのような帳簿等の作成を必要とするかは，Q41参照）。

(11)　信託にかかる費用の償還（→Q50）

信託財産管理に際しての事務費用を支出する場合は，信託財産から支出することになるので，信託財産からの費用償還に関する条項も記載します。

特に，信託財産からの費用の前払請求が想定される場合には，信託法48条3項に従い信託財産から信託の事務費用を拠出するたびに事前の通知をするのが煩雑と思われるのであれば，信託行為に別段の定めを設けることも考えられます（同条2項ただし書・3項ただし書）。

また，受益者に対して信託費用の償還や前払を請求できるようにするためには，受益者との間で別途合意する必要があります。

(12)　受託者の報酬　(→Q49)

受託者は，信託行為に信託財産から信託報酬を受ける定めがある場合に限り信託財産から報酬を受けることができることから，有償とする場合には，信託契約に受託者の報酬の定めを設ける必要があります。

これに対して，現行の民事信託では，委託者の親族が受託者になるケースが多いと思われます。こうした場合に受託者の報酬を無償とするのであれば，受託者の報酬の定めを設けないか，無償である旨の条項を設けることになります。

(13)　受益者

受益者を特定する事項（氏名，住所，生年月日）に関する条項は必須です。

後継ぎ遺贈型受益者連続信託とする場合には，複数の受益者に順位を付して記載することになります（→Q54参照）。

また，その場合に，受益者の候補者が年齢順に死亡するとも限らないことから，それを踏まえた条項とし，場合によっては予備的な受益者の条項を設けることも考えられます。

事案によって，受益者指定権・変更権を付与する場合には，信託契約にこれらに関する条項を設ける必要があります（→Q52）。

(14)　受益権　(→Q51)

また，受益者が，信託財産からどのような給付を受けるかにつき，受益権の内容を明確に記載する必要があります。

受益権の内容も，抽象的に過ぎると，受益の内容を特定できず，紛争となった場合に，受益権を訴訟で実現できない場合も考えられます。

また，受益権の内容に制約を加える場合でも，その内容が明確でなければ，制約となり得ない場合も考えられます。

そのため，受益権の内容も，より明確なものが望ましいといえます。

(15)　受益権の譲渡・質入れの禁止

受益権は，信託法上は譲渡可能ですが，通常の民事信託の場合，受益者として特定の者が指定されることが想定されますので，受益権の譲渡や質入れを認めないのが一般的であり，譲渡・質入れの禁止にかかる条項を設けるこ

とが考えられます。

⒃　信託監督人・受益者代理人（→Q63～67）

民事信託における，受託者に対する監督やガバナンスの観点から，信託監督人や受益者代理人に関する条項を設けることが考えられます。

信託監督人は，信託契約に条項がなくても，後に信託法131条4項に従い裁判所が選任することは可能ですが，受益者代理人は，信託契約に条項がないと，後に裁判所による選任はできませんので注意が必要です。

その場合，信託監督人等の辞任に関する条項や，信託監督人等の報酬の有償無償についても条項を設ける必要があります。

⒄　信託の変更（→Q73～76）

将来，信託財産や受益者に関する状況が変化し，従前の信託契約書の条項のままでは，信託目的達成に支障が生じるような場合に信託の変更が必要となることも想定しておく必要があります。

もとより，信託契約書に条項がなくても，信託法149条及び150条に従い，信託の変更をすることは可能です。

しかしながら，当該信託に将来想定される事情を踏まえ，信託契約に信託の変更に関する条項も設けておくことが望ましいといえます。

どのような場合に，何を変更できるのか，より明確な条項の方が好ましいですが，限定し過ぎると，当初の想定より信託の変更が難しくなることも考えられます。

⒅　信託の終了事由（→Q77～79）

信託は，長期に継続することが想定されますが，いつかは終了すべきときがきます。

そのため，目的達成又は不達成以外の場合に信託が終了することを想定している場合には，いつどのような場合に信託が終了するか，信託の終了事由について，信託契約書作成時点で，十分検討の上，条項を設ける必要があります。

⒆　帰属権利者（又は残余財産受益者）（→Q82）

信託が終了した場合に，残余財産をどのようにするかも重要な要素です。

帰属権利者に関する条項がない場合は，残余財産は委託者又は委託者の相続人に帰属することとなりますから，委託者の推定相続人に承継させることを希望しない場合には，帰属権利者等について信託契約書に明記する必要があります。

残余財産を帰属権利者又は残余財産受益者のいずれに取得させるかも，併せて検討する必要があります。

3　まとめ

信託法に沿って，信託法に書かれている事項に関する条項を盛り込むことで，信託契約書の基本的な部分を作成できます。

その際，関係者が今と同様仲良く円満であることだけを想定しているのでは不十分であり，将来万一紛争が生じても，支障がないように意識して契約書の条項を作成する必要があります。

そのため，信託契約の条項は，特に受託者の権限や，受益権の内容については，より明確なものとすることが望ましいです。

また，遺留分や税務にも配慮して信託契約書を作成する必要がありますし，信託が長期にわたることから，信託の変更のほか，信託の終了事由や，帰属権利者に関する条項も重要ですので，これらを漏らすことのないよう注意する必要があります（→Q15参照）。

Q16　民事信託と専門家（弁護士等）

弁護士等の専門家として信託に関与する場合の注意点と，関与するに当たってのスキームを教えてください。

専門家として，利益相反問題を考慮しつつ，組成においては信託契約書作成の他，税理士，司法書士や金融機関等と調整をするなど

コーディネーター的役割を果たし，組成後においては継続して信託に関わることが肝要です。

組成後に関与する形としては，信託監督人又は受益者代理人に就任する方法やホームロイヤーとして関わる等の方法もあります。

1　はじめに

弁護士等の専門家が，依頼者との相談を経て，民事信託に関する案件を受任する場合に，その後，当該事案に専門家としてどのように関わっていくかは，スキーム選択などにも絡んで重要です。

もちろん，典型例は，信託スキームを提案し，もろもろの参考事例や書式を参考にしつつ，信託契約書を作成することになります。

ただ，その際，委託者となる方から持ち込まれる場合もあるでしょうし，相続に関わる信託であれば，高齢の方々の推定相続人の方から持ち込まれる場合もあり得ます。いろいろな場面において，弁護士等の専門家としては，誰の立場で信託に関わるのか，利益相反問題はないか等を考えながら，適切にスキームを組成し，信託契約書を作成する必要があります。

2　コーディネーター的役割

信託の組成を進めていく場合，弁護士等の専門家には，信託契約書を作成するだけではなく，コーディネーター的な役割が求められます。信託の法的側面については弁護士，信託スキームの税務については税理士，不動産の信託登記については司法書士，信託法3条3号により公正証書が要求される自己信託はもとより，信託契約や遺言信託においても，公正証書を作成する場合は公証人との共同が必要です。また，預貯金に関しては，分別管理のために預貯金口座を開設しますが，その際に信託口口座を使えるかも含め，銀行との折衝も重要になります。

民事信託の組成においては，弁護士等の専門家は，スキームの全体を見通して，弁護士，税理士，司法書士，公証人，銀行などの専門家との間で，コーディネーター的な役割を果たす必要があります。

3　弁護士等が受託者となれるか

　信託の組成の際には，依頼を受けた弁護士等としては，自ら受託者となる信託スキームを考えられるかもしれません。

　しかしながら，現行の信託業法との関係では，弁護士等がその業務として受託者となって信託の引受けをすると信託業法違反とされる可能性は否定しきれず，悩ましいところです。今のところ無難な方法としては，弁護士等としては受託者とならずに，それ以外の受託者を考えることになります（→Q33及びQ34参照）。

4　スキームにおける関わり方

(1)　受益者代理制度等

　弁護士等の専門家の関わり方としては，信託契約書を作成した後に，信託監督人や受益者代理人などの立場で関与することが考えられます（受益者代理制度については，Q63以下参照）。

　弁護士等の専門家がこうした立場で信託に対する関わりを継続することは，信託における不祥事を防止し当該信託を適正・安定的なものとする意義があります。事案に応じて信託管理人や受益者代理人を設置するか，弁護士等の専門家がこれらに就任するかを検討することになります。

　なお，信託監督人は，信託契約に条項がなくても，後に信託法131条4項に従い裁判所が選任することは可能ですが，受益者代理人については，信託行為に設置する旨の条項を置かなければ，後日裁判所による選任はできないので，注意が必要です。

(2)　就任時の利益相反に対する注意

　ただし，弁護士等の専門家が信託監督人や受益者代理人などに就任する際には，ある種の利益相反への注意は必要です。

　委託者の立場で信託契約書を作った後に受託者の立場になることは，（前記の信託業法の問題はもとより）以後は受託者として受益者のために行動しなければならず委託者のためには行動できないという問題が生じる可能性があります。また，信託監督人や受益者代理人は，専ら受益者のための役割です

から，それまでの立場と違ってくることになります（なお，もちろん，弁護士等の専門家が信託監督人や受益者代理人に就任した場合に，他の受益者の不利益の下に特定の受益者の利益を図る行為や，受益者間の紛争の代理人となることはできません。）。

ですから，弁護士等の専門家が信託監督人や受益者代理人などに就任する際には，事案に応じてではありますが，利益相反の問題も考慮して，当事者や関係者にはあらかじめ説明すべきですし，そうした説明を受けたことや了解をしていることの書面をとることがベターな場合も考えられます。

信託に継続して関わること自体に意味がありますから，信託監督人や受益者代理人という立場での関与についても，上記を踏まえ適切に考えていただきたいと思います。

5　ホームロイヤーとしての関わり

近時の民事信託に関わる弁護士の中には，信託契約書を作成し，信託スキームを組成した場合に，当該信託の信託監督人や受益者代理人に就任しない場合でも，いわゆるホームロイヤー（法律問題の相談に応じるかかりつけの弁護士）として，信託に対する関わりを継続する場合もあります。

信託の規模や内容に応じて，コストや弁護士の立場（利益相反に対する考慮も含め）に配慮した関わり方として，関係者のホームロイヤーとして関わることが適切な事案もあるところです。

 **17** 民法（債権法）改正

民法（債権法）改正は，信託にどのような影響をもたらしますか。

　民法は，私たちの生活一般に関するルールを定める基本法といわれるものです。信託法は，基本的に民法等の基本法の上に成り立っ

ているものです。ですから，民法が改正（変更）されると，信託法もその影響を受けることになります。

　民法の改正による信託法への影響については，信託法そのものの改正によるものとその他によるものとがあります。

　前者は，詐害行為取消し等に，後者は，時効等に影響が出るものと思われます。

1　民法と信託法との関係

　民法は，私たちの生活一般に関するルールを定める基本法といわれるものです。これに対し，信託法1条は，「信託の要件，効力等については，他の法令に定めるもののほか，この法律の定めるところによる。」と定めており，例えば，信託契約の成立などについては，民法の定めに従うことが予定されています。

　したがって，民法の定めに従うことが予定されている部分については，民法改正の影響を信託法も受けることになります。

　もっとも，信託法は，信託という性格にのっとった様々な取り決めや規制が必要になる場合もあることから，このような部分については，民法の規定よりは，信託法の規定が優先されることになります。その結果，信託法は民法の特別法ということになります。

　例えば，債務者が債権者を害することを知りながら行った行為について民法は，基本的に取り消すことができるものの，債務者の取引の相手方である受益者が行為時に善意の場合には取り消すことができない旨定めていました（民424条）。これに対して，信託法では，債務者の取引の相手方である受託者の善意悪意を問わず，取り消すことができるとしています（法11条1項本文）。民法424条を形式的に適用すると受託者が委託者の債権者を害することを知らなければ，取消しが認められないということになりそうですが，そもそも，受託者は，信託に関して独自の利益を有するわけではないので，信託法では，受託者の認識を問わず，取消しを認めることとしました（→Q12）。このように，信託法は，民法の特別法として，民法と異なることを定めるこ

とがあるのです。

2　民法（債権法）の改正

　では，民法の改正があった場合は，どうなるのでしょうか。

　改正前民法の債権法（簡単にいえば，民法の中で，契約等によって生じる相手方に対する債権に関して定めた範囲です。）については，平成29年5月26日に成立，令和2年4月1日施行となりました。改正は，多岐にわたりますが，時効・保証・約款・売主の責任・賃貸借契約などのほかに，先ほど述べた詐害行為取消権も含まれています。

3　信託法への影響

⑴　整備法による影響

　重要な法律が改正されると，それに関連して他の法律への影響が及ぶために，いわゆる整備法が作られることがあります。今回も，民法（債権法）改正に伴い民法の一部を改正する法律の施行に伴う関係法律の整備等に関する法律が成立しています。

　改正内容の詳述は省略しますが，詐害信託の取消し等に関する信託法11条及び12条に改正が生じています。また，信託財産に関する強制執行の制限を定めた信託法23条のうち，自己信託に関する2項及び3項においても改正が生じています。法人である受託者の役員の損失てん補責任等に係る期間の制限に関する信託法43条2項，信託報酬に関する信託法54条4項，受益権の譲渡性・質入れに関する信託法93条2項，96条2項にもそれぞれ改正がありますので，注意が必要です。

　なお，改正前の信託法11条は，権利障害規定として，受益者の一部でも善意の場合に，詐害信託の取消しができない旨を定めていましたが，改正後は，権利根拠規定として，受益者の全員が悪意の場合に，取消しを請求できる旨の改正がなされました。これは，改正前の民法が，転得者が善意の場合には転得者に対し詐害行為取消権を行使できないとしていた（平成29年法律第44号による改正前の民法424条1項ただし書）のに対し，民法（債権法）改正によ

り，転得者がその転得の当時債務者がした行為について債権者を害すること
を知っていたときに限り，詐害行為取消請求できる旨，転得者の主観的要件
につき立証責任を転換した（改正民424条の5）ことに対応するものと思われ
ます[30]。

(2)　その他の影響

受託者の損失てん補責任の時効期間は，債務の不履行によって生じた責任
に係る債権の消滅時効の例によるとされています（法43条1項）。したがって，
従前，同時効期間は，商行為とみなされる営業信託を除き，権利を行使でき
る時から10年（平成29年法律第44号による改正前の民法166条1項及び167条1項）
とされていました。しかしながら，民法（債権法）改正に伴い，権利を行使
できることを知った時から5年（改正民166条1項1号）という時効期間が債
権に追加されたことから，同追加への注意・対応が必要になるでしょう。

また，信託契約に関する意思表示に関しても，影響を受けることになりま
す（改正民93条以下）。

さらに，債権譲渡については，譲渡禁止特約が付された場合でも有効とな
りました（改正民466条2項）。ただ，譲渡禁止特約が付された預貯金は引き
続き譲渡できないことになっています（改正民466条の5）ので，注意が必要
です（→Q21）。

4　影響がない場合

今までは，民法（債権法）改正の影響が信託法に及ぶ場合について説明し
てきましたが，逆に，民法（債権法）改正の影響が信託法に及ばない場合も
あります。

例えば，民法改正では復代理の際の責任につき選任監督だけに限定してい
た民法105条を削除して，一般の債務不履行によることとされましたが，信
託法35条では変更がなく，信託行為に別段の定めがない場合には，選任監督
に限定されることとされています。

30）道垣内125頁。

 **18**　民法（相続法）改正

　民法（相続法）改正により，配偶者居住権が新たに認められることとなったと聞きましたが，配偶者が居住する権利等を受益権の内容とする信託を利用する必要はなくなったのでしょうか。その他，同改正による信託への影響について簡単に教えてください。

　配偶者居住権の内容は，法律上規定された内容に制限されており，仕組みを自由に設計できる信託とは異なるため，信託を利用する必要性は今後もなくなりません。

　また，民法（相続法）改正は，信託と遺留分についての議論や，相続に伴う預貯金口座の処理等について影響があると考えられます。

1　配偶者居住権[31]の新設

　民法（相続法）改正により，配偶者が相続開始時に居住していた被相続人所有の建物に，終身又は一定期間，居住することを配偶者に認める配偶者居住権が新設されました（改正民1028条以下）。同相続法改正の施行日は原則として令和元年 7 月 1 日とされていますが，配偶者居住権については，民法（債権法）改正の施行日と同じ令和 2 年 4 月 1 日とされています[32]。

　配偶者居住権は，遺産分割，遺贈又は死因贈与によって配偶者に取得させることができます。

　また，配偶者居住権の設定の登記をすることにより，配偶者居住権を第三者に対抗できることとされました（改正民1031条 2 項準用にかかる605条）。

31）ここでは，相続開始後最低 6 か月間は配偶者の居住を保護する配偶者短期居住権（改正民1037条以下）を除いて説明します。
32）なお，施行日につき，自筆証書遺言の方式緩和については平成31年 1 月13日，法務局における遺言書の保管等に関する法律については令和 2 年 7 月10日とされています。

2　信託との比較

(1)　信託による居住権の確保

　一方，信託でも，自宅を信託財産とし，自宅に居住する権利等を受益権の内容とすることにより，自分が亡くなった後における配偶者の居住権を確保することが可能です。例えば，自宅に居住することを内容とする受益権を設定した上で，その受益権を夫存命中は夫自身が，夫の死亡後は後妻が取得し，後妻が死亡した場合には信託を終了させ，残余財産を長男に承継させるという内容の信託が考えられます（→Q86参照）。

　もっとも，配偶者居住権と，居住する権利等を受益権の内容とする信託とでは，以下の点で異なっており，事案に応じ，今後も信託を利用する必要性はなくなりません。

(2)　内　縁

　配偶者居住権は，内縁の配偶者には認められません。内縁の配偶者は相続権を有していないことや該当性をめぐって紛争が複雑化，長期化するおそれがあること等を考慮したものです（堂薗幹一郎＝野口宣大（編著）『一問一答新しい相続法—平成30年民法等（相続法）改正，遺言書保管法の解説』（商事法務，2019）11頁。以下，『一問一答』とします。）。

　これに対し，信託では，受益者として内縁の配偶者を指定し，内縁の配偶者の居住権を確保することが可能です。

(3)　売却について

　例えば，配偶者が施設に入居することとなり，自宅への居住を継続する必要性がなくなった場合には，自宅を売却することによって，施設入居資金を調達したいと考えるケースがあります。

　配偶者居住権の場合，あくまで所有者が自宅売却の意向を有しなければ，売却はできず，配偶者の意向だけでは資金化ができません。相続法改正の際，配偶者居住権を換価する手段として，配偶者に所有者に対する買取請求権を認めることも検討されましたが，実現しませんでした（一問一答29頁）。

　また，自宅に配偶者居住権が設定され，同設定登記がなされている場合，配偶者居住権が付いたままでは市場での売却は困難なため，あらかじめ，同

登記を抹消する必要が生じます。同登記の抹消登記申請は，建物所有者と配偶者による共同申請によらなければならないものと考えられます。このため，施設に入居する配偶者が認知症にかかっており意思能力の有無が疑われる場合には，配偶者に成年後見人を選任しなければ，自宅を売却できない事態が発生する可能性があるといえるでしょう。

これに対し，信託では，配偶者が施設に入居する場合，受託者は，自宅を売却して同売却代金を受益権の内容として受益者に支払う旨を定めておけばよいこととなります。また，信託財産である自宅を売却する権限は受託者が有していますので，受益者である配偶者が認知症にかかり意思能力がなかったとしても，自宅売却が可能です。

⑷　賃貸について

配偶者居住権の場合，自宅の所有者の承諾がなければ，第三者に建物を使用させることはできません（改正民1032条3項）。したがって，配偶者が施設入居する際，自宅を賃貸に出そうとしても，所有者の承諾が得られなければなし得ません。

これに対し，信託では，施設に入居することとなり，自宅への居住を継続する必要性がなくなった場合には，受託者は賃貸できる旨定めておけば可能です。同賃料については，受益権の内容として受益者に支払うことを定めておくことにより，施設利用料の支払に充てることが可能です。

⑸　固定資産税や通常の修繕費の負担

配偶者居住権では，建物の固定資産税や通常の修繕費については，配偶者が負担するものと法律上定められています（改正民1034条1項）。

これに対し，信託では，受益権の内容を自由に設定することが可能です。したがって，信託財産である自宅の固定資産税や修繕費については信託財産から拠出する旨定めておけば，これら費用を配偶者に負担させることを避けることができます。

3　その他

(1)　遺留分減殺請求の金銭債権化

民法（相続法）改正により，遺留分減殺請求権から生ずる権利が金銭債権化されました（「遺留分侵害額請求権」。改正民1046条1項）。

遺言代用信託や後継ぎ遺贈型受益者連続信託を設定する場合でも，民法の遺留分に関する規定は適用されると一般に解されているところ（寺本259頁），遺留分減殺請求の対象が信託財産か，受益権かなど，従前，解釈上の争いがありました。

しかしながら，上記金銭債権化に伴い，遺留分減殺請求による物権的効果がなくなったため，共有となる対象が信託財産か，受益権かについての物権的効果を前提とした争いはなくなったといえるでしょう。

もっとも，侵害行為を信託設定行為又は受益権付与行為のいずれと見るかについては，従前どおり今後も解釈に委ねられており，遺留分侵害額請求の相手方が受託者か，受益者かや遺留分侵害額の算定価額をどう見るかについても，同様でしょう[33]。

(2)　預貯金債権の取扱いについて

民法（相続法）改正により，遺産分割前の払戻し制度（改正民909条の2）が創設されるとともに，仮分割の仮処分の要件（家事事件手続法200条3項）が緩和されました。これは，従前の判例を変更し，預貯金債権が遺産分割の対象に含まれるとした最高裁決定[34]を受けて，同決定後は，遺産分割までの間は共同相続人全員の同意がなければ預貯金の払戻しが困難になったことによるものです。

もっとも，上記払戻し制度では，権利行使可能な額として，一金融機関ごとに150万円[35]の上限額が定められており，また，上記仮処分は，遺産分割の審判又は調停の申立てをしなければ利用できません。

33）遺留分減殺請求の金銭化により，従前なされていた議論への影響について触れたものとして，神田＝折原183頁，道垣内・補遺（http://www.yuhikaku.co.jp/books/detail/9784641137653）参照。
34）最大決平成28.12.19民集70-8-2121。
35）民法909条の2に規定する法務省令で定める額を定める省令。

　これに対し，信託では，信託財産として拠出された財産は委託者の相続財産には含まれず，信託口口座（Q22参照）は受託者の管理下にありますので，委託者死亡後も，信託の目的，信託事務の内容に従って，受託者は同口座からの出金が可能なことは，上記改正前と同様です。被相続人（委託者）死亡後に，ある程度高額の出金も円滑にできるよう備えておきたいという場合には，信託を利用することが考えられます。

(3)　相続における対抗要件

　民法（相続法）改正により，遺言の有無や内容を知り得ない相続債権者・債務者等の利益を保護するため，相続を原因とする権利変動についても，これによって利益を受ける相続人は，登記等の対抗要件を備えなければ法定相続分を超える権利の取得を第三者に対抗することができないこととなりました（改正民899条の2第1項）。また，債権の承継がされた場合には，受益相続人が債務者に対し，遺言又は遺産分割の内容を明らかにして承継の通知をすることにより，共同相続人全員が債務者に通知したものとみなして，対抗要件を具備することが認められました（同条2項）。

　従来，相続させる旨の遺言については，対抗要件を備えなくとも同遺言に基づく権利取得を第三者に対抗できると判例上解されていました。しかしながら，上記改正後は，対抗要件具備を必要とされることとなったため，相続させる旨の遺言の効力は一定程度弱まったといえます。例えば，法定相続人の一人であるAの債権者Xが相続財産である預貯金債権をAの法定相続分の割合で差し押さえた場合，Aに対する生前贈与などを考慮して，同預貯金債権全てを他の法定相続人Bに相続させる旨の遺言が存在していたとしても，Bは，同差押え前に第三債務者である金融機関に対する承継の通知をしておかないと，Xに劣後することになります。

　もっとも，相続発生後直ちに，Bが同承継通知を行うことができるかは確実ではありません。そのため，法定相続人Aの債権者Xから相続財産に差押えがなされる可能性がある場合に，特定の者に対する財産承継を確実に行いたいときは，遺言でなく信託を利用するメリットがあるといえるでしょう。信託では，委託者が拠出した信託財産は受託者に移転し，受託者名義となっ

ているため，委託者死亡時に，委託者の法定相続人の債権者と対抗関係に立つことはないからです。Aが破産する可能性がある場合も同様です。

　また，同改正に伴い，相続により受益権が承継された場合，受益相続人が受託者に対し，当該受益権にかかる遺言又は遺産分割の内容を明らかにして承継の通知をすることによって，対抗要件を具備することを認める条文が信託法に新設されました（法95条の2）。

 **第2章　信託財産**

1　信託財産たり得る財産（→Q19）

　信託財産は，受託者に属する財産であって，信託により管理又は処分をすべき一切の財産（法2条3項）と定義されていますが，現行法では，信託財産とすることができる財産の範囲を制限する規定はありません。

　ただ，信託財産とするためには，①金銭への換算可能性，②積極財産性，③移転ないし処分の可能性，④存在可能性・特定可能性の4つの要件が必要と解されています（詳細はQ19参照）。

2　信託財産の独立性（→Q29〜32）

　信託の効力が発生すると，信託財産は受託者に移転し，委託者からも，受託者からも，また，受益者からも独立した特殊な財産となります。

(1)　委託者からの独立性（委託者からの倒産隔離機能）

　委託者が信託を設定した場合には，当該財産は受託者に移転するため，委託者の責任財産から逸出します。自己信託の場合も，委託者（兼受託者）は以後，委託者自身の利益のために当該財産を保有するのではなく，受託者として受益者の利益のために別扱いする旨を宣言した結果として，当該信託財産は，委託者の財産から独立します。

　したがって，委託者が倒産した場合にも，信託財産は，委託者の責任財産を構成せず，債権者による強制執行等も制限されます。

(2)　受託者からの独立性（狭義の「信託財産の独立性」）

　信託財産の所有権は受託者に移転しますが，受託業務を行う上での便宜的

な移転であり，受託者は，財産の管理・処分につき，信託目的に拘束され，自由に処分することはできません（法29条）。

　また，受託者の固有財産とは異なり，信託財産について以下の取扱いがされることになっており，受託者から独立しているといえます。

① 強制執行の制限

　　信託財産に属する財産に対しては，（信託財産責任負担債務に係る債権に基づく場合を除き），強制執行，仮差押え，仮処分若しくは担保権の実行若しくは競売又は国税滞納処分をすることができません（法23条1項）。

② 受託者が破産等した場合

　　受託者が破産手続開始，民事再生手続開始，更生手続開始の決定を受けた場合であっても，信託財産に属する財産は，破産財団，再生債務者財産，更生会社財産に属しません（法25条）。

③ 受託者が死亡した場合

　　受託者が自然人である場合であって，死亡により受託者の任務が終了した場合には，信託財産は法人となり（法74条），受託者の相続財産に属しません。

⑶ **受益者からの独立性**

　受益者は，受益権を有する者であって（法2条6項），信託財産から財産的給付を受けることができますが，受益者が取得するのはあくまで受益権であり，信託財産自体が受益者に帰属するわけではありません。

　すなわち，受益者の債権者は信託財産自体を差し押さえることはできませんし，受益者に破産手続等が開始したとしても信託財産が破産財団等を構成するものでもありません。

3 信託財産の公示（→Q20〜24，Q29，Q30）

　信託財産は，受託者に移転され受託者に帰属している財産ですが，受託者個人の債権者は差押えができず，また，受託者が破産した場合にも，破産財団に組み込まれないという特殊性を有していますので，第三者から見て取引

の安全を害さないよう公示する必要があります。

　そこで，信託法は，一般的な物権変動のための公示（民177条等）に加えて，当該財産権が信託財産に属するものであること（受託者の固有財産から区分された独立の財産集合体である事実）を公示する定めを規定しています。具体的には，「登記又は登録をしなければ権利の得喪及び変更を第三者に対抗することができない財産については，信託の登記又は登録をしなければ，当該財産が信託財産に属することを第三者に対抗することができない。」（法14条）と規定し，権利移転に登記・登録を要する財産については，別に信託の登記・登録を具備するよう要求しています。

　登記又は登録が必要となる財産としては，不動産，船舶，航空機，自動車（軽自動車を除きます。），特許権等があります。これら財産には，信託設定による所有権移転の対抗要件に加えて，信託財産に属することの公示が求められます。他方，権利移転に登記又は登録を要しない財産，例えば，動産や金銭などについては，信託財産の公示は必要とされていません。

 **19　信託することができる財産**

信託することができる財産，できない財産について教えてください。

　信託することができる財産は，①金銭への換算可能性，②積極財産性，③移転ないし処分の可能性，④存在可能性・特定可能性の4つの要件を満たすことが必要とされており，①ないし④の要件を欠く財産は信託として設定できない財産となります。

1　信託することができる財産について

　信託法では，「信託財産」を，「受託者に属する財産であって，信託により管理又は処分をすべき一切の財産」（法2条3項）と定義しており，信託する

ことができる財産について，明文上の制限はありません。

　ただ，信託することができる財産については，①金銭への換算可能性，②積極財産性，③移転ないし処分の可能性，④存在可能性・特定可能性の4つの要件を満たすことが必要と解されています（四宮和夫『信託法』（有斐閣，新版，1989）132頁以下，新井340頁以下）。

2　各要件について

⑴　金銭への換算可能性

　信託財産として設定するには，対象となる物の価値を金銭に見積もることができること，すなわち換算可能性の要件を満たすことが必要となります。

　不動産，動産，現金，債権，株式，有価証券，知的財産権等多くの財産は，その価値を金銭に見積もることができるので，換算可能性の要件を満たしています。

　一方，身分権，人格権等は，金銭に見積もることができませんので，換算可能性の要件を欠き信託財産とすることはできません。また，身分権，人格権等は，後述の「⑶移転ないし処分の可能性」を欠くという観点からも，信託財産とすることができないともいえます。

⑵　積極財産性

　通説的見解によれば，信託の対象となる財産は，積極財産に限られ，債務などの消極財産を信託の対象とすることはできないと解されています。

　もっとも，信託の設定に当たり，委託者が信託設定前に負担した債務について信託財産を責任財産とする場合には，信託を設定する際に受託者が債務引受けをし，かつ，信託行為により信託財産を当該債務の責任財産とする旨定めることによって実現することが可能です（信託財産責任負担債務。法21条1項3号→Q26参照）。[1]

⑶　移転ないし処分の可能性

　信託財産として設定する財産は，移転若しくはその他の処分を通じ，委託

1）この明文化によって，信託法では「事業信託」ができるようになったと指摘されています。

者の財産権から分離することが可能であることが必要とされています。したがって，法律上譲渡が禁止されている年金受給権（国民年金法24条等）や譲渡禁止特約が付されている債権[2] などは，受託者への移転が不可能又は困難であるため，原則として，信託財産とすることはできないと解されています。

　また，預貯金についても，通常は銀行取引約款等により譲渡禁止特約が付されているため，既存の預貯金債権そのものを受託者に移転することはできないと解されます。そのため，預貯金を信託の対象とする場合には，預貯金の全部又は一部を出金し，信託財産管理用の口座に送金するなど，預貯金債権自体を受託者に移転することのないよう配慮が必要となるでしょう（→Q21参照）。

　さらに，譲渡に相手方の承諾が必要となる賃借権や譲渡制限付株式（→Q23参照）[3] など，譲渡に一定の条件を要する財産を信託する場合には，事前に相手方の承諾を得ておく必要があります。

　なお，委託者自身を受託者として設定する自己信託の場合には，財産の譲渡が不要であることから，譲渡不可能な財産であっても信託を有効に設定できると考える余地があります[4]。

(4)　存在可能性・特定可能性

　信託財産として設定するためには，存在可能性及び特定可能性があることも必要と解されています。すなわち，信託設定時には存在しない財産又は特定されていない財産であっても，将来に存在し，かつ特定されることが見込まれる場合には，信託財産として設定することが可能であると解されています。

---

2) この点，2020年4月施行の民法（債権法）改正により，債権に譲渡禁止特約が付されていても，債権譲渡自体の効力は妨げられないとされることから（改正民466条2項），信託の対象となり得るとの解釈もあります（道垣内35頁）。ただし，預貯金については，上記改正民法466条2項の適用がありませんので（同法466条の5），施行後も信託の対象となり得ないことに変わりがないことには留意が必要です。

3) 信託財産を譲渡制限付株式とする遺言信託につき，受託者への株式譲渡についての会社の不承認を原因として目的達成不能により信託が終了するものと判断した事例として，東京高判平成28.10.19判時2325-41頁以下参照。

4) 道垣内34，35頁参照。

 20　不動産の信託

> 不動産を信託財産とする信託を設定する場合に留意すべき点を教えてください。

A　不動産を信託財産とするためには，信託の登記をする必要があります。信託が終了するなどし，当該不動産が信託財産でなくなった場合にもその登記が必要です。

1　信託財産の公示

　信託財産に属する財産については，受託者に帰属するにもかかわらず，受託者の固有財産に対して債権を有する債権者（固有財産等責任負担債務に係る債権者）が強制執行等をすることができず（→Q29参照），また，受託者が破産手続開始決定を受けても，その破産財団に組み込まれません（信託の倒産隔離機能→Q30参照）。

　このように，信託財産には受託者の固有財産からの独立性が認められており，信託関係人以外の第三者に影響を与えるため，信託財産であることを第三者に知らせ不測の損害を与えないようにすべく，公示が必要とされています。具体的には，信託法14条において，「登記又は登録をしなければ権利の得喪及び変更を第三者に対抗することができない財産については，信託の登記又は登録をしなければ，当該財産が信託財産に属することを第三者に対抗することができない。」と規定されています。

　なお，信託の設定により，信託された財産は委託者から受託者に移転しますが，この移転を第三者に主張するためには，民法等に定められた一般的な物権変動の対抗要件（民177条，178条，467条等）の具備が必要になります。信託法14条に定める信託の登記・登録は，一般的な物権変動のための公示に加えて，当該財産権が信託財産を構成するものであること（受託者の固有財産から区分された独立の財産集合体である事実）を公示するための特別な公示

です。

2 分別管理義務

　信託財産には受託者の固有財産からの独立性が認められることから（信託財産の独立性），受託者は，信託財産の独立性を確保すべく，信託財産を自己の固有財産と分別して管理する義務を負っており，不動産のように信託法14条の登記・登録をすることができる財産については，分別管理義務として信託の登記・登録をすべきことになります（法34条1項1号→Q40参照）。

3 信託の登記

(1) 不動産を信託財産として設定する場合の対抗要件

　不動産は，登記制度があり，登記をしなければ権利の得喪及び変更を第三者に対抗することができない財産ですので，信託財産であることを第三者に対抗するためには信託の登記が必要となります。

(2) 登記の方法

ア 登記事項

　登記の方法については，詳しくは不動産登記法に定められています。

　信託財産に属することを抽象的に登記するだけでは足りず，①信託の委託者，②受託者，③受益者の氏名又は名称及び住所，④信託の目的，⑤信託財産の管理方法，⑥信託の終了事由その他の信託の条項等を公示する必要があります（不登法97条1項各号）。

　これらの各事項を登記することにより，受託者の債権者や，他の信託の信託債権者等の第三者に，当該不動産が信託財産に属し，受託者の財産から独立していることを対抗することができるようになります。

イ 登記の時期

　信託の登記は，信託に係る権利の保存，設定，移転又は変更の登記の申請と同時に（不登法98条1項），かつ1つの申請情報によってする必要があります（不登令5条2項）。

　信託財産に属する不動産に関する権利が移転，変更又は消滅により信

託財産に属しないこととなった場合にも，同様の登記が必要となります（不登法104条1項）。

ウ　登記の申請者

一般に，「権利の移転等の登記」は，権利に関する登記であるので，共同申請の原則が適用され，登記権利者と登記義務者が共同して申請する必要があります（不登法60条）。

しかし，「信託の登記」の場合，不動産が信託財産として受託者に帰属していることを公示する登記であり，登記権利者と登記義務者を観念することができないことから，共同申請の原則は適用されず，受託者が単独ですることができます（不登法98条2項）。また，受益者や委託者は，受託者に代位して信託の登記を申請することができます（不登法99条）。受益者や委託者にとって，信託財産であることが公示されることは重大な関心事だからです。

信託の登記を抹消する場合にも，受託者が単独で登記することができます（不登法104条2項）。

なお，信託に係る権利の移転などの登記においては，共同申請の原則が適用される点はご留意ください。

21　預貯金の信託

委託者名義の預貯金を信託財産とする信託を設定することはできますか。

委託者名義の預貯金をそのまま信託財産とすることはできませんが，一旦委託者名義の預貯金を払い戻して金銭化した上で，これを信託財産とする信託を設定するなどの工夫により，事実上，委託者名義の預貯金を信託財産とする信託の設定も可能です。

1　預貯金の信託

　信託財産は，受託者に属する財産であって，信託により管理又は処分をすべき一切の財産（法2条3項）と定義されていますが，現行法では，信託財産とすることができる財産の範囲を制限する規定はなく，①金銭への換算可能性，②積極財産性，③移転ないし処分可能性，④存在可能性・特定可能性を満たしていれば，信託財産とすることができます（→Q19参照）。

　しかしながら，委託者名義の口座で管理している預貯金については，一般的に譲渡禁止特約が付されているため，預貯金債権をそのまま信託財産とすることはできません。⁵⁾ ただ，委託者名義の口座で管理している預貯金を払い戻して金銭化した上で，これを信託財産とする信託を設定するなどの工夫をすれば，事実上，委託者名義の預貯金を信託財産とすることも可能です。

　以下では，委託者名義の預貯金を払い戻して金銭化した上で，これを信託財産とする信託を設定する場合の留意点を解説します。

2　分別管理義務

　受託者は，信託財産の独立性を確保するため，信託財産に属する財産を受託者の固有財産や他の信託の信託財産に属する財産と区別して管理しなければなりません（法34条1項）。

　具体的には，原則として，(a)登記又は登録をしなければ権利の得喪及び変更を第三者に対抗することができない財産については，当該信託の登記又は登録をする方法，(b)(a)に定める財産を除き，金銭以外の動産については，信託財産に属する財産と固有財産及び他の信託の信託財産に属する財産とを外形上区別することができる状態で保管する方法，(c)(a)及び(b)に定める財産以外の財産については，その計算を明らかにする方法，(d)法務省令で定める財

5）平成29年民法（債権法）改正により，譲渡制限特約付債権を譲渡したとしても，当該譲渡の効力は妨げられないとされていますが（改正民466条2項），預貯金債権の場合は，譲渡制限特約が付されていることが取引通念上も一般的ですので，これを譲渡したとしても，その効力が否定されることになります（改正民466条の5）。

産については，法務省令で定める方法[6]により，それぞれ分別管理する必要があります。

　金銭を信託財産とする信託を設定した場合，受託者は，固有財産や他の信託の信託財産と外形上分離して保管する必要はありませんが，帳簿をつける方法によりその計算を明らかにして受託者自身がわかるような方法で管理する必要があります。

　もっとも，受託者は，信託財産たる金銭の管理方法として，現物のまま管理するのはまれであり，預貯金として管理するのが一般的です。

3　口座の開設

　受託者が信託財産たる金銭を管理するために預貯金口座を開設する場合，受託者個人名義で口座開設をすることが比較的多いのではないかと思われます。

　ただ，受託者個人名義で開設した口座で信託財産たる金銭を管理していると，例えば受託者の個人的な債権者から預貯金債権の差押えを受けた場合に，当該預貯金が信託財産であることを知らない第三債務者たる金融機関から，一時的に信託財産である預貯金を凍結されるおそれがあります（もっとも，信託財産責任負担債務に係る債権以外の債権に基づく信託財産の差押えはできませんので（法23条1項），当該預貯金が信託財産であることが明らかになれば，差押えの対象から除かれることになります。）。また，受託者が破産手続開始決定を受けた場合や受託者が死亡した場合なども，当該預貯金が信託財産であることを知らない金融機関から，一時的に信託財産である預貯金を凍結されるおそれがあります。

　こうした不都合を回避する方法として，いわゆる信託口口座（信託財産たる金銭を自己の固有財産たる金銭と分別管理する手段として，信託財産である金銭を預け入れるため，信託財産の対象となることを名義上明らかにした預貯金口座）を開設することが考えられます。もっとも，今のところどの金融機関で

---

6)　信託法206条1項その他の法令の規定により，当該財産が信託財産に属する旨の記載又は記録をしなければ，当該財産が信託財産に属することを第三者に対抗することができないとされている財産については，当該法令の規定に従い，信託財産に属する旨を記載又は記録するとともに，その計算を明らかにする方法（信託規4条1項・2項）によります。

も信託口口座を開設できるわけではなく，しかも，信託口口座を開設できる金融機関でも，無条件に信託口口座が開設できるわけではありませんので，信託口口座の開設を検討している場合には，金融機関への事前確認が必須となることに留意が必要です（信託口口座の開設についてQ22参照）。

 **22　信託口口座の開設**

信託口口座を開設する際に留意すべき点を教えてください。

　信託口口座とは，信託財産たる金銭を自己の固有財産たる金銭と分別管理する手段として，信託財産である金銭を預け入れるため，信託財産の対象となることを名義上明らかにした預貯金口座をいいます。例えば，「委託者A受託者B信託口」「受託者B信託口」といった名義の口座があります。

　信託口口座を開設して金銭を管理するに当たっては，真正かつ適正な信託であることが必要です。さらには，信託の変更や終了などが生じた場合に金融機関に情報提供する仕組みを考える必要があります。

　また，今のところ全ての金融機関で信託口口座を開設できるわけではないので，事前に金融機関と信託口口座の開設が可能か，開設の具体的な条件等について相談する必要があります。

1　信託口口座の開設

　受託者は，信託財産たる金銭を自己の固有財産たる金銭と分別管理する手段として，信託財産である金銭を預け入れるため，信託財産の対象となることを名義上明らかにした預貯金口座（以下「信託口口座」といいます）を金融機関で開設することが考えられます。例えば，「委託者A受託者B信託口」

「受託者Ｂ信託口」といった名義の口座があります。

　この点，全ての金融機関で信託口口座の開設を受け付けるとは限りません。また，信託口口座を開設できる金融機関でも，真正かつ適正な信託であり，金融機関における口座の管理に問題が生じるおそれのない内容の信託に限って信託口口座の開設が認められているようです。

　そこで，信託口口座の開設が認められるような内容の信託を組成するポイントになると思われる項目を以下にまとめます。

2　信託口口座の開設が認められるような信託組成の主なポイント

⑴　信託目的が適正かつ明確で，信託条項が信託目的に合致すること

　金融機関のコンプライアンス重視の観点から，不正な目的のために悪用されるおそれがあるような場合には，信託口口座の開設に応じてもらうのは困難だと考えられます。

⑵　信託が無効となるおそれがないこと

　信託が無効となる場面としては，信託行為時に委託者が意思能力を喪失している場合，訴訟信託（法10条）や詐害信託（法11条）に該当する場合などが挙げられますが，とりわけ信託行為時における委託者の意思能力には注意が必要です。特に委託者が高齢者の場合には意思能力が問題となることが多く，信託行為時における委託者の意思能力を担保するために公正証書を作成しておくことは有効な手段といえるでしょう。

⑶　信託業法，弁護士法その他関連法令に抵触するおそれがないこと

　信託業法上，信託の引受けを行う営業[7]を行うには，内閣総理大臣の免許が必要とされていますので，金融機関としては，受託者が営業として信託の引受けを行っていると疑われるような場合には，信託口口座の開設に応じないこともあろうかと思われます。また，弁護士法72条[8]に違反するおそれが

---

7)「営業」とは，営利の目的を持って反復継続して行うことをいうと解されており，営利の目的とは，収入がその実施に要する適正な費用を償う額を超える場合をいいます。また，反復継続の意思を有している場合は，1回しか引き受けなかったとしても営業に当たると解されています（→Q34参照）。

8)「弁護士又は弁護士法人でない者は，報酬を得る目的で訴訟事件，非訟事件及び審査請

あるような信託の組成がなされた場合にも，コンプライアンス重視の観点から，金融機関は信託口口座の開設に応じない可能性もあります。

(4) 後継受託者に関する定めがあること

信託期間中に受託者の死亡や判断能力の低下等により受託者が信託事務の処理を行うことができない場合に，後継受託者に関する定めが置かれていなければ，後継受託者の選任が滞り，信託財産の管理処分や信託事務の処理等に支障が生じるおそれがあります。また，後継受託者に関する定めがない場合には，死亡した受託者の相続人が，後継受託者等又は信託財産法人管理人が信託事務の処理に着手することができるまで，信託財産の保管をし，かつ，信託事務の引継ぎに必要な行為をしなければなりませんが（法60条2項），相続人間で争いがある場合には，これらの事務に混乱を来すおそれもあります。

こうした事情から，受託者が自然人で後継受託者の定めがない信託については，信託口口座の開設に応じてもらえない可能性があるかもしれません。

(5) 受託者の任務終了事由が明確であること

受託者の任務終了事由に該当する事象が発生し，後任の受託者が選任されれば，後任の受託者が信託財産に属する財産の管理・処分及びその他の信託の目的の達成のために必要な行為を行うことになりますが，任務終了事由が不明確な場合には，果たして新受託者を権限のある受託者として取り扱ってよいか疑義が生じることがあります。

したがって，明確にできないような事由を受託者の任務終了事由とした場合には，信託口口座の開設に応じてもらえない可能性があるかもしれません。

(6) その他

上記(1)ないし(5)に指摘したポイントに加え，信託財産の管理口座を開設した金融機関が事後的にトラブルに巻き込まれるおそれがあることが明らかであるとして，信託口口座の開設に応じることに金融機関が消極的な対応をすることも考えられます。

求，再調査の請求，再審査請求等行政庁に対する不服申立事件その他一般の法律事件に関して鑑定，代理，仲裁若しくは和解その他の法律事務を取り扱い，又はこれらの周旋をすることを業とすることができない。ただし，この法律又は他の法律に別段の定めがある場合は，この限りでない。」

この点に関して，遺留分を侵害する内容の信託が組成された場合に，信託口口座の開設に消極的な金融機関もあるようです。ただ，従来より遺留分を侵害する内容の信託が組成された場合における遺留分減殺請求の対象や遺留分減殺請求が信託行為に及ぼす効果等についてはいくつかの考え方がありますし，平成30年の民法（債権法）改正により，遺留分を侵害する遺贈・贈与等があった場合でも，遺留分権利者は，受遺者・受贈者等に対し，遺留分侵害額請求権という金銭債権を行使できるにすぎなくなります。そうしますと，遺留分を侵害する内容の信託が組成されたからといって，直ちに口座を開設した金融機関がトラブルに巻き込まれることにはならないようにも思われるため，従前消極的だった金融機関であっても対応が変わることも期待されます。

 23　株式の信託

株式を信託財産とする場合の注意点を教えてください。

　　株式を信託財産とすること自体は全く問題ありませんが，信託財産たる株式が譲渡制限付株式である場合には，信託譲渡に際して，譲渡承認決議を得る必要があることに注意する必要があります。

　　また，信託財産たる株式が株券不発行会社の株式の場合と株券発行会社の株式の場合とで，受託者が行うべき分別管理の方法が異なることに注意が必要です。加えて，株券不発行会社の株式であっても，振替株式の場合には，受託者が行うべき分別管理の方法が異なることにも留意する必要があります。

1　はじめに

信託財産は，受託者に属する財産であって，信託により管理又は処分をす

べき一切の財産（法2条3項）と定義されていますが，現行法では，信託財産とすることができる財産の範囲を制限する規定はなく，①金銭への換算可能性，②積極財産性，③移転ないし処分可能性，④存在可能性・特定可能性を満たす限り，信託財産とすることができますので（→Q19参照），株式を信託財産とすること自体は全く問題ありません。

ただ，一言で「株式」といっても，信託財産の対象となる株式の種類等に応じた留意点がありますので，以下，詳述します。

2 譲渡制限付株式を信託財産とする場合

信託財産たる株式が譲渡制限付株式の場合に，会社との関係で当該株式が信託財産として受託者に属するものとするためには，会社法又は定款の定めに従って譲渡承認決議（会139条1項）を得る必要があります（東京高判平成28. 10. 19判時2325-41参照）。

そして，信託財産に譲渡制限付株式を含む信託において，その後に当該株式について譲渡承認決議が得られず，その結果，信託目的を達成することができないような場合には，信託が終了するおそれもあるので（法163条1号），留意する必要があります（具体例について，Q87参照）。

3 株券不発行会社の株式を信託財産とする場合

(1) 分別管理義務

受託者は，信託財産の独立性を確保するため，信託財産に属する財産を受託者の固有財産や他の信託の信託財産に属する財産と区別して管理しなければなりません（法34条1項）。

具体的には，原則として，(a)登記又は登録をしなければ権利の得喪及び変更を第三者に対抗することができない財産については，当該信託の登記又は登録をする方法，(b)(a)に定める財産を除き，金銭以外の動産については，信託財産に属する財産と固定財産及び他の信託の信託財産に属する財産とを外形上区別することができる状態で保管する方法，(c)(a)及び(b)に定める財産以外の財産については，その計算を明らかにする方法，(d)法務省令で定める財

産については，法務省令で定める方法[9]により，それぞれ分別管理する必要があります。

(2)　株主名簿への記載又は記録

　信託財産たる株式が株券不発行会社の株式の場合には，会社法において，当該株式が信託財産に属する旨を株主名簿に記載又は記録することが対抗要件となることについての定めが置かれていますので（会154条の2第1項），受託者は，分別管理義務の履行として，当該株式が信託財産に属する旨を株主名簿に記載又は記録するための手続を行う必要があります（法34条1項3号，信託規4条1項・2項）。

4　振替株式[10] を信託財産とする場合

(1)　振替口座簿への記載又は記録

　信託財産たる株式が振替株式の場合も，社債，株式等の振替に関する法律（以下「振替法」といいます）において，当該振替株式が信託財産に属する旨を振替口座簿に記載又は記録することが対抗要件となることについての定めが置かれていますので（振替法142条1項），受託者は，分別管理義務の履行として，当該振替株式が信託財産に属する旨を振替口座簿に記載又は記録するための手続を行う必要があります。

(2)　信託口口座の開設

　振替株式の振替口座簿は加入者の口座ごとに区分されますが（振替法129条1項），加入者が信託の受託者であるときは，振替口座簿中の各口座には，その旨及び信託財産であるものの数を銘柄ごとに記載又は記録されます（振替法129条3項5号）。したがって，振替口座簿の加入者名義が受託者であったとしても，当該振替口座簿で管理されている振替株式が受託者の固有財産に属するのか，それとも信託財産に属するのかは明らかです。

　ただ，受託者が複数の信託を受託している場合には，受託者名義で加入し

---

9)　前掲注6)
10)　株券不発行会社の株式（譲渡制限付株式を除きます。）で,振替機関が取り扱うものをいいます。

た振替口座簿で管理するだけでは，当該振替口座簿で管理されている振替株式がどの信託の信託財産に属するのかが明らかではありません。

　そこで，受託者としては，信託財産に振替株式が含まれている場合に，新たに信託口名義で振替口座簿を開設し，当該振替株式を信託口名義の振替口座簿で分別管理することを検討することも考えられます。ただ，信託口名義の口座開設に対応している銀行や証券会社は今のところ限られており，しかも，信託口名義の口座開設が可能な銀行や証券会社でも，無条件に信託口名義の口座開設ができるわけではありませんので，信託口名義の口座開設を検討している場合には，事前に口座を開設する銀行や証券会社の事前確認が必須となることに留意する必要があります。

5　株券発行会社で，かつ，振替制度を利用していない会社の株式を信託財産とする場合

　信託財産たる株式が株券発行会社で，かつ，振替制度を利用していない会社の株式の場合は，株主名簿への記載又は記録が対抗要件ではありませんので（会154条の2第4項），受託者は，分別管理義務の履行として，信託財産たる株式に係る株券を固有財産や他の信託財産と外形上区別できる状態で保管すれば足りることになります（法34条1項2号イ）。

　ただ，そうであったとしても，分別管理の方法としては，当該株式が信託財産に属する旨を株主名簿に記載又は記録するための手続を行うか，あるいは，株式譲渡に伴う名義書換手続を行っておくのが望ましいといえるでしょう。

 **24　知的財産権の信託**

　特許権，著作権その他知的財産権を信託財産とする場合の注意点を教えてください。

　知的財産権も信託の対象となり得ますが，信託原簿に登録することが必要です。

　なお，著作権管理信託においては，受託する著作権相互間で著作権の侵害が発生する場合があるため，訴訟等となった場合の受託者の対応方法を信託契約に定めておく必要があります。

1　信託の対象となる知的財産権

　著作権や特許権等の知的財産権も信託の対象となります。

　ただし，著作者人格権等，委託者の一身専属的な権利については，移転ないし処分の可能性という信託財産の要件を欠き信託の対象とすることができません（→Q19参照）。

　なお，知的所有権は永続的な権利ではなく時間的制限が付されていますので，信託を設定する際には，その前提として著作権の保護期間，特許権の有効期限，商標権・意匠権の存続期間等を確認しておくことが必要となります。

2　知的財産権を信託財産とする場合の登録

⑴　登録の必要性

　信託財産に属する財産については，受託者に帰属しているにもかかわらず，受託者の財産からの独立性が認められているため，信託財産であることを第三者に知らせ不測の損害を与えないよう，「登記又は登録をしなければ権利の得喪及び変更を第三者に対抗することができない財産については，信託の登記又は登録をしなければ，当該財産が信託財産に属することを第三者に対抗することができない。」と規定され，登記・登録制度が存在する場合には，

登記・登録をしなければ，信託財産であることを対抗することができません（法14条，Q20参照）。

　知的財産権は登録をしなければ権利の得喪及び変更を第三者に対抗することができない財産ですので，信託財産であることを第三者に対抗するためには信託の登録が必要となります。

(2)　登録の方法

　特許権，著作権，商標権，意匠登録権，実用新案権につき，信託法に基づく信託の登録の申請がなされた場合には，信託原簿に登録されます。

　信託の登録の申請には，①委託者，受託者及び受益者の氏名（名称），住所（居所）等，②信託管理人のあるときは，その氏名（名称），住所（居処）等，③信託の目的，④信託財産の管理の方法，⑤信託の終了の理由，⑥その他の信託の条項を記載します。

　登録後の変更，消滅，及びこれらの権利の信託の終了などが記載されます。

3　著作権管理信託について

(1)　受託著作権相互間の利益相反

　著作権管理信託とは，委託者が受託者に著作権又は著作隣接権を譲渡し，著作物等の利用許諾その他著作権の管理を行わせることを目的とする信託をいいます。

　受託者が複数の著作者の著作物について著作権管理信託を受託する場合，受託した複数の著作物の間で，著作権侵害訴訟等が発生する場合があります。

　受託者は，信託契約における善管注意義務，忠実義務に基づき，信託の管理に当たっては，別の著作権を侵害することがないよう注意する義務を負っているため，かかる受託著作権相互間の利益相反の場面においてどのように対応するかについては，後に，債務不履行責任等を追及されないよう対処方法を信託契約に定めておく必要があります。

(2) 信託契約における定め

　信託財産である著作権同士の侵害が問題となった場合[11]に，利益相反を解消するために受託者がとり得る方法としては，①権利侵害の疑いのある著作権につき利用許諾中止をするという方法，②権利侵害の疑いのある著作権については信託を終了させる方法，③利用許諾を継続しつつ，権利侵害の疑いのある著作権の使用料分配を保留するといった方法が考えられます。

　そのうち①の方法によれば，権利侵害を主張された利用者側に与える影響が大きく，後に権利侵害が否定された場合などには利用者側に回復し難い損害が生じるおそれがあります。他方，②の方法によれば，受託者の利益相反が解決できるものの，信託終了後は受託者において著作権，著作物等の利用許諾その他著作権の管理を行うことができなくなり，原権利者の利益を著しく害することになるおそれがあります。

　そこで，③の方法を採用し，信託財産である著作権同士の侵害が問題となった場合，著作権侵害の有無について訴訟等で結果が確定するまでは利用許諾を継続しつつ，使用料分配は保留する旨を信託契約に定めておくことが望ましいといえるでしょう。

 **25** 信託財産責任負担債務(1)

　信託財産責任負担債務とは何ですか。

　「信託財産責任負担債務」とは，「受託者が信託財産に属する財産をもって履行する責任を負う債務」のことをいいます（法2条9項，21条1項）。

　もっとも，信託財産責任負担債務は，信託財産のほか，信託法

---

11) 信託財産である著作権同士の侵害が問題となった事案として，東京高判平成17. 2. 17裁判所ウェブサイト参照。

21条２項に定める場合（受益債権，限定責任信託，信託債権者との間で信託財産に責任を限定する合意をした場合等）以外は，受託者の固有財産も引き当てになるので注意が必要です。この点，信託財産のみを引き当てとする債務を「信託財産限定責任負担債務」（法154条参照），固有財産又は他の信託の信託財産のみを引き当てとする債務を「固有財産等責任負担債務」（法22条１項）といいます。

1　信託財産責任負担債務の範囲

信託法21条１項で，どのような債務が信託財産責任負担債務になるかが列挙されています。その中で，信託財産だけでなく，受託者の固有財産も責任財産になるものは次のとおりです。

①　信託財産に属する財産について信託前の原因によって生じた権利（２号）

例えば，不動産を信託財産とする場合において第三者対抗要件を備えた賃借権などです。

②　信託前に生じた委託者に対する債権であって，当該債権に係る債務を信託財産責任負担債務とする旨の信託行為の定めがあるもの（３号）

信託設定前に委託者が負担していた債務を，信託行為の定めにより受託者が債務引受けできることを明らかにしたものです。なお，債務引受けの手続は民法の一般原則によることとなるため，免責的債務引受けとするためには債権者の同意を要し，債権者の同意がない場合には重畳的債務引受けとなります（→Q26）。

③　信託財産のためにした行為であって受託者の権限に属するものによって生じた権利（５号）

例えば，受託者が，信託行為の定め等に基づき借入れを行った場合における当該借入れにかかる貸金債権などです（信託借入については，Q27）。

④　信託財産のためにした行為であって受託者の権限に属しないもののうち，㈠信託法27条１項又は２項（これらの規定を法75条４項において準用する場合を含む。㈡において同じ。）の規定により取り消すことができない行為（当該行為の相手方が，当該行為の当時，当該行為が信託財産のため

にされたものであることを知らなかったもの（信託財産に属する財産について権利を設定し又は移転する行為を除く。）を除く。），㋺信託法27条１項又は２項の規定により取り消すことができる行為であって取り消されていないもの，によってそれぞれ生じた権利（６号）

　例えば，権限がないにもかかわらず，受託者が信託財産のために借入れを行った場合において，その貸付人が，当該借入れが信託財産のためにされたものであることを知らなかったときは，当該借入れにかかる債務は信託財産責任負担債務になりません。貸付人も信託財産を当てにしていなかったからです。

　これに対して，例えば，受託者が信託財産に属する財産を売却した場合には，その買主が，当該売却が信託財産のためにされたものであることを知らなかったときでも，当該売却から生じた債務は信託財産責任負担債務となります。買主は信託財産たる当該財産について権利を取得する意思を有していると考えられるからです。信託財産を目的物とする賃貸借契約から生じた債務も同様です。

　⑤　信託法31条６項に規定する処分その他の行為又は同条７項に規定する行為のうち，これらの規定により取り消すことができない行為又はこれらの規定により取り消すことができる行為であって取り消されていないものによって生じた権利（７号）

利益相反行為の制限に違反した受託者と第三者との間の行為によって生じた権利で取り消されていないものは有効なものとして取り扱われることから，信託財産責任負担債務とされます。

　⑥　受託者が信託事務を処理するについてした不法行為によって生じた権利（８号）

　このような不法行為に基づく損害賠償債務を信託財産責任負担債務としたのは，受託者の固有財産の資力が十分でない場合もあり，そのリスクを信託事務から生じる利益を取得し得る受益者に負担させるのが公平であるという趣旨に基づきます。

　⑦　その他信託事務の処理について生じた権利（９号）

　例えば，土地の工作物である信託財産を所有することにより負担する土地工作物責任[12]（民717条ただし書）や，信託財産を保有することによって課される固定資産税などがこれに当たります。

2　信託財産限定責任負担債務

　以上に対し，受益債権（法21条1項1号・2項1号）や受益権取得請求権（同条1項4号・2項3号，103条1項・2項，104条12項），限定責任信託（法216条以下）における信託債権（法21条2項2号），信託債権者との間で信託財産に責任を限定する旨合意した場合における信託債権（同条2項4号）などは，信託財産のみが責任財産となり，受託者の固有財産は責任財産となりません。

 **26　信託財産責任負担債務(2)　委託者による借入債務の引受け**

　信託財産である不動産を取得するに当たって委託者が信託設定前に借り入れた住宅ローンは信託設定後信託財産から返済することになるのでしょうか。委託者が住宅ローンについて責任を負わないようにすることはできますか。

　信託財産（法2条3項）は積極財産に限られ，消極財産である債務は含まれません。したがって，住宅ローンが残る不動産に信託を設定しても，住宅ローンは委託者に残ります。もっとも，委託者の

---

12) なお，土地工作物の所有者としての責任については，信託法21条1項8号に該当するか9号に該当するかで争いがあります。両者の違いとしては，8号に該当する場合には受託者の固有財産も引き当てになるのに対し，9号に該当する場合には受託者の固有財産が引き当てにならないという点になります。なお，同様の問題は，製造物責任（製造物責任法3条），使用者責任（民715条），自動車運行供用者責任（自動車損害賠償保障法3条）などにもあります。

　　　　　債務について，受託者が民法上の債務引受けをして，信託財産責任
　　　　　負担債務（法2条9項）とすることは可能ですので（法21条1項3
　　　　　号参照），受託者が住宅ローンの債務引受けをすれば，信託財産責
　　　　　任負担債務として，信託財産から住宅ローンを返済することになり
　　　　　ます。その際，委託者が住宅ローンを免責されるためには，債務引
　　　　　受けについて債権者の承諾を得て，免責的債務引受けにする必要が
　　　　　あります（債権者の同意がない場合は委託者にも債務が残る重畳的債務
　　　　　引受けになります。）。

1　信託財産

　「信託財産」とは，「受託者に属する財産であって，信託により管理又は処
分すべき一切の財産」とされています（法2条3項）。そして，ここでいう
「財産」とは，金銭的価値に見積もることができるものを指すとされ，旧信
託法下と同様，消極財産は含まれないと解されています（→Q19参照）。

2　信託財産責任負担債務

　「信託財産責任負担債務」とは，「受託者が信託財産に属する財産をもって
履行する責任を負う債務」のことをいい（法2条9項，21条1項→Q25），信
託財産のほか，信託法21条2項に定める場合（受益債権や限定責任信託など）
以外は，受託者の固有財産も引き当てになります。

3　債務引受け

　上記のとおり，消極財産は信託財産には含まれませんので，信託設定に際
し既存の消極財産を受託者に帰属させるためには，別途，受託者が委託者か
ら民法上の債務引受けを行う必要があります。その際，委託者が免責される
ためには，①債務者（委託者），引受人（受託者）及び債権者の三者間で免責
的債務引受契約を締結する，②引受人と債権者の二者間で免責的債務引受契
約を締結し，債務者に通知する（改正民472条2項），③債務者と引受人の二
者間の免責的債務引受契約を締結し，債権者の承諾を得る（改正民472条3項），

のいずれかが必要になります。旧信託法下でも，信託設定後に，かかる債務引受けを行うことは可能とされていましたが，信託設定の当初から債務を移転することはできないと構成しなければならない合理的な理由もないため，現行法は，信託設定と同時に既存債務について信託財産を引き当てとする債務，すなわち，信託財産責任負担債務として引受けができることを明文化しました（法21条1項3号）。もっとも，この場合，信託行為にその旨定めておく必要があることに注意が必要です。

 ## 27 信託財産責任負担債務(3) 受託者による借入れ

> 信託財産である土地の上に建物を建てるために受託者が金融機関から借入れをする場合，受託者又は金融機関として留意すべきことは何ですか。

 信託財産である土地上に建物を建てるに際し，その資金を受託者が自己の名義で信託財産責任負担債務（法21条1項5号）として借入れ（いわゆる「信託借入」）を行う場合があります（なお，受託者にそのような借入れを行う権限があることを明確にしておくために，信託行為において借入できることを明記しておくべきでしょう。）。この場合，受託者が借主になりますので，委託者や受益者の意思能力の低下等にも対応でき，また，信託財産の有効活用，ひいては受益者の利益にも資することになります。

このような信託借入を行う場合には，当該借入債務の引き当てとなる責任財産の範囲（受託者の固有財産と責任限定，担保や保証など），弁済完了前の受託者の変更や信託終了時の取扱いなどに留意する必要があります。

1　責任財産の範囲

⑴　原　則

　信託行為において受託者に借入権限を付与する旨の定めがあり，受託者が当該定めに基づいて借入れを行った場合（信託借入）の借入債務は，信託財産責任負担債務となります（法21条1項5号）。受託者は，信託財産に属する財産をもって履行する責任を負うほか（法2条9号），その固有財産も責任財産となりますので注意が必要です。

⑵　責任財産の限定

　受託者として責任財産を信託財産に限定したい場合は，信託法216条以下に定める「限定責任信託」（信託行為においてその全ての信託財産責任負担債務について受託者が信託財産に属する財産のみをもって履行の責任を負う旨の定めをし，信託法232条の定めに従って登記された信託）とするか（法21条2項2号），あるいは，貸主との間で，責任財産を信託財産のみに限定する旨の責任財産限定特約を締結すれば（法21条2項4号），借入債務の責任財産は受託者の固有財産には及ばないことになります。

⑶　責任財産の拡張等

　貸主側において，信託借入に係る貸金債権を保全したい場合，以下のような対応が考えられます。

ア　担保設定

　まず，通常の不動産担保融資のケースと同様，信託財産である土地及び建築後の建物に担保を設定することが考えられます。また，信託借入にかかる債務の弁済原資が建物の賃料収益である場合，その賃料に担保設定することも多いかと思われます。なお，それらを超えて信託財産全般に担保を設定することは，信託目的の達成に支障にならないか，過剰担保にならないか等に留意して判断すべきであると解されます。

イ　保　証

　信託借入は実質的には委託者や受益者のために行うものであることから，これらの者から連帯保証を取得し，その財産を責任財産に加えることも考えられます。その場合，委託者の地位の承継（法146条1項）につ

いて定めがある場合，遺言代用信託（法90条）や後継ぎ遺贈型受益者連続信託（法91条）である場合，その他，委託者（兼受益者）の死亡によって信託が終了しない場合などには，委託者の地位や受益権を承継する者を確認し，誰を連帯保証人として要請するか等を検討しておく必要があると解されます。

ウ　その他

　以上のほか，弁済原資を保全する措置として，信託契約に，信託報酬や配当を制限したり，信託財産責任負担債務となるその他の借入れを禁止したりするなどの規定を置くことや，金銭消費貸借契約において，信託に関する事項（信託の終了や受託者の変更，信託に関する報告義務違反等）を期限の利益喪失事由にしておくなどの措置も考えられます。ただし，いずれの場合も，本来の信託目的の達成に支障になっては本末転倒ですので，受託者としては，信託目的及び借入れの必要性等を勘案してそれらを受け入れるかどうかを慎重に判断すべきものと思われます。

2　受託者変更時の取扱い

　信託期間中に受託者が変更になる場合があり，その場合は借主も変更になりますが，責任財産の範囲がやや複雑になります。すなわち，信託法上，受託者を変更した場合，新受託者は，前受託者の任務終了時に存する信託に関する権利義務を承継したものとみなされ（法75条1項），新受託者に信託債権にかかる債務が承継された場合でも，前受託者は，その固有財産をもってなお当該債務を履行する責任を負うとされる一方（法76条1項。信託財産に責任財産が限定されている場合を除きます。），新受託者は，信託財産のみをもって履行する責任を負うにとどまります（法76条2項）。

　貸主側の金融機関としては，以上の点を踏まえ，受託者変更時のシナリオをあらかじめ想定しておく必要がありますし，そもそも，上記のような複雑な関係になることを防止するために，弁済完了前に受託者の変更が生じないよう信託契約で手当しておくということが考えられます。また，受託者の変更が生じてしまった場合には，例えば，新受託者の固有財産も責任財産に取

り込むべく，新受託者と交渉するか，あるいは新受託者をあらかじめ連帯保
証人にしておくなどの措置も検討すべきことになるでしょう。

　もっとも，受託者の側からすれば，これらの措置は新受託者を含め負担が
増えることになりますので，信託目的及び借入れの必要性のほか，弁済期間，
受託者変更の可能性，新受託者予定者の顔ぶれなどを考えつつ，受入れの可
否につき検討することになるものと思われます。

3　信託終了時の留意点

　信託が終了すると信託は清算手続に入り（法175条），清算受託者が，信託
債権にかかる債務の弁済等を行い，残余財産受益者等に残余財産の給付を行
います（法177条）。なお，信託が終了しても，清算が結了するまではなお存
続するものとみなされます（法176条）。

　この点，信託債権及び受益債権にかかる債務を弁済した後でなければ，信
託財産に属する財産を残余財産受益者等に給付することはできないので（法
181条），信託借入にかかる債権は保全されているようにも思えますが，信託
が債務超過に陥っている場合もあり，予断を許しません。他の責任財産から
回収できないケースも想定されますので，そもそも，弁済完了前に信託が終
了しないように信託契約で手当しておくということも選択肢として考えられ
ます。ただ，信託が終了するケースは様々であることや信託財産の円滑な承
継，回収可能性等を勘案すると，金融機関としても，信託の終了とともに一
括返済を求めるのではなく，信託の終了に伴って信託財産を承継する者に債
務も承継してもらって弁済を継続してもらうというのが現実的かつ合理的な
対応であるとも考えられ，このような処理を金銭消費貸借契約等であらかじ
め定めておくことも考えられるでしょう。

 28　信託財産の範囲

　賃貸用マンションを信託財産とする信託を設定する場合に，当該不動産から得られる賃料は当然に信託財産となるのでしょうか。
　また，信託設定前から預託を受けている敷金・保証金はどのように取り扱われるのでしょうか。

　　　　信託された不動産から得られる賃料は，当然に信託財産となります（法16条１項）。
　　　また，信託設定前から預託を受けている敷金・保証金については，信託の設定に伴って，その権利義務関係が当然に受託者に承継され，かつ，信託法21条１項２号の信託財産責任負担債務に該当しますので，受託者の固有財産のみならず，信託財産も当然にその引き当てとなります。

1　信託財産の範囲

　信託財産は，受託者に属する財産であって，信託により管理又は処分すべき一切の財産が含まれます（法２条３項）。
　具体的には，①信託行為において，信託財産に属するものと定められた財産のほか，②信託財産に属する財産の管理，処分，滅失，損傷その他の事由により受託者が得た財産，及び③信託法の規定により信託財産に属することとなった財産，についても信託財産に属します（法16条１項・２項）。

2　信託された不動産の賃料の信託財産帰属性（設例前段）

　信託された不動産から得られる賃料は，信託財産に属する財産（不動産）の管理（賃貸借契約）により受託者が得た財産に該当すると考えられますので，特に，信託行為に定めることなく，当然に信託財産に属するといえます（法16条１項）。

　ただし，賃料が信託財産に属することを明確にするため，信託行為におい
て，信託財産に属するものと定めておくとよいでしょう。

3　敷金・保証金返還債務の受託者への移転（設例後段）

⑴　委託者が負担する債務の受託者への移転について

　通説的見解によれば，信託の対象となる財産は積極財産に限られ，債務な
どの消極財産を信託の対象とすることはできないと解されています。

　ただ，①委託者，受託者，債権者の三者間で，信託設定前に生じた委託者
の債務を受託者が免責的に引き受ける旨の免責的債務引受けの合意をする，
②受託者と債権者との間で免責的債務引受けの合意をし，これを委託者に通
知する（改正民472条2項），③委託者と受託者との間で免責的債務引受けの
合意をし，債権者がこれに同意する（改正民472条3項），のいずれかの方法
により，委託者が負担する債務を受託者に移転させることができます。また，
信託行為により当該債務を信託財産責任負担債務とする旨の定めを置くこと
で，信託財産を当該債務の責任財産とすることが可能になります（法21条1
項3号→Q26参照）。

⑵　敷金・保証金返還債務の受託者への移転

　不動産の所有者が賃貸人の場合において，当該不動産の所有権が移転すれ
ば，それに伴って賃貸人たる地位も当然に新所有者に移転します。また，旧
賃貸人に差し入れられた敷金・保証金については，未払賃料等に充当された
後の残額について，その権利義務関係が新賃貸人に承継されることになりま
す（最判昭和44.7.17民集23-8-1610参照）。

　したがって，委託者が賃貸している委託者所有のマンションを信託財産と
する信託を設定した場合，当該マンションの所有権が委託者から受託者に移
転することに伴って，賃貸人たる地位は当然に受託者に移転しますし，賃借
人が賃貸人である委託者に差し入れていた敷金・保証金の返還債務について
も，委託者，受託者，賃借人の三者間で別段の合意なくして当然に受託者に
承継されます。そして，敷金・保証金の返還債務は，信託法21条1項2号の
信託財産責任負担債務に該当しますので，信託行為の定めなくして当然に信

託財産が引き当てとなります。

 **29　信託財産の差押え**

委託者の債権者は，信託財産を差し押さえることができますか。
また，受託者の債権者は信託財産を差し押さえることができますか。

　　委託者の債権者や受託者の債権者は，信託財産責任負担債務に係
る債権（信託財産に属する財産について生じた権利を含みます。）に基
づく場合等を除き，原則として，信託財産に属する財産を差し押さ
えることはできません。

1　信託財産に対する強制執行等の禁止

(1)　原　則

　信託財産に属する財産は，委託者から切り離されて，形式的には受託者に
属することとなりますが，実質的には受託者のためではなく，受益者のため
に管理・処分されます。

　すなわち，信託財産に属する財産は，委託者や受託者のいずれにも実質的
に属するものではないことから，委託者の債権者や受託者固有の債権者は，
原則として，強制執行，仮差押え，仮処分若しくは担保権の実行若しくは競
売（担保権の実行としてのものを除きます。）（以下，本項において「強制執行等」
と総称します。）又は国税滞納処分（その例による処分を含みます。）をするこ
とはできません（法23条1項）。

　これにより，旧信託法16条の趣旨でもあり，信託の中核的な法律効果であ
る「信託財産の独立性」が確保されることとなります。

(2)　強制執行等がなされた場合の対応

　信託法23条1項の規定に反して強制執行等がなされた場合，受託者又は受

益者は，異議を主張することができます（法23条5項，民事執行法38条及び民事保全法45条）。

　同様に，国税滞納処分に対しても，受託者又は受益者は，当該国税滞納処分について，国税通則法等の規定により不服の申立てをする方法で異議を主張することができます（法23条6項）。

　これら異議に係る訴えを提起した受益者が勝訴（一部勝訴を含みます。）した場合，当該訴えに係る訴訟に関し支出した必要な費用（訴訟費用を除きます。）及び弁護士等の報酬は，その額の範囲内で相当と認められる額を限度として，信託財産から支弁されます（法24条1項）。

　また，前項の訴えを提起した受益者が敗訴した場合であっても，当該受益者は，悪意があったときを除き，受託者に対し，これによって生じた損害を賠償する義務を負いません（法24条2項）。

　受託者の固有財産に対する債権者が，登記・登録制度がある信託財産を受託者の財産として強制執行等又は国税滞納処分をした場合，異議を主張するためには，信託の公示がなされていることが求められます。これは，信託財産の独立性を公示して，取引の安全及び信託濫用を防止する観点から，不動産・船舶・建設機械など登記・登録制度がある財産権について信託の公示を必要とした趣旨に基づくものです（法14条1項）。

　なお，信託法23条5項又は6項による受益者の異議を主張する権利及び信託法24条1項の規定による受益者の支払請求権は，いずれも単独受益者権とされています（法92条3号・4号）。

⑶　例外①〜信託財産責任負担債務にかかる債権に基づく場合

　信託財産責任負担債務（法2条9項，21条→Q25参照）に係る債権（信託財産に属する財産について生じた権利を含みます。）に基づく場合，信託財産が引き当てとなることから，その債権者は，信託財産に属する財産に対して，強制執行等又は国税滞納処分をすることができます（法23条1項）。

⑷　例外②〜自己信託の特例

　信託財産に対して強制執行等をすることができる債権者には，委託者の債権者は原則として含まれません。したがって，委託者の債権者が信託財産に

対して強制執行等をする場合，本来，詐害信託取消訴訟（改正信託法11条1項）により当該財産を委託者の責任財産に復帰させることが必要です。しかし，自己信託（法3条3号）は，委託者が第三者を介在させる必要がないことから，債権者詐害目的のため濫用される危険が高いといえます。にもかかわらず，強制執行等を行う前に常に訴訟提起を必要とすることは債権者の負担が大きいことから，委託者の債権者には信託財産に対して強制執行等又は国税滞納処分を開始することを容易にする必要があります。

そこで，信託法は，自己信託（法3条3号）に掲げる方法によって信託がされた場合において，委託者がその債権者を害することを知って当該信託をしたときは，信託後2年間は，信託財産責任負担債務に係る債権を有する債権者のほか，当該委託者（受託者であるものに限ります。）に対する債権で信託前に生じたものを有する者は，信託財産に属する財産に対し，強制執行等又は国税滞納処分をすることができることとしました（法23条2項・4項）。

ただし，受益者が現に存する場合において，その受益者の全部又は一部が，受益者としての指定を受けたことを知った時又は受益権を譲り受けた時において債権者を害すべき事実を知らなかったときは，この限りでありません[13]。

2　信託の清算後の残余財産に対する強制執行等

信託の清算により，残余財産は，最終的に残余財産受益者等，委託者若しくはその相続人その他の一般承継人又は清算受託者に帰属します（法182条）。

したがって，残余財産の給付等が行われた後は，これらの者に帰属する財産として強制執行等をすることが可能となります。

13）現行信託法では，23条2項ただし書に定めがありますが，民法の一部を改正する法律の施行に伴う関係法律の整備等に関する法律51条により，同内容の規定が11条1項ただし書に設けられ，かつ，23条3項で，この11条1項ただし書の規定が準用される形になります。

30　倒産隔離機能

　受託者が支払不能に陥り破産した場合，信託財産は受託者の破産財団に取り込まれてしまうのでしょうか。

　受託者に破産手続が開始した場合でも，信託財産は受託者の破産財団には取り込まれません。

　なお，委託者に破産手続が開始した場合でも，信託財産は原則として委託者の破産手続の影響を受けません。

　このように，信託財産が委託者や受託者の倒産の影響を受けないことを，「信託の倒産隔離機能」といいます。

1　信託の倒産隔離機能

　委託者が特定の財産について信託を設定すると，当該信託財産の所有権は委託者から受託者に移転するため，当該信託財産は，委託者の債権者から強制執行されることはなく，委託者が破産した場合でも破産財団（破産法34条）や再生債務者財産，更生会社財産といった倒産財団に組み込まれることはありません。また，信託財産は，受託者の固有財産とは区別され，独立性が認められるため，受託者の債権者は信託財産に強制執行することができず（法23条1項），受託者が破産した場合でも信託財産が倒産財団に組み込まれることはありません（法25条1項・4項・7項）。

　このように，信託財産は，委託者の債権者の責任財産から独立し，委託者の倒産リスクから隔離され，また，受託者からも独立しているために，受託者の倒産リスクからも隔離されます。これを，「信託の倒産隔離機能」といいます（委託者の破産についてQ71参照，受託者の破産についてQ48参照）。

　信託は，委託者や受託者の倒産の脅威から財産を隔離して，一定の目的による財産の管理運営の継続を可能にする制度であり，企業の倒産から従業員の年金原資を確保するために企業年金に利用されたり，企業の資金調達のた

めの資産流動化や証券化スキームなどに利用されたりしています。

2 受託者の倒産リスクから保護される信託

(1) 信託財産に属する財産の対抗要件

　信託財産は受託者名義となっているのですが，受託者倒産の場合に信託財産であることを主張するためには，当該財産について登記又は登録が権利の得喪及び変更の第三者対抗要件とされているものについては，信託の登記又は登録がなされている必要があります（法14条）。これを「信託の公示」といいます。登記又は登録が第三者対抗要件となる財産とは，不動産や特許権などをいいます。この対抗要件を備えないと，第三者（例えば受託者の債権者や破産管財人）に財産が信託財産に属することを主張することができません（→Q20〜24参照）。

　なお，信託の設定により財産は委託者から受託者に移転しますが，この移転を第三者に主張するためには，民法等に定められた一般的な権利変動の対抗要件（民177条，178条，改正民467条等）を具備することが必要です。信託の公示は，この対抗要件（信託譲渡の対抗要件）とは異なるものですので，注意が必要です。

(2) 登記又は登録の制度のある財産

　信託の登記又は登録の制度のある財産として，不動産（不動産登記法），船舶（船舶登記令），建設機械（建設機械登記令），特許権（特許登録令），著作権（著作権法施行令）などがあります。

　これらの財産について受託者の倒産からの隔離機能が認められるためには，信託の対抗要件と信託譲渡の対抗要件を備える必要があります。ただし，法令上，信託の登記・登録と信託を原因とする所有権移転の登記・登録とは同時に申請しなければならないとされていることが一般ですので（不登法98条1項，船舶登記令35条，建設機械登記令16条，特許登録令60条，著作権法施行令35条など），実際には，信託の対抗要件と信託譲渡の対抗要件の一方が欠けることはほとんどないと思われます。

⑶　信託の公示方法のない財産

　金銭，動産，一般の金銭債権など，信託の登記又は登録の制度のない財産について受託者の倒産からの隔離機能が認められるためには，信託財産が受託者の固有財産から区別され，特定性が確保されている必要があります。

　信託財産の特定性の確保のため，受託者には分別管理義務が課されており（法34条），受託者は，信託行為に別段の定めがある場合を除き，金銭以外の動産については，信託財産と固有財産及び他の信託財産とを外形上区別することができる状態で保管する方法（例えば，仕切りで区切ったり，プレートで明示するなど）で分別管理し，金銭や動産以外の財産については，計算を明らかにする方法（例えば，帳簿で区別して管理するなど）で分別管理する必要があります（法34条 1 項 2 号）。

⑷　信託の公示方法がない信託財産と固有財産との識別不能

　それでは，信託の公示方法がない財産について，信託財産と固有財産との間，あるいは，信託財産と他の信託財産との間で，識別不能となった場合は，信託財産であることを第三者に主張することができないのでしょうか。

　この点について，信託法は，識別不能になった当時における各財産の価格の割合に応じて，各財産を共有するものとみなし，この価格の割合が明らかではないときは，共有持分は相等しいものと推定するとしています（法18条）。そして，この共有状態を前提とした共有物分割手続が設けられています（法19条）。

　したがって，受託者に破産手続が開始したときに，受託者の分別管理義務違反や不可抗力その他の理由により信託財産と固有財産が識別不能になったとしても，受託者が帳簿等を作成しており，信託財産と固有財産の価格割合が明らかになっているのであれば，受益者は，共有持分の価格割合の限度で信託財産を受託者の破産管財人に対抗することができ，その限度で，受託者からの倒産隔離に資することになります。

 31 信託財産と相殺(1)

委託者の債権者は，委託者に対して有する債権を信託財産に対して負担する債務と相殺することはできますか。

A 信託財産は，委託者（の財産）からの独立性を有し，委託者の責任財産を構成しないことから，委託者に対して有する債権を自働債権とし，信託財産に対して負担する債務に係る債権（信託財産に属する財産）を受働債権として相殺することはできません。

1 委託者（の財産）からの独立性

委託者が信託を設定した場合には，信託の対象たる財産（信託財産）は受託者に移転するため，委託者の責任財産から逸出します。

信託財産は，以後，委託者の責任財産を構成せず，委託者の債権者は，原則として，信託財産に属する財産に対して，強制執行，仮差押え，仮処分若しくは担保権の実行若しくは競売又は国税滞納処分をすることはできません（法23条1項）。

自己信託の場合においても，委託者（兼受託者）が，委託者自身の利益のために信託財産を保有するのではなく，受託者として，受益者の利益のために自らの固有財産と区別して信託財産を保有する旨を宣言した結果として，信託財産は，委託者（兼受託者）の責任財産から逸出します。

以上のとおり，信託の設定以降，信託財産は，委託者（の財産）からの独立性を有し，委託者の責任財産を構成しない，すなわち，委託者に対する債権の引き当てにはならないことから，委託者に対して有する債権を自働債権とし，信託財産に対して負担する債務に係る債権（信託財産に属する財産）を受働債権として相殺することはできません。

2　相殺適状との関係

　自己信託を除けば，委託者に対して有する債権（自働債権）の債務者（＝委託者）と，信託財産に対して負担する債務に係る債権（受働債権）の債権者（＝受託者）とは，そもそも別人ですから，両債権は，相殺適状になく（債権債務が向かい合っておらず），相殺することはできないと説明することもできます。

　しかし，自己信託の場合，必ずしも上記の説明が直截に当てはまらないことから，信託財産の独立性によって説明することになりそうです。

3　委託者の債権者の保護

　委託者が信託を設定すると，上記のとおり，信託財産は，委託者の責任財産から逸出するため，委託者の債権者の利益が害されるおそれも生じ得ます。

　そこで，委託者の債権者を保護するために，民法上の詐害行為取消権（改正民424条以下）と同様に，信託法においても詐害信託について取消権が規定されており，委託者が，委託者の債権者を害することを知って信託をした場合には，受益者がそのことに悪意であることを条件としてではありますが，委託者の債権者は，信託行為の取消しを裁判所に請求することができるとされています（改正信託法11条）。

　また，自己信託については，委託者（兼受託者）が，委託者の債権者を害することを知って自己信託をした場合には，受益者がそのことに悪意であることを条件としてではありますが，例外的に，委託者に対する債権で信託前に生じたものを有する者が，詐害信託の取消しをすることなく直ちに，信託財産に属する財産に対して，強制執行，仮差押え，仮処分若しくは担保権の実行若しくは競売又は国税滞納処分をすることが認められています（改正信託法23条2項）。

 **32　信託財産と相殺⑵**

　受託者の債権者は，①受託者の固有財産を引き当てとする債権を信託財産に対して負担する債務と相殺することはできますか。また，②信託財産を引き当てとする債権を受託者の固有財産に対して負担する債務と相殺することはできますか。
　これらの場面において，受託者から相殺することはできますか。

　　原則として，受託者の債権者は，受託者の固有財産のみを引き当てとする債権を自働債権とし，信託財産に対して負担する債務に係る債権を受働債権として相殺することはできません（法22条1項本文）。

　ただし，受託者の債権者が，自働債権を取得した時又は受働債権に係る債務を負担した時のいずれか遅い時において，「自働債権は信託財産をも引き当てとする債権である」又は「受働債権に係る債務は受託者の固有財産に対して負担する債務である」と過失なく信じていた場合には，相殺することができます（法22条1項ただし書）。

　原則として，受託者の債権者は，信託財産のみを引き当てとする債権を自働債権とし，受託者の固有財産に対して負担する債務に係る債権を受働債権として相殺することはできません（法22条3項本文）。

　ただし，受託者の債権者が，自働債権を取得した時又は受働債権に係る債務を負担した時のいずれか遅い時において，「受働債権に係る債務は信託財産に対して負担する債務である」と過失なく信じていた場合には，相殺することができます（法22条3項ただし書）。

　①の場面においては，受託者と受益者との間に利益相反が生じることから，原則として，受託者からも相殺することはできません（法31条1項4号）。

　　ただし，信託法31条2項各号に定める場合（受託者の利益相反行為の禁止の例外に該当する場合）には，受託者から相殺することができます（法22条2項）。

　　②の場面においては，受託者からは相殺することができます（法22条4項）。

1　受託者（の固有財産）からの独立性

　信託の設定によって，信託財産は受託者が保有することになりますが，受託業務を行う上での便宜的なものであり，受託者は，信託財産の管理・処分について，信託目的に拘束され，信託財産を自由に処分することはできません。

　そのため，受託者の固有財産とは異なり，信託財産については，以下のような取扱いがなされることになっており，信託財産は，受託者（の固有財産）からの独立性を有しているといえます。

(1)　強制執行等の制限

　受託者の固有財産に対する債権者は，信託財産に属する財産に対して，強制執行，仮差押え，仮処分若しくは担保権の実行若しくは競売又は国税滞納処分をすることはできません（法23条1項）。

(2)　受託者が破産等した場合

　受託者が破産手続開始，民事再生手続開始，更生手続開始の決定を受けた場合であっても，信託財産に属する財産は，破産財団，再生債務者財産や更生会社財産に属しません（法25条）。

(3)　受託者が死亡した場合

　受託者が自然人である場合において，死亡により受託者の任務が終了した場合には，信託財産は法人となり（法74条），受託者の相続財産には属しません。

2　受託者の固有財産のみを引き当てとする債権と信託財産に対して負担する債務との相殺

(1)　受託者の債権者からの相殺

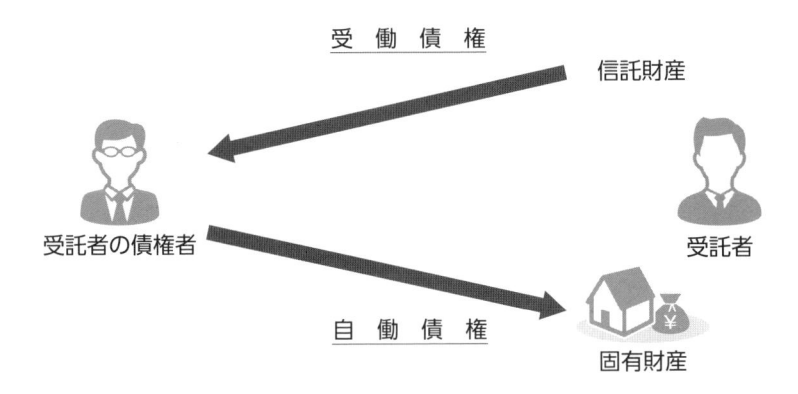

受託者の債権者が，受託者の固有財産のみを引き当てとする債権を自働債権とし，信託財産に対して負担する債務に係る債権を受働債権として相殺することを認めると，実質的には，受託者の固有財産に対する債権者が，信託財産に属する財産に対して強制執行等をすることを認めるのと同様となりますので，信託財産の独立性を確保するため，原則として，相殺することはできません（法22条1項）。

ただし，受託者の債権者の相殺の期待権を保護する観点から，受託者の債権者が，自働債権を取得した時又は受働債権に係る債務を負担した時のいずれか遅い時において，「自働債権は信託財産をも引き当てとする債権である」又は「受働債権に係る債務は受託者の固有財産に対して負担する債務である」と過失なく信じていた場合には，相殺することができるとされています（法22条1項ただし書）。

かかる相殺がなされた場合には，信託財産において，受託者の固有財産に対する求償権が生じ，受託者は，受託者の固有財産から信託財産に対して，これを償還することになります。

(2)　受託者からの相殺

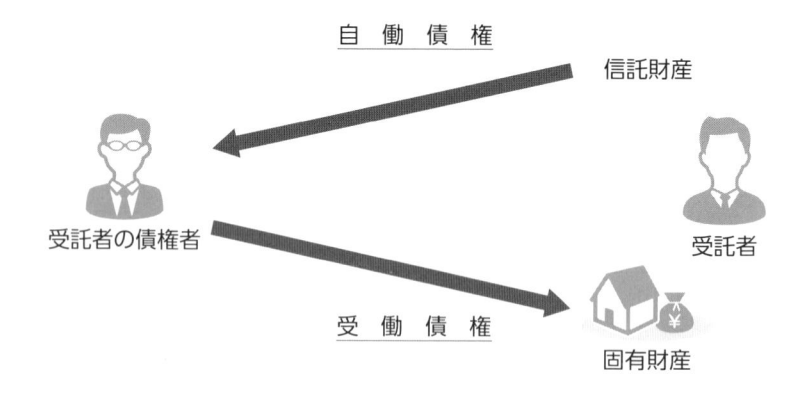

　上記(1)の場面において，受託者からの相殺を認めると，受託者の固有財産に属する債務について信託財産で弁済したことになり，受益者が不利益を被ることによって受託者が利益を得ることになってしまいますので，信託法において禁止されている受託者の利益相反行為に該当します（法31条1項4号）。

　したがって，原則として，受託者からも相殺することはできません。

　ただし，受託者が相殺について重要な事実を開示して受益者の承認を得たときなど，信託法31条2項各号に定める場合（受託者の利益相反行為の禁止の例外に該当する場合）には，受託者から相殺することができます（法22条2項）。

　例えば，自働債権（信託財産に属する債権）が不良債権化しているような場合には，相殺によって，受託者の固有財産に対する求償権に転化させた方が，受益者にとっても利益となるような場合が考えられるからです。

3　信託財産のみを引き当てとする債権と受託者の固有財産に対して負担する債務との相殺

⑴　受託者の債権者からの相殺

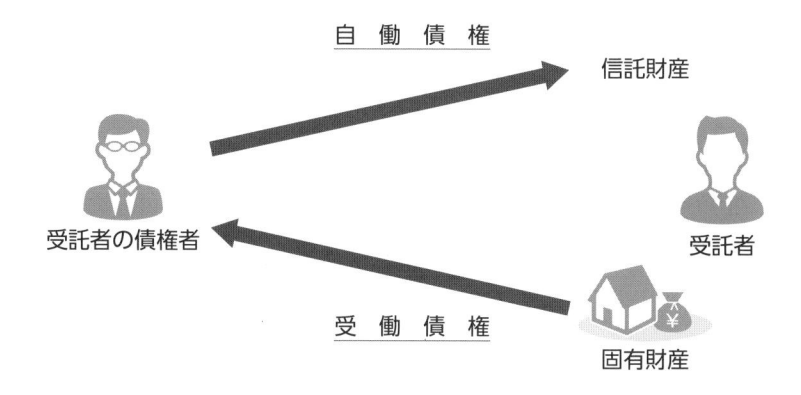

　受託者の債権者が，信託財産のみを引き当てとする債権を自働債権とし，受託者の固有財産に対して負担する債務に係る債権を受働債権として相殺することを認めると，実質的には，信託財産に属する債務について受託者の固有財産で弁済したことになり，受託者が不利益を被ることになってしまいますので，原則として，相殺することはできません（法22条3項本文）。

　ただし，受託者の債権者の相殺の期待権を保護する観点から，受託者の債権者が，自働債権を取得した時又は受働債権に係る債務を負担した時のいずれか遅い時において，「受働債権に係る債務は信託財産に対して負担する債務である」と過失なく信じていた場合については，相殺することができるとされています（法22条3項ただし書）。

　かかる相殺がなされた場合には，受託者の固有財産において，信託財産に対する求償権が生じ，信託財産から受託者の固有財産に対して，これを償還することになります。

　なお，信託財産責任負担債務（→Q25参照）について信託財産のみが引き当てとなるのは，受託者が個別に債権者との間で責任財産限定特約を締結したときか，限定責任信託の場合に限られるところ，これらの場合，受託者の債権者が，「自働債権は受託者の固有財産を引き当てとする債権である」と

誤信するという事態は想定し難いため，この場合に相殺を認める規定は設けられていません。

(2)　受託者からの相殺

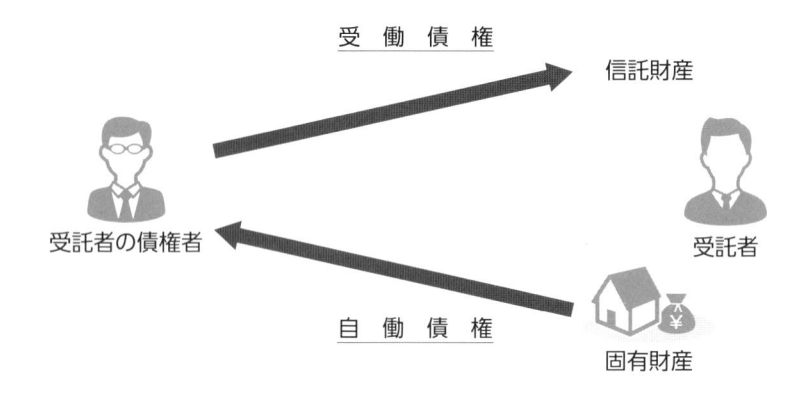

上記(1)の場面において，受託者から相殺することには，何ら問題はありません。

受託者自身が承認する以上，信託財産のみを引き当てとする債権に対する弁済を受託者の固有財産から行うことを禁止する必要はないからです。

かかる相殺がなされた場合には，受託者の固有財産において，信託財産に対する求償権が生じ，信託財産から受託者の固有財産に対して，これを償還することになります。

第3章 受託者

1 受託者とは

　受託者とは，信託行為の定めに従い，信託財産に属する財産の管理又は処分及びその他の信託の目的の達成のために必要な行為をすべき義務を負う者をいいます（法2条5項）。

　受託者がいなければ信託を組成することができませんし，受託者不在の状態が1年間継続すると信託が終了してしまいます（法163条3号）。このように信託において受託者はキーマンですので，信託を組成する上で，受託者の役割，権利，義務等についての理解が重要です（受託者選任の上での留意点については，Q33~37も参照）。

　なお，信託法上は受託者になるために特別な資格は要求されていませんが，業として信託を引き受ける（受託者となる）ためには，信託業の免許が必要です（→Q34参照）。

2 受託者と信託財産

⑴　信託財産は，受託者に属する財産となる

　例えば，ある不動産（土地及び建物）の維持管理を目的として信託が組成された場合を考えてみます。信託組成時に，この不動産が委託者から受託者に信託譲渡されることにより，不動産の所有権が委託者から受託者に移転します。この所有権移転によって，不動産は受託者自身の所有物となります。

　このように，信託財産の権利義務の主体はあくまでも受託者です。

　しかし，受託者はその信託財産を自由に管理・処分できるものではなく，

信託の目的の範囲内で行使するものとされ，受託者固有の財産と信託財産とは別個規制されることとなります。

⑵　受託者の行為が信託財産に帰属するための要件

受託者の行為が固有財産ではなく信託財産に帰属するための１つ目の要件は，受託者が，その行為を信託財産のために，つまり信託財産に効果を帰属させる意思を有して行うことです。

２つ目の要件は，その行為が受託者の権限の範囲内であることです。この点について，信託法26条では，「受託者は，信託財産に属する財産の管理又は処分及びその他の信託の目的の達成のために必要な行為をする権限を有する。」と定めています。

3　受託者の権限

受託者の権限については上記のように信託法26条に定めがあります。

一方，同条ただし書に「ただし，信託行為によりその権限に制限を加えることを妨げない。」とあるとおり，信託行為（信託契約等）によって，受託者の権限に制限を設けることが可能です。

また，受託者が，権限外の行為をした場合の効力についてはQ44も参照してください。

受託者は，信託事務について何でも自ら行わなければならないものではなく，信託行為に信託事務の処理を第三者に委託する旨の定めがあるときや，第三者に委託することが信託の目的に照らして相当であると認められるとき等は，信託事務の処理を第三者に委託することができます。

4　受託者の義務

受託者の義務には次のようなものがあります。

・信託の本旨に従い，信託事務を処理する義務（法29条１項）

・善管注意義務（ただし，信託行為による別段の定めが可能。法29条２項→Q

38, Q39)

・忠実義務（法30条→Q38）

・利益相反行為の制限（法31条）

・競合行為の禁止（法32条）

・受益者が複数の場合の公平義務（法33条）

・分別管理義務（法34条→Q40）

・委託者及び受益者に対する信託事務の処理の状況についての報告義務（法36条）

・帳簿等の作成等，報告及び保存の義務（法37条）

5 受託者の責任

受託者には，その任務を怠ったことにより，①信託財産に損失が生じた場合にその損失をてん補し，②信託財産に変更が生じた場合には原状回復を行う責任があり，受益者は受託者に対し，これらの損失てん補や原状回復といった措置を請求することができます（法40条1項）。

受託者が利益相反行為の制限（法31条1項及び2項）又は競合行為の禁止（法32条1項及び2項）の規定に違反する行為をした場合には，受託者は，当該行為によって受託者又はその利害関係人が得た利益の額と同額の損失を信託財産に生じさせたものと推定するとの規定があります（法40条3項）。

なお，受益者は，以上の受託者の責任を事後的に免除することができます（法42条）。受託者の責任については，Q42，Q43も参照してください。

6 受託者の任務の終了と受託者の変更等

受託者の任務は，信託の清算が結了した場合のほか，受託者の死亡，後見開始又は保佐開始の審判，破産手続開始の決定，受託者が法人である場合の合併以外の方法による解散，辞任，解任等によって終了します（法58条）。受託者の任務終了については以下の各Qを参照ください（→Q45受託者の任

務終了，Q46受託者死亡の信託への影響，Q47後継受託者選任の必要性，Q48受託者の倒産と信託）。

また，受託者の任務が終了したときは，受託者であった者（前受託者）は受益者に対してその旨を通知し，新たな受託者（新受託者）が信託事務の処理をすることができるようになるまで，引き続き，信託財産の保管と信託事務の引継ぎに必要な行為をしなければなりません（法59条）。

新受託者は，信託行為の定めや，委託者及び受益者の合意により選任されます（法62条）。また，場合によっては，新受託者が選任されるまでの間に，裁判所が信託財産管理者による管理を命じることがあります（法63条）。受託者死亡の場合には，信託財産は法人となり，裁判所は，信託財産法人管理人による管理を命じることができます（法74条）。

新受託者は，前受託者の任務が終了したときに，その時に存する信託に関する権利義務を前受託者から承継したものとみなされます（法75条）。

受託者を複数選任することもでき，その場合，信託財産は合有とされます（法79条）。信託事務の処理については，原則として受託者の過半数をもって決せられます（法80条）。

7　その他

その他の受託者に関する規定には，費用償還請求権，費用前払請求権，信託報酬請求権等があります（法48条以下）。

例えば不動産が信託財産であり，その維持管理が信託事務である場合には，受託者は，固定資産税や都市計画税といった費用の支払が必要になります。上記のとおり，信託事務を処理するための債務は受託者に帰属しますので，固定資産税や都市計画税についても，受託者が支払義務を負うこととなります。そこで，信託法48条では，受託者が費用を受託者の固有財産から支出した場合の費用償還請求権，費用前払請求権について定められています（→Q50参照）。

また，受託者は，商行為として信託を引き受ける場合（商法512条の報酬請

求権の適用がある場合）や，信託行為に定めがある場合であれば，信託財産から信託報酬を受けることができます（法54条→Q49参照）。

 **33 受託者の選任についての一般的な注意点**

> 受託者の候補として，個人（親族・知人），信託会社，一般社団法人等が考えられますが，それぞれについてのメリット・デメリット等特徴について教えてください。

　親族・知人については，受託者を担うに値する能力を有する適切な人を受託者とし，後継受託者の定めを置く，信託監督人又は受益者代理人を設置するなどの配慮が必要です。

　信託銀行，信託会社については，コストを考慮しつつ事案に応じて，選任する必要があります。

　一般社団法人スキームは，社員の構成に注意しつつ慎重に選任する必要があります。

1　はじめに―受託者としての能力

　受託者は，信託において，善管注意義務・忠実義務を負い，信託財産を分別管理して，信託目的に沿って適切に信託事務を行うという重い負担を負います。もとより，受託者による信託財産の流用・横領の事態は絶対に避けなければなりません。

　そのため，受託者として，信託の意味や信託における受託者の義務や責任を理解し，信託事務を行うことのできる能力を有する信頼できる者を受託者に選任すべきです。適切な受託者を選任することは，信託の組成において，最も重要なポイントといえます。

2　親族・知人

　現在の民事信託の実務では，親族が受託者になる事案が多いと思われます。また，親族以外でも信頼できる知人を受託者とすることも考えられます。

　ただし，それは，身近な親族や知人に受託者にふさわしい適切な能力なり見識を持った者がいる場合です。受託者としてふさわしい者が親族や知人にいない場合には，親族や知人以外から受託者を探すことになります。

　そのうち親族を受託者とする場合には，受託者となる人自身だけではなく，他の関係する親族の状況についても把握しておく必要があります。特に，親族の場合は，信託設定時は親族同士仲が良くても，将来の思わぬところで対立が生じる可能性もあります。弁護士等の専門家としてはそういう点にも配慮して，信託スキームを組成し，受託者となる親族の選任をアドバイスする必要があります。

　なお，親族や知人を受託者とする場合には，当該親族や知人の死亡や能力の欠如といった事態を想定して，事案に応じて第2次以降の後継受託者の定めを設けておく必要があります。

　また，親族や知人は，信頼できる人を受託者とするとしても，知識が不足していることなどから円滑な信託事務が行われないとの懸念がある場合もあるため，事案によっては，信託の目的を達成するために，受託者の能力を補完したり，受託者に対する監督を強化したりするなどの観点から，信託監督人又は受益者代理人を設置することも検討すべきです（→Q36参照）。

3　信託銀行

　信託銀行を受託者とすることが考えられます。もちろん信託銀行は業法下にある信託受託のプロですが，デメリットとしては，信託財産に不動産がある場合には受託しないことも多いため，信託銀行に依頼する場合にはこの点留意する必要があります。また，信託の場合は信託の目的を達成するためにニーズに合わせてスキームをオーダーメイドすることになります。この点，信託銀行の場合は，オーダーメイドで信託スキームを組成する場合，一般的にはスキーム組成のための当初報酬が相当高額になりますし，毎年の年次報

酬も支払う必要があります。こうした点から，信託銀行は，金銭等の信託財産がこれらのコストを賄うに足りる規模でなければ，通常受託してくれませんし，コスト面から見て現実的でない選択となる場合があります。

4　信託会社[1]

　信託会社は，信託銀行と比べると，不動産を受託してくれる会社もある等，柔軟な側面はあります。ただ，信託会社も様々ですし，信託会社は信託業法上株式会社に限定されており，信託会社によっては，信託銀行と同様，専ら富裕層をターゲットにし，一定の規模の信託財産がないと受託しないものもあります。

　また，信託会社の利用には，信託銀行の場合と同様に信託報酬も必要です。それぞれの信託会社の取扱業務，報酬などの条件を事前に確認の上，事案に応じて信託会社を受託者として選択することも考えられます。

5　一般社団法人スキーム

　親族にも適切な者がいない，信託銀行，信託会社にも依頼できない場合に，知人等第三者に依頼するのも容易ではありません。

　そこで，よく耳にするのは，関係者を社員とする一般社団法人を設立し，当該法人を受託者とするスキームです。新たに設立した法人を受託者とするので，死亡の場合の後継受託者の配慮が必要な自然人が受託者となった場合と比べると受託者の継続性において勝るメリットもありますが，問題も多いスキームで，採用する際には注意が必要です。

　例えば，委託者を一般社団法人の唯一の社員とすることは，実質的に自己信託であり，採用すべきではありません。また受益者を社員とする場合でも，信託法163条2号（受託者が全受益権を固有財産で有する状態が1年間継続すると信託の終了事由となります。）の脱法とされると直ちに無効となるか，あるいは同条の適用を受けると1年経過後に信託が終了とされる可能性もありま

---

1)　信託会社のリストは，金融庁HPをご覧ください。http://www.fsa.go.jp/menkyo/menkyoj/sintaku01.pdf

す。

　また，遺言代用信託を組成する場合に，利害関係のある推定相続人を受託者たる一般社団法人の社員とする場合には，社員の間で潜在的に利害対立の可能性があり，社員の構成によっては，利害対立が生じて意思決定ができなくなる可能性もあります。

　一般社団法人スキームを採用するとしても，こうした問題点に配慮したスキームとする必要があります（→Q35参照）。

6　弁護士等が受託者となれるか

　信託の組成の際には，相談を受けた弁護士等としては，自ら受託者となる信託スキームを考えられるかもしれません。

　この点，現行の信託業法との関係で，弁護士等がその業務として受託者となって信託の引受けをすると信託業法違反になるのではないかとの問題があります。

　業概念の収支相償性，反復継続性との関係では，無償であればよいのではないか，１回であればよいのではないか等考えられるところではありますが，これらも解釈としては悩ましいところです。今のところ無難な方法としては，弁護士等としては受託者とならずに，上記のとおりに，それ以外の受託者を考えることになります（→Q34参照）。

Q34　信託業法との関係

> 弁護士等専門家を受託者とすることについて法律上の制約はありますか。

　A　弁護士等専門家であっても信託の引受けを業として行う場合は，信託業法による規制があるため注意が必要です。なお，委任事務に

伴う費用の前払を受ける行為（民649条）は信託と構成される可能性もありますが，信託業法施行令で信託業法の規制対象から明確に除外されています（信託業令１条の２第１号）。信託事務の実費のみで受託者の行為を行う場合は営利目的がなく，規制の対象外となりますが，個人的な知人から受託者就任を依頼された場合は反復継続性がない可能性にとどまりますのでこの点は注意を要します。

1　受託者に関する規制

　信託法には未成年者等について受託者となることができないとの規制（法７条等）がありますが，その他には受託者の担い手に関する規制はありません。しかし，誰でも業として信託の受託者になることができるとすると，受託者が信託された財産を自己名義で管理するという信託の性質上その弊害は大きいものがあります。実際に，信託業法制定前は信託の濫用と思われるような活動をしている業者が信託業を利用していたようです（新井18頁）。さらに，業者（受託者）と不特定多数の顧客（受益者）との間には情報量や交渉力の差が生じることもあり，受託者に対し一定の義務を課すことによって受益者を保護するため，大正11年４月21日，旧信託法（大正11年法律第62号）の制定と同時に旧信託業法（大正11年法律第65号）が制定されました。

　現在，信託業法では，「信託の引受けを行う営業」は内閣総理大臣の免許や登録を受けた株式会社（信託会社）でなければできないとされています（信託業２条１項及び２項，３条，７条）。

2　現行の信託業法による規制の問題点

　現行の信託業法の規制の範囲は広く，他方，信託銀行等も商事信託や金銭信託が中心で，福祉型の民事信託などの担い手は委託者や受益者の親族に限られてしまう傾向にあります。

　他方，弁護士等法律専門家は，日頃から，破産管財人，相続財産管理人，成年後見人など財産管理や身上監護に携わっており，信託の受託者の担い手にふさわしい存在です。信託法の改正の際，平成18年12月７日第165回国会

参議院法務委員会では「高齢者や障害者の生活を支援する福祉型の信託については，特にきめ細やかな支援の必要性が指摘されていることにも留意しつつ，その担い手として弁護士，社会福祉法人等の参入の取扱いなどを含め，幅広い観点から検討を行う」旨の附帯決議（衆議院法務委員会附帯決議も同旨）がなされています。信託法改正後，平成18年1月26日付金融審議会金融分科会第二部会報告書や平成20年2月8日付同分科会報告書で論点整理がなされましたが，受託者の担い手に関しその後の動きは聞かれません。

　この点，信託の実務の拡大のため弁護士等が受託者となることについての社会的ニーズはあり，現行信託業法の下においても，解釈や運用によって，弁護士等が業務として受託者となる余地があってもよいのではないかとの考え方もありますが，今のところ弁護士等がその業務として受託者となった場合，信託業法違反となる可能性は否定できない状況にあります。

3　信託業法の規制の射程範囲や同法施行令による例外規定

⑴　信託業法による規制内容

　信託業法における信託業の規制対象は，「信託の引受けを行う営業」とされ，反復継続性，収支相償性が要件と解されています。また，同法には，「他の取引に係る費用に充てるべき金銭の預託を受けるものその他の取引に付随して行われるものであって，その内容等を勘案し，委託者及び受益者の保護のため支障を生ずることがないと認められるものとして政令で定めるものを除く。」（信託業2条1項括弧書き）とされています。

　信託業法施行令1条の2には，「法第2条第1項に規定する政令で定めるものは，次に掲げる行為であって，信託の引受けに該当するものとする。」として，「一　弁護士又は弁護士法人がその行う弁護士業務に必要な費用に充てる目的で依頼者から金銭の預託を受ける行為その他の委任契約における受任者がその行う委任事務に必要な費用に充てる目的で委任者から金銭の預託を受ける行為」，「二　請負契約における請負人がその行う仕事に必要な費用に充てる目的で注文者から金銭の預託を受ける行為」，「三　前二号に掲げる行為に準ずるものとして内閣府令で定める行為」と定められています。

(2)　反復継続性又は収支相償性がない場合

　委託者が弁護士等専門家の個人的な知人で付き合いのため受託者就任を要請された場合は反復継続性がない可能性がありますが，営利目的があれば1回でも行えば反復継続性があるとされる可能性がありますので，注意が必要です。

　また，収支相償性とは，信託手数料がその事務処理に要する適正な費用を償う額を超えないことなどともいわれており，信託事務の実費相当額を超える，例えば実費以外に担当事務員の給与相当分を受領した場合は営利目的があるとされるおそれがあります。したがって，弁護士等専門家が実費のみだけで受託者として信託事務を行った場合は信託業法の規制は及ばないことになります。

(3)　委任契約と金銭の預託（信託業令1条の2第1号）

　弁護士又は弁護士法人がその行う弁護士業務に必要な費用に充てる目的で依頼者から金銭の預託を受ける行為その他の委任契約における受任者がその行う委任事務に必要な費用に充てる目的で委任者から金銭の預託を受ける行為について信託業法の規制を受けない旨定められています（信託業令1条の2第1号）。この規程は弁護士がある会社の債務整理を委任され，これに伴い金銭の預託を受け，弁護士名義で預金口座を開設し管理していたところ，滞納消費税の徴収のために差押えを受けた事件で滞納処分を取り消した最判平成15.6.12民集57-6-563を受けて定められました。この事件で法廷意見は委任契約の前払費用（民649条）は受任者である弁護士に帰属するとしましたが，2名の裁判官の補足意見の中で信託法による構成ができることが言及されています。この点，上記施行令があることにより弁護士が委任契約に伴う前払費用の受領と管理は従前どおり問題なく行うことができます。

　さらに，「弁護士業務に必要な費用に充てる目的で依頼者から金銭の預託を受ける行為」も含まれますので，弁護士業務自体について信託業法の規制は一定程度除外していると理解されます。

4　今後の方向性について

現在の信託業法による規制が趣旨に比して広過ぎるため，弁護士等専門家が受託者になれることについて明確に立法で認めるべきです。それと同時に，信託に精通した弁護士等専門家の育成制度を構築しつつ，弁護士等専門家が信託監督人，受益者代理人などの経験を積んでいくことも大切です。

 **35　一般社団法人を受託者とする場合の注意点**

　一般社団法人を受託者とするスキームを検討する場合に，どのような点に注意すべきでしょうか。

　　一般社団法人を受託者とする場合，受託者となる一般社団法人の社員構成をどうするかは悩ましい問題です。とりわけ，委託者や受益者の立場の者を一般社団法人の社員にどのように配置するかは非常に重要な問題です。また，将来の利害対立の可能性をあらかじめ想定し，受託者としての意思決定に支障が生じないよう配慮した社員構成をする必要があります。

1　受託者の選定

　信託を組成する上で，誰を受託者にするかは最も重要で，かつ，最も難しい要素になります。

　民事信託の実務では，身近な親族や知人が受託者になるケースが多いと思われます。ただ，受託者としてふさわしい適切な能力，見識を持った者が身近な親族や知人にいない場合にまで，安易に身近な親族や知人を受託者とするのは適切ではありません。

　そうした場合には，信託銀行や信託会社といったプロを受託者とすることが考えられます。ただ，信託銀行は，一般的に信託財産に不動産がある場合

には受託しないことがほとんどですし，信託財産が一定の規模に達しない場合にも受託しないことが多いと思われます。また，信託会社でも，信託財産が一定の規模に達しない場合には受託しない事例が見受けられます。さらに，信託銀行や信託会社は，営業として信託の引受けを行うことになりますので，民事信託の組成当初に相応の費用（イニシャルコスト）が必要になりますし，その維持にも一定のコスト（ランニングコスト）が必要になります。信託銀行や信託会社といったプロを受託者とすることを検討する場合には，あらかじめこれらの点を十分に踏まえておくことが重要です。

受託者にふさわしい適切な能力，見識を持った者が身近な親族や知人におらず，しかも，信託財産の規模も大きくない事案においては，新たに一般社団法人を設立し，当該法人を受託者とするスキームを検討することになると思われます。

2　一般社団法人を受託者とするスキームを検討する場合の注意点

新たに設立した一般社団法人を受託者とする場合には，自然人を受託者とする場合と異なり，受託者の死亡に配慮する必要がありませんので，受託者の継続性の点ではメリットがあります。

ただ，一般社団法人の社員構成をどうするかは悩ましい問題です。とりわけ，委託者や受益者の立場の者を一般社団法人の社員にどのように配置するかは非常に重要な問題といえるでしょう。

また，社員構成を検討する上では，将来の利害対立の可能性をあらかじめ想定し，受託者としての意思決定に支障が生じないよう配慮しておく必要があります。例えば，遺言代用信託を組成する場合において，利害関係のある推定相続人全員を社員とする一般社団法人を受託者とするスキームを採用する場合，信託設定時には一般社団法人の社員である推定相続人間の意思疎通に支障がなかったとしても，その後に推定相続人間の利害対立が顕在化したときには，たちまち一般社団法人において受託者としての対応を決定することができなくなるため，信託財産の管理処分や信託事務の処理等に支障を来すおそれがあります。このように受託者たる一般社団法人の社員相互間に利

害対立が生じたときに備えて，社員に推定相続人以外の適切な第三者を加える，社員の数を3名以上の奇数にする，といった配慮をすることが考えられるでしょう。

また，信託の終了時期に合わせて一般社団法人自体の解散事由につき検討が必要です。

なお，一般社団法人の社員を委託者のみとするのは，実質的に自己信託であり，自己信託の脱法の疑義が生じることになりますので，採用すべきではありません。

また，受託者が全受益権を固有財産で有する状態が1年間継続すると信託の終了事由になりますので（法163条2号），一般社団法人の社員を受益者のみとした場合には，同条の脱法とされると直ちに無効となるか，あるいは，同条の適用により1年経過後に信託が終了とされると評価される可能性があることにも注意が必要です。

 36 個人（親族・知人）が受託者となる場合の注意点

> 個人（親族・知人）を受託者にしようと考えています。このように親族・知人などを受託者とする場合に，信託組成時や信託発効後の場面において，注意しておくべき点について教えてください。

　個人（親族・知人）を受託者にしようとする場合，その個人に受託者として当該信託事務を行うに足りる能力があるかどうかの見極めが必要です。

　また，信託事務は，あくまで委託者の意思に従って受益者のために行われるものであることや受託者が負っている様々な義務や責任について十分認識した上で受託者に就任してもらう必要があります。

　後継受託者の選任の要否や信託監督人・受益者代理人の活用も検

討すべきです。

　専門家として上記の点も踏まえて関係者に必要な助言や教示を行うとともに，信託組成後も信託を円滑に運営するための関与についても検討すべきです。

1　適切な受託者の選任

⑴　信託の意義について受託者の認識が不可欠

　信託は，委託者の意思に沿って委託者の財産を受益者のために管理・処分することを定めたものです。しかし，親族などの個人が受託者となる場合に，このことについての意識が希薄であるため，受託者やその利害関係人のために受託者としての権限を行使してしまう危険性も少なくありません。

　この点が不明確だと，例えば，受託者自身や利害関係人が信託終了時の財産の帰属権利者となっている信託の場合を考えると，受託者が将来の財産の目減りを防ぐために，信託財産から受益者に渡す経済的給付を抑制してしまう危険性もあります。上記のような利益相反となり得る信託の場合以外にも，あくまで委託者の意思を実現する制度であることの認識を欠いた状態で受託者となると，受託者として誠実に財産の管理や処分をしないおそれがあります。

　したがって，受託者にその点を正確に認識させた上で信託を組成する必要がありますし，関与する専門家もそのことを委託者及び受託者候補者に丁寧に説明すべきです。

⑵　受託者の能力

　信託は，委託者の財産をその信託行為において定められた信託の目的，信託事務の内容に従って，財産を管理・処分する制度であるため，その財産を管理・処分するための知識や能力が必要です。

　賃貸マンションが信託財産となっている例を考えると，賃貸借契約の締結のほか，賃料不払となった場合の対応，補修の要否などの判断をしなければなりません。また，受託者は，信託財産を分別管理するとともに，信託帳簿や財産状況開示の書類の作成，税務的にも法定調書の提出義務を負っている

など，受託者として行う事務は多岐にわたります。

　そのため，親族など個人が受託者となる場合にはこれらの信託にかかる事務を処理する知識や能力があるかどうかを検討する必要があります。

2　受託者の義務・責任の認識の必要性

　個人が受託者となる場合において，受託者は何ができるかということに関心が向きがちです。

　しかし，受託者は，信託の目的に従って，財産を管理・処分する義務があり，善管注意義務（法29条2項）や忠実義務（法30条→Q38），分別管理義務（法34条→Q40）などの義務を負います。

　また，受託者は，受益者として信託の利益を享受する場合を除き，何人の名義をもってしても，信託の利益を享受することが禁止されています（法8条）。

　そして，受託者の任務違背により，信託財産に損失・変更が生じた場合には損失のてん補などの義務を負います（法40条→Q42）。

　さらに，信託事務として，信託帳簿や財産状況開示資料の作成義務（法37条1項・2項）や受益者への報告義務（法37条3項），信託帳簿などの保存義務（法37条4項〜6項）などの様々な義務が課されています（→Q41）。

　また，信託財産において負担する債務（信託財産責任負担債務）についても，原則として，受託者の固有財産も責任を負担することになるため，信託財産でその債務を賄えない場合には，受託者の負担となってしまいます（→Q42，Q43）。

　以上のような受託者の義務や責任を十分認識した上で受託者に就任することが必要ですし，関与する専門家はそのことを認識し，当事者に十分説明した上で適切な民事信託を組成する必要があります。

3　後継受託者の指定などの要否の検討

　個人が受託者となる場合，信託は一定期間継続することが多いため，信託発効後に，受託者となった個人が死亡したり，病気になったりして受託者と

しての職務を全うできない可能性がどうしてもあります。

　かかる事態に備えるため，信託行為の中で後継受託者の選任ないし後継受託者選任の方法を定めるなどといった対策をとることについて検討が必要となります（→Q46，Q47）。

4　受益者代理制度の活用の検討

　信託においては，委託者や受益者が受託者を監督することが想定されていますが，委託者や受益者が高齢で認知症になったり，委託者や受益者が未成年であったり障がいがあるなど様々な理由で受託者の監督を十分に果たせなくなるおそれがあります。

　また，受益者と親しい親族などが受託者となった場合には，信託についての知識や理解不足の結果，信託事務を円滑に行えなくなるおそれもあります。

　そのため，個人が受託者となった場合については，弁護士等専門家を信託監督人や受益者代理人に選任するなどして，信託設定後，受託者が信託事務を適正に行うことを担保する仕組みとすることを検討することも考えられます。

5　信託設定後のフォローアップ

　信託に関与する専門家としては，特に個人が受託者となる信託を組成する場合には，信託契約を作成するという関与だけにとどまらず，信託発効後，受託者が信託の目的に従って，適正に信託事務を行うために関与することが望ましいと考えます。

　具体的には，上記4で記載したとおり信託監督人や受益者代理人としての関与も考えられますし，少なくとも信託関係人から，信託事務に関して問題や疑問があれば継続して相談を受ける形での関与は必要となるでしょう。

6　最後に

　個人が受託者となる場合には，上記のほかにも，受託者に報酬を付与する形をとるのかなど検討を要する事項が存在します。

　委託者や受託者となる者において，信託の意義を十分理解し，信託が長期間に及ぶことによるリスクも考慮し，個人を受託者とする方法が最適なのかを検討した上で，信託を利用すべきですし，関わる専門家も，信託関係者にそのことを十分説明し，助言などを行うべきでしょう。

 ## 37　信託と任意後見の併用とその際の注意点・問題点

　委託者について信託だけではなく任意後見を利用（併用）することを検討すべき場面があるということですが，どのような場面ですか。信託と任意後見を併用する場合の注意点としてはどのようなことが考えられますか。

　信託行為で定めた委託者の信託財産についての管理や処分については信託で，対処できますが，委託者の身上監護や信託財産以外の委託者の財産の管理については対処できません。かかる事態に対処するために，任意後見を併用して利用すべき場合があります。

　信託と任意後見を併用する場合には，受託者や任意後見人に誰を選任するか，もし両者を同一人とした場合に信託の監督についての対処をどのようにするのか，任意後見人の権限を信託との関係でどのように定めるかなどといった点について検討が必要です。

1　信託と任意後見との併用を検討すべき場面について

(1)　信託の機能との観点から

　信託は，精神上の障害により事理を弁識する能力が不十分な状況となり，かつ，裁判所に任意後見監督人の選任が申し立てられ，任意後見監督人が選任されてはじめて開始する任意後見と比べると効力発生のタイムラグを防止できます。また，任意後見では後見人に取消権がないことなどを考えると，

財産管理の側面からは，信託の利用が有意な場面があると考えます。

しかし，信託は，あくまで委託者の信託された財産の管理・処分をするための制度であり，信託により委託者の身上監護まで対処することはできません。

そのため，委託者が認知症に陥るなどによって自らの財産の管理などが困難となった場合に備えて，信託により信託財産の管理・処分を委ねた場合，自らその財産の管理や処分をする必要がなくなるとの意味での対処はできますが，自らの施設への入所などの身上監護面での対処は信託だけではできないため，任意後見の利用を検討する必要があります。

なお，障がいがある等の事情から自身だけで財産管理をすることが困難な子どもを抱える家庭において，その子の面倒をみている親が将来その子を支えられなくなった場合にその子の財産管理や身上監護をいかに図るべきかという問題（いわゆる親亡き後問題）への対応のために信託を利用する場面においては，委託者兼受益者のためだけではなく，受益者たる子どものための後見制度の利用やその場合の信託と後見制度との役割分担を検討すべき場合があります（→Q85親亡き後問題の事例参照）。

(2)　財産管理の観点から

あくまで信託で対象とする財産は，信託財産に限られるところ，信託において，全財産を信託することは通常考えられず，年金や身の回りの動産や生活に必要な財産など一定の財産が委託者の手元に残っているはずであり，その財産の管理や処分については信託以外の方法で対処する必要があります。

また，民事信託では，税務上の問題もあり，多くの場合，当初は委託者が受益者を兼ねる自益信託により始められると思われますが，委託者兼受益者について，信託により発生する受益権の行使や受益権行使の結果，受託者から委託者兼受益者に交付され，その固有財産となったもの（例えば，受益権の内容として月10万円，受益者に支給するとなっていた場合にその支給を受けた結果形成された財産など）などの管理・処分に対処するために信託以外に任意後見の利用を検討すべき場合があります。

なお，任意後見を利用する場合，判断能力が低下して任意後見を開始する

に当たっては，任意後見人とは別に裁判所による任意後見監督人の選任が必要となる点に留意が必要です。

⑶　小　括

上記⑴⑵といった観点を踏まえて，信託外財産の規模や身上監護などへの対処の必要性などを考慮して信託と任意後見の併用を検討すべき場合があると考えます。

2　信託と任意後見併用の場合の注意点

⑴　誰を任意後見人とするべきか

ア　任意後見人と受託者との兼任の問題

上記1の検討の結果，任意後見を併用するとなった場合，誰を任意後見人とするかとの問題があります。

財産を信じて託せる人を受託者とすることが多いと思われるため，委託者兼受益者の任意後見人も受託者と同一の者にして兼任させるということが考えられます（例えば自らの子どもに両者を委ねるということなどが考えられます。）。

信託法上，両者の兼任を禁止する規定はなく，両者を兼任した方が，財産の管理・処分の観点からは，簡便でありかつコストもかからず合理的と考えられるとも思えます。

しかし，受託者と任意後見人を兼任させた場合には，受託者への監督の観点から問題が生じます。

信託において，受託者の監督は，受益者が行うことが想定されています。

この点，受託者が任意後見人を兼任するとなれば，監督される立場にある受託者と監督する立場である委託者兼受益者の代理人たる立場の任意後見人とが同一人に帰することになるため，信託についての監督が不十分になってしまい，信託の目的が達成できない可能性があるとの問題があります。なお，任意後見が発効した後は，任意後見人の権限の遂行については，新たに選任された任意後見監督人による監督が存在します。

イ 対処1 受託者と任意後見人を別人とする

　上記のとおり，受託者と任意後見人を兼任することから受託者の監督との観点で問題が生じるということからすると，子どもを受託者として，弁護士など専門家など第三者を任意後見人として，両者を別人とする方法が考えられます。

　この方法は，信託の目的を達成しつつ財産の管理を安全に実施するとの意味では，望ましいといえます。その一方で，専門家が任意後見人となった場合には，その専門家に対する報酬の負担が発生することから複数人が財産の管理をすることになり兼任する場合に比べて，費用などコストが増加したり，委託者自身がある特定の子どもに全て財産の管理を委ねたいと考えているときにその意思と合致しなくなるといった可能性もあります。

ウ 対処2 受託者と任意後見人を兼任するが，信託の中で専門家を信
　　託監督人や受益者代理人に選任する

　次に，受託者と任意後見人を兼任させるが，受託者の監督を実効的に行うために，弁護士など専門家を信託監督人や受益者代理人に選任するとの対処が考えられます。

　この方法による場合，財産の管理者を特定の者に委ねるという委託者の意思を全うしつつ，一定の範囲で信託の目的を達成させるべく受託者の信託事務の監督を実施することができます。

　ただし，この場合でも，能力などに乏しい者を信託監督人などとしてもその信託監督人等を選任する目的が達成し難いことから，専門家などに信託監督人などへの就任を依頼することが考えられるのですが，そのために，就任した専門家に支払う報酬等増加する費用負担について検討する必要があります。

エ 小 括

　以上のように，信託と任意後見制度を併用する場合には，受託者と任意後見人に誰を選任するのか，受託者の監督をどのようにして実現するかについて，当該財産の規模や関係当事者の状況などを踏まえて慎重な

検討が必要です。

⑵　任意後見人の権限などにおける注意点

また，信託と任意後見制度を併用する場合には，財産管理の場面で，権限が重複したり，重複していると誤解されたりすることがないよう，任意後見契約を締結するに当たって，信託の存在を意識し，これと矛盾しない内容とする必要があります。

具体的には，任意後見人の権限として，信託財産の管理そのものには任意後見人の権限が及んでいないことを確認したり，受益権や受益権の結果として委託者兼受益者などに帰属している財産については任意後見人の権限が及ぶことを明示したりするなどの工夫が必要です。

38　善管注意義務・忠実義務

受託者の善管注意義務・忠実義務の内容について教えてください。

信託法上，受託者には様々な義務が定められていますが，これらのうち，特に重要なものが善管注意義務（法29条2項）と忠実義務（法30条）です。前者は，受託者が信託事務を処理するに当たって善良な管理者の注意が要求されることを定めています。後者は，受託者が受益者の利益のために信託事務の処理等をすべきことを定めています。

1　善管注意義務

信託法29条2項は，「受託者は，信託事務を処理するに当たっては，善良な管理者の注意をもって，これをしなければならない。」として，受託者が善管注意義務を負うことを定めています。受託者が信託事務を処理するに当たって，「自己の財産に対するのと同一の注意」（改正民659条）よりも高度な

注意義務である善管注意義務を負うのは，受託者が，委託者及び受益者からの信認を受けて，信託財産に属する財産の管理又は処分及びその他の信託の目的の達成のために必要な行為をする権限を有するためです（法26条本文）。

「善良な管理者の注意」とは，その職業や地位にある者として通常要求される程度の注意を意味します。例えば受託者が信託銀行であれば，信託銀行として通常要求される程度の注意をもって信託事務を処理すべきということになります。

信託法29条2項ただし書において，「ただし，信託行為に別段の定めがあるときは，その定めるところによる注意をもって，これをするものとする。」とあるとおり，私的自治の観点から，信託行為の定めによって注意義務の程度を加重することや軽減することは認められています。ただし，善管注意義務を免除することはできないと考えられています。注意義務程度の軽減については，Q39で詳しく述べます。

2 忠実義務

信託法30条は，「受託者は，受益者のため忠実に信託事務の処理その他の行為をしなければならない。」として，受託者が忠実義務を負うこと，つまり，自己の利益ではなく受益者の利益のために信託事務の処理等をすべき義務を定めています。忠実義務も，善管注意義務と同様，受託者が委託者及び受益者からの信認を受けて，信託財産の管理，処分等を行う権限を有すること（法26条本文）を根拠としています。

忠実義務の表れとして，信託法31条では，受託者の利益相反行為の制限を定めています。例えば，信託財産に属する財産を固有財産に帰属させたり，固有財産に属する財産を信託財産に帰属させたりすることは禁止されています（同条1項1号）。しかし，信託行為に当該行為をすることを許容する旨の定めがあるとき（同条2項1号）や，受託者が当該行為について重要な事実を開示して受益者の承認を得たとき（同項2号）などの場合には，利益相反行為が許されています。

また，信託法32条に定められている競合行為の禁止も，忠実義務の表れで

す。受託者は，その権限内で信託事務の処理としてできる行為を固有財産又は受託者の利害関係人の計算で行うことは原則として禁止されています（法32条１項）。ただし，信託行為で許容されているときや受益者の承認を得たときは競合行為が許されます（同条２項）。

　利益相反行為の制限や競合行為の禁止は，忠実義務に違反する典型的な行為類型について規定しているものであり，信託法31条及び32条に具体的に列挙された行為類型以外にも，受益者の利益に反して受託者固有の利益等を優先するような行為は，信託法30条が定める一般的な忠実義務に反することとなります。

3　具体的な義務内容の解釈指針

　具体的な事案において，善管注意義務又は忠実義務に違反するかどうかが問題となる場合には，当該信託行為において定められた信託の目的その他の信託条項に照らして解釈することになります。信託は，一定の目的のために設定されており，受託者はその目的の達成のために必要な行為を行う役割を担っているためです（法２条参照。信託の目的についてはQ11で詳しく述べています。）。

　なお，信託法29条１項では，「受託者は，信託の本旨に従い，信託事務を処理しなければならない。」として，受託者が，信託事務を処理して信託の目的を達成するに当たっては，単に信託行為の形式的な定めにとらわれずに，委託者の真意つまり信託の本旨に従うべきことを定めています（信託事務遂行義務）。個別の信託における善管注意義務又は忠実義務を解釈するに当たっても，信託の本旨に照らした判断が必要となるでしょう。

4　受託者の公平義務・報告義務

　その他，受託者には，受益者が複数の場合に公平に職務を行う義務（法33条）や，委託者及び受益者に対する信託事務の処理の状況，信託財産等についての報告義務（法36条）もあります。

 **39 受託者の善管注意義務における注意義務軽減**

> 信託法上定められている善管注意義務について，その注意義務の程度を契約などの信託行為の中で軽減できると聞きましたが，軽減をするか否かに関して注意すべき点はありますか。

 　信託法29条2項において定められている善管注意義務は，任意規定であり，信託行為に定めることで注意義務の程度を加重又は軽減することができます（同項ただし書）。ただし，受託者の注意義務を免除することはできないと考えられています。また，安易に注意義務を軽減してしまうと信託目的の達成に支障が出る可能性もあるなどの問題がありますので，注意義務を軽減するに当たっては慎重な検討が必要です。

1　善管注意義務における注意義務の軽減

　信託法29条2項は，「受託者は，信託事務を処理するに当たっては，善良な管理者の注意をもって，これをしなければならない。」として，受託者が善管注意義務を負うことを定めていますが，同項ただし書において，「ただし，信託行為に別段の定めがあるときは，その定めるところによる注意をもって，これをするものとする。」とあるとおり，私的自治の観点から，信託行為の定めによって注意義務の程度を加重することや軽減することは認められています。

　例えば，委託者と受託者の関係性（家族等）や信託行為をすることになった経緯，信託の目的等によっては，受託者に善管注意義務を負わせることが過重だというケースもあるでしょう。その場合には，「自己の財産に対するのと同一の注意」（改正民659条）にまで受託者の注意義務の程度を軽減することが考えられます。

　ただし，信託行為の定めによっても，善管注意義務を免除することはでき

ないと考えられています。信託法29条2項ただし書の文言上，受託者は，信託行為の定めるところによる何らかの注意を負うものと解釈され，注意義務を全く負わないとは解されません。また，善管注意義務の根拠が，受託者が委託者及び受益者からの信認を受けて，信託財産の管理・処分等を行う権限を有すること（法26条本文）にあることからしても，受託者が信託事務の処理に当たって何の注意義務も負わないでよいとは考えられません。

2　注意義務の程度の軽減を検討するに当たっての注意点

　信託は，受託者が他人（委託者）の財産を受益者のために管理する仕組みです。

　にもかかわらず，あえてその受託者の注意義務を他人の財産を管理するとして求められる注意義務ではなく，自分の財産を管理するのと同様の程度の注意義務で構わないとしたとき，受託者が適正に受益者のために信託事務を管理することが担保できなくなりはしないかとの問題が生じ得ます。

　そのため，信託の目的を達成することが担保できるかとの観点から受託者の注意義務の程度を軽減するのが適当か，仮に軽減するとしても信託事務のどの範囲で軽減させることが必要なのかを慎重に検討する必要があります。

　信託財産の中に現金がある場合，受託者が信託財産を固有財産等と分別して管理する義務（法34条）を果たすために，金融機関で信託財産の管理用の預貯金口座（信託口口座→Q22参照）を開設することが推奨されます。

　この場合，信託口口座を開設する金融機関の立場としては，信託によって他人の財産を管理処分する立場の受託者が，自己の財産に対するのと同一の注意しか負わないようでは適切性を欠くとして，受託者に善管注意義務を負うよう求めることも考えられます。

　特に，受託者が金融機関から融資を受けることとされている信託の場合には，金融機関としては，貸し付けた金銭の管理処分権を有する受託者に高度の注意義務を負わせたいと考えるはずであり，なおさら，受託者には善管注意義務が求められる可能性があります。

　そのため注意義務の程度の軽減を検討する場合には，この点につき信託口

口座を開設する予定の金融機関と事前に協議することが必要な場合もあります。

　受託者に善管注意義務を負わせつつ，その負担を軽減するための方策としては，信託行為の定め等に基づき，受託者が信託事務の処理を第三者に委託することが考えられます（法28条）。信託事務の内容等に応じて，士業や専門業者などに信託事務の一部を委託することとし，その旨を信託行為に定めるとよいでしょう。ただし，受託者は，信託の目的に照らして適切な者に委託しなければならず，委託先を適切に監督する義務を負います（法35条）。

【善管注意義務を一部軽減する場合の条項例】

> 　受託者は，信託事務を処理するに当たっては，本信託の目的に従い，善良な管理者の注意をもって，これをしなければならない。ただし，本件信託不動産の管理，運用，処分については，自己の財産に対するのと同一の注意をもって行うことで足りるものとする。

 **40　分別管理義務**

　受託者の分別管理義務の内容について教えてください。具体的に分別管理はどのようにすればよいのですか。

　受託者が負う義務の中でも，信託財産を受託者の固有財産や他の信託の信託財産と区別する分別管理義務（法34条）は特に重要とされています。信託法で定められた分別管理方法は，財産の種類によって異なります。分別管理方法について信託行為で別段の定めを置くことはできますが，分別管理義務自体を免除することはできません。

1 分別管理義務

⑴ 分別管理義務とは

分別管理義務（法34条）とは，信託財産を受託者の固有財産や他の信託の信託財産と区別する義務をいいます。信託財産の帰属主体は受託者自身ですので，信託財産を受託者の固有財産や他の信託の信託財産と区別し，適切に確保することは重要な義務とされています。分別管理を行うことで，受託者の倒産から信託財産を隔離する機能や，受託者の忠実義務（→Q38参照）違反等を予防する機能が期待されます。

⑵ 法定の分別方法

信託法34条1項では，財産の種類ごとに分別方法を定めています。1号では，不動産など，信託の登記又は登録することができる財産について，当該信託の登記又は登録をすることを分別方法としています。この登記又は登録をする義務は，免除することができません（法34条2項。不動産の公示についてはQ20参照。）。

金銭以外の動産は，固有財産や他の信託の信託財産と外形上区別できる状態で保管すること等が定められており（法34条1項2号イ），例えば，機械等であればネームプレートを取り付けることが考えられますし，大量の穀類等であれば保管場所を特定した上で数量等を帳簿上に記録することで分別することが考えられます。

金銭については，「その計算を明らかにする方法」とされていますので（法34条1項2号ロ），物理的に区別されていなくても帳簿上計算が明らかにされていれば法定の義務を満たすことにはなります。しかし，金銭はその性質上，混在のおそれや流用の誘因があることから，実務的には信託口口座として預貯金口座を開設して信託財産の範囲を明確にし，その口座において当該信託に関する入出金を管理することで対処することになります（金銭の信託や信託口口座についてQ21，Q22参照）。

以上の他，株式の信託の場合はQ23を，知的財産権の信託の場合はQ24をご参照ください。

(3)　分別管理方法の別段の定め

　信託法34条1項ただし書に，「ただし，分別して管理する方法について，信託行為に別段の定めがあるときは，その定めるところによる。」とあるとおり，信託行為において，分別管理方法について別段の定めを置くことはできます。しかし，同ただし書の文言上からも明らかなように，分別管理義務自体を免除することはできません。分別管理義務の重要性ゆえ，当然といえるでしょう。

2　分別管理義務違反の効果等

(1)　分別管理義務違反の効果

　受託者が分別管理義務に違反して信託財産に属する財産を管理した場合において，信託財産に損失又は変更を生じたときは，受託者は，分別管理義務に従い分別して管理をしたとしても損失又は変更が生じたことを証明しなければ，受益者に対する損失てん補責任を免れることができません（法40条4項。受託者の責任についてはQ42参照）。

(2)　財産の帰属が不明となった場合の取扱い

　受託者が分別管理義務に違反したのか，あるいは天変地異などによるのかは別として，仮に，信託財産と固有財産との間で，識別不能状態（財産の帰属が不明となった状態）が生じた場合には，識別不能となった当時における各財産の共有持分が信託財産と固有財産とに属するものとみなされます。この場合の共有持分の割合は，識別することができなくなった当時における各財産の価格の割合に応ずるとされます（法18条1項）。

 41 受託者の報告及び帳簿等作成義務

受託者は，帳簿等の作成・保存をする義務や財産状況開示資料を作成したり，報告したりする義務があるとのことですが，いつ，いかなることをすべきなのですか。

A 受託者は，信託財産に係る帳簿その他の書類又は電磁的記録を作成した上で（法37条1項），原則としてこれを作成日から10年間保存しなければなりません（法37条4項）。

また，受託者は，毎年1回，一定の時期に，貸借対照表，損益計算書等の財産状況開示資料を作成した上で（法37条2項），その内容を受益者に報告しなければならず（法37条3項），原則としてこれを信託の清算の結了の日までの間，保存しなければなりません（法37条4項）。

1 帳簿等の作成・保存義務

(1) 帳簿等の作成義務

受託者は，信託事務に関する計算並びに信託財産に属する財産及び信託財産責任負担債務の状況を明らかにするため，信託財産に係る帳簿その他の書類又は電磁的記録（以下「信託帳簿」といいます（信託規4条1項参照））を作成しなければなりません（法37条1項）。

受託者が作成すべき信託帳簿は，単純な管理型の信託などではそこまでの書類の必要がない場合もあるため，仕訳帳や総勘定元帳などの会計実務上の帳簿に限定されず，その他の書類によることも許容されています。例えば，必要に応じて信託口口座の通帳のコピーに必要な書き込みをするといった方法を併用すること等も考えられます。信託帳簿の作成に当たって信託行為の趣旨をしん酌して作成すべきものであることから（信託規4条6項），信託の目的や内容，受託者の属性などに照らして作成する必要があります。

なお，限定責任信託（→Q43参照）や全ての受益権が譲渡でき，かつ，受託者が信託財産に属する財産に関する重大な処分行為を自由に行う権限を有する信託（信託規5条1項1号・2号）においては，限定責任信託において求められる会計帳簿（信託規6条以下）を作成しなければならないとされています（法222条2項）。

(2)　帳簿等の保管義務

受託者は，作成した信託帳簿について，その作成の日から10年間（その期間内に信託の清算の結了があったときは，信託の清算の結了日までの間），保存しなければなりません（法37条4項）。ただし，全ての受益者（信託管理人が現に存する場合は信託管理人）に対し，信託帳簿若しくはその写しの交付又は電磁的記録の提供（信託規27条参照）をした場合には，受託者は保存義務を免れます（法37条4項ただし書）。

2　貸借対照表，損益計算書等の財産状況開示資料の作成・報告・保存義務

(1)　財産状況開示資料の作成義務

受託者は，毎年1回，一定の時期に貸借対照表，損益計算書その他の書類又は電磁的記録（以下「財産状況開示資料」といいます（信託規4条3項参照））を作成しなければなりません（法37条2項）。

信託帳簿と同様に，信託行為の趣旨をしん酌して作成すべきものであることから（信託規4条6項），信託の目的や内容，受託者の属性などに照らして作成する必要があります。

例えば，比較的小規模で信託事務が複雑ではない信託については，貸借対照表や損益計算書ではなく成年後見の実務等で作成されている財産目録や収支計算書を作成することも考えられます。

財産状況開示資料は「毎年1回，一定の時期」の作成が義務付けられていることから，少なくとも1年ごとに作成しなければなりませんが，信託行為において1年よりも短い期間を定めることは可能です。

なお，信託帳簿と同様に，限定責任信託（→Q43参照）や全ての受益権が

譲渡でき，かつ，受託者が信託財産に属する財産に関する重大な処分行為を自由に行う権限を有する信託（信託規5条1項1号・2号）においては，限定責任信託において求められる計算関係書類等（信託計算規則12条以下）を作成しなければならないとされています（法222条4項）。

(2) **積極的報告義務**

受託者は，財産状況開示資料を作成したときは，その内容について受益者（信託管理人が現に存する場合は信託管理人）に報告しなければなりません。

ただし，受託者の報告義務については，信託行為に別段の定めをすることによって軽減又は免除をすることができます（法37条3項ただし書）。これは，受益者が，受託者に対して，信託帳簿の閲覧等の請求（法38条1項）や報告を求めることができる（法36条）ためです。

(3) **財産状況開示資料の保存義務**

受託者は，作成した財産状況開示資料について，信託の清算の結了日までの間，保存しなければなりません（法37条4項）。ただし，作成日から10年間を経過した後において，受益者に対し，財産状況開示資料若しくはその写しの交付又は電磁的記録の提供（信託規27条参照）をした場合には，受託者はそれ以降の保存義務を免れます（法37条6項ただし書）。

3　信託帳簿及び財産状況開示資料の作成・保存義務の片面的強行規定性

受託者における信託帳簿及び財産状況開示資料の作成・保存義務は，受益者の受託者に対する監督権能実効化の観点から，信託行為によって軽減したり，免除したりするなど受益者に不利な定めをすることができません。他方，信託行為によって受益者に有利な定めにすることは可能です（片面的強行規定）。

なお，上記「2(2)積極的報告義務」の箇所で述べたとおり，財産状況開示資料作成時の報告義務（法37条3項）については，信託行為において，報告義務の軽減又は免除をすることができます（法37条3項ただし書）。

4　受益者の帳簿等の閲覧等の請求

(1)　受益者の閲覧謄写請求権

受益者は，信託帳簿や財産状況開示資料，信託財産に属する財産の処分に係る契約書その他の信託事務の処理に関する書類又は電磁的記録について，閲覧又は謄写の請求をすることができます（法38条1項・4項)。

(2)　閲覧等請求拒絶事由

受託者は，受益者から信託帳簿等の閲覧等請求がされた場合でも，権利の確保又は行使に関する調査以外の目的で請求したとき（法38条2項1号）のほか，信託法38条2項各号に定める事由に該当するときには請求を拒否することができます。

【帳簿等の作成・報告・保存義務等に関する条項例】

第○条（信託の計算）

　　本信託の計算期間は，毎年12月末日に終了する12か月の期間とする。ただし，当初の計算期間は，信託設定日から○○年12月末日までとし，信託が終了した場合には，その直前の計算期間末日の翌日から当該信託終了日までを計算期間とする。

2　受託者は，信託事務に関する計算並びに信託財産に属する財産及び信託財産責任負担債務の状況を明らかにするため，信託財産に属する財産及び信託財産責任負担債務の状況を記録しなければならない。

3　受託者は，当該計算期間が満了した月の翌月末までに当該信託期間に対応する信託財産目録及び収支計算書を作成した上で，これを受益者及び信託監督人に提出しなければならない。

4　受託者は，第2項に基づいて作成した文書については10年間，前項に基づいて受益者及び信託監督人に提出した財産目録及び収支計算書については信託の清算の結了の日までの間，保存しなければならない。

 **42　受託者等の責任(1)**

> 信託法上，受託者等にはどのような責任がありますか。

　信託法上，受託者は，その任務を怠ったことによって信託財産に損失が生じた場合には損失のてん補を，信託財産に変更が生じた場合には原状回復等をしなければならない責任を負っています。

　法人が受託者の場合，法人が法令や信託行為に定められた任務に違反する行為を行った場合に，その法人の理事等はそのことについて悪意又は重大な過失がある場合には法人と連帯して損失のてん補や原状回復をしなければなりません。

　信託財産で責任を負う信託財産責任負担債務について，原則として，受託者は，信託財産だけではなく，受託者自身の固有財産でも責任を負います。

1　損失てん補及び原状回復

(1)　受託者の責任

　信託法上，受託者は，善管注意義務・忠実義務（→Q38），分別管理義務（→Q40），第三者に委託する際の義務などといった様々な義務を負っています。

　受託者がこれらの義務に違反したことによって，信託財産に損失が生じた場合には，受託者は受益者の請求により，その損失をてん補しなければなりません（法40条1項）。

　また，任務違反によって，信託財産に変更が生じた場合には，受託者は，受益者の請求により，原状の回復をしなければなりません（法40条1項）。

　ただし，原状の回復が著しく困難であるときや，原状の回復をするのに過分の費用を要するとき，その他受託者に原状の回復をさせるのは不適切であるとする特別な事情がある場合には，原状の回復に代えて損失のてん補請求

のみが認められるとされています（法40条1項ただし書）。

(2)　受託者が法人の場合の理事等の責任

　さらに，一般社団法人や会社など法人が受託者であり，その法人が損失てん補や原状回復義務を負う場合に，その法人の理事，取締役若しくは執行役又はこれらに準ずる者は，当該法人が法令違反や任務違反行為を行ったことについて悪意又は重過失がある場合には，それらの者も，損失てん補などの義務を負うことになります（法41条）。

(3)　特定の違反における受託者の責任の特則

ア　委託違反の場合の立証責任の転換

　信託事務は，原則として，受託者自身が行うものとされており，信託行為において第三者への事務の委託を認めた場合や信託の目的に照らして相当な場合など一定の場合に限って第三者に信託事務を委託することを認めています（法28条）。

　上記のような第三者への委託の規定に反して，受託者が第三者に信託事務を委託し，信託財産に損失又は変更が生じた場合，受託者は，第三者に委託しなかったとしても損失又は変更が生じたことを立証しなければ，受託者は，前述の損失のてん補や原状の回復の責任を免れないこととなっており，立証責任が転換されています（法40条2項）。

　なお，受託者は，第三者に委託する場合には，第三者の選任・監督義務を負いますが（法35条），受託者がこの選任・監督義務に違反した場合については，前述(1)の内容に基づいて通常の損失のてん補や原状回復義務（法40条1項）を負います。

イ　分別管理義務違反の場合の立証責任の転換

　受託者が，分別管理義務（法34条→Q40）に違反し，信託財産に損失や変更が生じた場合，分別管理をしていたとしても，損失や変更が生じたことを証明しなければ，受託者は，前述の損失のてん補や原状の回復の責任を免れないこととなっており，立証責任が転換されています（法40条4項）。

ウ 忠実義務違反，利益相反行為，競合行為の損失額の推定

受託者は，忠実義務（法30条→Q38参照）を負っているほか，利益相反行為（法31条1項・2項）や競合行為（法32条1項・2項）についても規制されていますが，受託者がこれらの規定に反した場合，当該行為によって受託者自身又はその利害関係人が得た利益の額と同額の損失が発生したと推定するとされています（法40条3項）。

そのため，上記の忠実義務等の規定に受託者が反した場合，受益者は損失額を直接立証する方法のほか，受託者等が受けた利益の額を立証することで，同額が信託財産の損失であると立証することが可能となります。

(4) 責任の免除（事後）

法律では，前述した受託者の責任（法40条，41条）について，受益者が免除できるとされています（法42条）。

受益者複数の場合，受託者に任務懈怠について軽過失しかないときの一部免除は，受益者集会の特別決議でできるとされていますが，それ以外の免除（責任の全部免除・受託者に悪意又は重過失があるときの一部免除・受託者法人の役員の責任の全部免除）は，受益者が全員一致で免除しなければ効力が生じません（法105条3項・4項，113条2項1号）。

ただし，前述した受託者の責任自体について，信託行為によって事前に制限できない（法92条9号・10号）とされていることから，上記の免除はあくまで，事後の免除であって，事前に前述した受託者の責任（法40条，41条）を免除することはできないと解されています。

2 信託財産責任負担債務の負担

信託法上，受託者のした行為によって生じた権利についての債務や信託行為で信託財産をもって引き受けた債務，信託の事務処理について生じた債務など，信託財産をもって履行する責任を負う信託財産責任負担債務（法2条9項，21条1項）が定められています。この信託財産責任負担債務について，受託者は，以下の場面を除き，信託財産のみならず，受託者自身の固有の財

産でもっても，責任を負担することとなっています（→Q25参照）。

① 受益債権（例えば受益権の内容として信託財産から受益者が月10万円給付を受けるとした場合の受給権など）（法21条2項1号）

② 限定責任信託が付された場合の信託債権（法21条2項2号）

③ 信託法の規定により信託財産に属する財産のみをもって履行の責任を負うものとされる信託債権（法21条2項3号）

④ 信託債権者と受託者との間で信託財産に属する財産のみをもって責任を負担するとの合意（信託財産限定責任特約）のある場合（法21条2項4号）

3　最後に

以上のように受託者は，信託法上様々な責任を負うことになりますので，民事信託を利用する場合には，その点を十分理解した上で，信託行為の中で工夫する部分はないかも検討する必要があります。また，民事信託のスキームを考える専門家は，受託者となる者に対して，受託者としての義務と責任を十分教示すべきです。

 **43 受託者等の責任(2)**

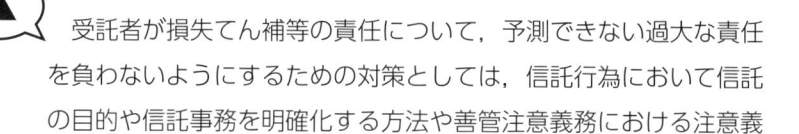

受託者自身に損失てん補等の責任や債務の負担の責任が発生してしまうことについて，受託者となろうとする者が不安に思っています。受託者が予測できない過大な責任を負わないようにするために，どのような工夫が考えられますか。

受託者が損失てん補等の責任について，予測できない過大な責任を負わないようにするための対策としては，信託行為において信託の目的や信託事務を明確化する方法や善管注意義務における注意義

務を軽減する方法が考えられます。

　また，信託財産責任負担債務の受託者の負担に関しては，限定責任信託の利用や責任財産限定特約の利用，十分な財産の信託への拠出などが考えられます。

1　受託者が責任を負う場面について

　受託者は，各種任務違反により，信託財産に損失や変更を生じさせた場合には，損失のてん補や原状に回復する責任があります（法40条→Q42参照）。

　これらの任務違反による受託者の責任については，受益者において事後に免除することはできますが（法42条），事前には免除することができないと解されており（法92条9号・10号→Q42参照），事前に受託者の損失てん補等の責任が生じないとしておくことはできません。

　そのため，1つの対策としては，信託行為で受託者の注意義務の程度を軽減することは可能ですので（→Q39参照），受託者の善管注意義務を，例えば，自己の財産と同一の注意をもって対処する義務という形で軽減することが考えられます。

　しかし，安易に，受託者の善管注意義務を軽減することは，受託者が責任感をもって受託者としての義務を履行しなくなってしまい，そのため，信託で意図した信託の目的が達成できず，受益者の利益を害するおそれもあるので，受託者の善管注意義務を軽減することについては相当慎重である必要があります。

　そもそも，信託は，信託の目的を達成するために実施するものであり，信託の目的は，受託者が信託事務を行う際の指針となるものとされています。

　そのため，その信託行為により定めた信託の目的に合致する内容で受託者が信託事務を行う限り，善管注意義務違反として任務違反になりません。

　そこで，受託者の予測に反して任務違反の責任を過大に負わないための対策としては，信託行為にて，信託の目的や信託事務の内容を明確にすること等により，受託者の任務を明確にし，任務違反となる場面を限定するといったことが考えられます。

　例えば，もし委託者が株式などの投資用財産等について積極的に運用してほしい（しかし，受託者はそのことによるリスクを後から追及されては困ります。）ということであれば，信託の目的として「委託者の財産を有効に活用することにより財産的利益を生じさせること」等と記載して，信託事務としてはリスク性商品の利用も含めた運用を認めると明記することで対処することも考えられます。

　逆に，財産管理方法を信託行為の中で一定の範囲で限定することによって，その範囲で運営する限りにおいて任務違反を問われにくくするということも考えられます。

2　信託財産責任負担債務の負担について

(1)　はじめに

　受託者が信託財産のためにした行為であって，受託者の権限に属するものや，信託行為によって，信託財産で引き受けるとした委託者の債務などいわゆる信託財産責任負担債務（法21条1項）については，原則として，信託財産のみならず，受託者の固有財産もその引き当てになるとされています（法21条2項の反対解釈→Q42参照）。

　そのため，例えば受託者に，受託者の事務として借入れの権限が与えられており，信託財産となっている賃貸マンションの改築などのために同マンションを担保とし，信託事務として借入れを行った場合には，信託財産だけではなく，受託者の固有財産も引き当ての対象となります。

(2)　限定責任信託の利用

　このような信託財産責任負担債務について，受託者の固有財産による負担に対処する方法としては，まず，限定責任信託（法2条12項）を利用して，信託財産に責任を限定する方法が考えられます（法21条2項2号）。

　この方法によった場合には，信託財産にその責任が限定されるので受託者が負担を負うリスクは相当低くなります。

　なお，限定責任信託であっても，受託者が信託事務処理をするについてした不法行為による損害賠償債務については，固有財産への強制執行は許容さ

れていますので注意が必要です（法217条括弧書き）[2]。

　限定責任信託についてはその旨の登記をしなければならず（法220条），限定責任信託という文字の利用が義務付けられ（法218条1項），限定責任信託であることを取引の相手方に表示していなければ責任限定の主張ができません（法219条）。また，会計帳簿や貸借対照表などの作成義務等もあり（法222条）受託者の負担は大きく，受益者に対する給付も一定の給付可能額内に限定されます（法225条）。そして，受託者が信託事務を行うについて悪意重過失である場合には，第三者に対する損害賠償義務などの規定もあります（法224条1項）。

　限定責任信託については，上記以外にも規制がなされており，かかるデメリットも含めて導入するかについては慎重に検討する必要があります。

(3)　責任財産限定特約

　例えば，信託事務として信託財産を担保に借入れするなどといった一定の取引をする場合に当該信託債権者と個別に，当該取引にかかる債務については責任財産を信託財産に限定するとの特約を締結するという方法（法21条2項4号）が考えられます。

　この方法の場合，責任財産を信託財産に限定できるのはあくまで当該信託債権者の債権に対するものにとどまることについて留意が必要です。

(4)　その他―十分な信託財産の拠出

　信託財産責任負担債務については，信託財産がその責任財産となるものですので，信託財産責任負担債務に対応するに足りる信託財産があれば，実際問題として，受託者が固有財産で責任を負担することはありません。

　そのため，信託の期間中，考えられる信託財産責任負担債務の内容を想定した上で，その負担に耐え得る財産を信託財産として拠出することができるならば，かかる方法で対処することが考えられます。

2）民法717条の土地工作物の所有者責任が受託者が信託事務処理をするについてした不法行為に該当するかについては学説上争いがあります（消極：神田＝折原239頁，寺本86，87頁，積極：道垣内117，118頁）。

3　最後に

　以上のように受託者の責任の負担については様々な対処が考えられますが，受託者に一定の責任の負担が生じることは避けて通れない面があります。

　したがって，その点を委託者，受託者ともに十分に認識した上で，民事信託を利用することが重要であることはいうまでもありません。

 **44　受託者の権限**

　信託法上，受託者には信託事務を処理する上でどのような権限があるのでしょうか。また，受託者の行為が信託財産に帰属するための要件は何ですか。

　受託者の権限の範囲を信託行為で定めるに当たって注意すべき点があれば教えてください。

　受託者は，信託財産の管理処分その他信託目的達成のために必要な行為を行う権限を有していますが，信託行為の定めにより受託者の権限に制限を加えることができます。

　受託者の行為が信託財産に帰属するためには，受託者が，その行為を信託財産に効果を帰属させる意思を有して行うことに加え，その行為が受託者の権限の範囲内であることが必要です。

　受託者の権限の範囲を信託行為で定めるに当たっては，将来的な事情変更等も見据えた上で，信託目的達成のために必要な権限を過不足なく与えることが大切です。

1　受託者の権限

(1)　受託者の権限の範囲

　信託法26条は，「受託者は，信託財産に属する財産の管理又は処分及びそ

の他の信託の目的の達成のために必要な行為をする権限を有する。」として，受託者の権限の範囲は，信託財産の管理処分その他信託目的達成のために必要な行為に限られることを定めています。また，同条ただし書のとおり，信託行為の定めにより受託者の権限に制限を加えることができます。受託者の権限を定めるに当たっての注意点は，後記3で述べます。

(2)　権限外の行為の効力

受託者が権限外の行為をしたときの効力については，信託法27条に定めがあります。権限外の行為がなされた場合，受益者はその行為を取り消すことができますが，取引の相手方保護の観点から，取り消すための要件が課せられています。

その要件とは，①相手方が，当該行為の当時，当該行為が信託財産のためにされたものであることを知っていたこと，そして②相手方が，当該行為の当時，当該行為が受託者の権限に属しないことを知っていたこと又は知らなかったことについて重過失であったことのいずれをも満たすことです（法27条1項）。

ただし，信託財産に属する財産で，かつ，信託法14条の信託の登記又は登録をすることができるもの（不動産など）についての権利の設定又は移転に関する権限外の行為については，取り消すための要件が異なり，①当該行為の当時，当該信託財産に属する財産について信託法14条の信託の登記又は登録がされていたこと，そして②相手方が，当該行為の当時，当該行為が受託者の権限に属しないことを知っていたこと又は知らなかったことについて重過失であったことのいずれをも満たすこととされています（法27条2項）。

(3)　信託事務の処理の第三者への委託

受託者は，信託事務について全て自ら行わなければならないものではなく，信託行為に信託事務の処理を第三者に委託する旨の定めがあるときや，第三者に委託することが信託の目的に照らして相当であると認められるとき等は，信託事務の処理を第三者に委託することができます（法28条）。例えば，信託不動産に属する不動産の賃料収入を受益者に分配するという信託の場合には，受託者は，賃借人の募集を不動産仲介業者に委託し，あるいは日々の不

動産管理を管理業者に委託することができます。

　ただし，受託者は，信託行為に特に定めがなければ信託の目的に照らして適切な者に委託をしなければなりませんし（法35条1項），第三者について必要かつ適切な監督をし（同条2項），第三者が不適任や不誠実であったり，第三者の事務処理が不適切であったりしたことを知ったときには受益者にそのことを通知するなど必要な措置をしなければなりません（同条3項）。

2　受託者の行為が信託財産に帰属する要件

(1)　事　例

　それでは，受託者が何らかの行為をしたときに，その行為が受託者の固有財産ではなく信託財産に帰属するのは，どのような場合なのでしょうか。

　次のような事例で考えてみましょう。委託者が，自分の子どもを受託者，孫を受益者として，自分の現金3,000万円を受託者（子ども）に信託譲渡します。この信託契約においては，受託者が，信託譲渡された金銭を用いてマンションの一室（区分所有物件）を購入した上で，第三者に賃貸し，賃料から経費を差し引いた収益を受益者に毎月分配することが定められています。また，この信託契約では，受託者は，マンション購入時に，必要に応じて銀行から借入れを行ってもよいこととされています。

　さて，信託組成後，受託者である子どもは，この信託のために適切な収益マンションを探していたところ，好条件の物件A（4,000万円）を見つけました。受託者は，銀行から1,000万円を借り入れて（ローンA），物件Aを購入しました。

　信託では，権利義務の主体はあくまでも受託者ですので，物件Aの所有者は受託者であり，ローンAの債務者も受託者です。

　ところで，この事例において，受託者である子ども自身，ちょうど，現在住んでいる自己所有の戸建住宅を売却し，マンションを購入して転居しようとしていたとします。受託者は，物件Aの購入と時を同じくして，物件B（4,000万円）というマンションの一室（区分所有物件）を購入することとしました。戸建住宅の売却代金が3,000万円でしたので，受託者は，差額1,000万

円を銀行から借り入れて（ローンB），物件Bを購入しました。この場合も
もちろん，物件Bの所有者は受託者であり，ローンBの債務者も受託者です。

　このように，購入したマンション（物件A及び物件B）や銀行への債務
（ローンA及びローンB）は，全て受託者に帰属することになりますが，この
事例において，購入したマンション（物件A及び物件B）や銀行への債務
（ローンA及びローンB）が，受託者固有の財産，固有の債務となるのか，そ
れとも信託財産に帰属するのかは，どのように判断するのでしょうか。

(2)　受託者の行為が信託財産に帰属するための要件

　受託者の行為が信託財産に帰属するための1つ目の要件は，受託者が，そ
の行為を信託財産のために，つまり信託財産に効果を帰属させる意思を有し
て行うことです。先ほどの事例では，受託者は，物件Aの購入とローンAの
借入れに当たっては信託財産のために行う意思を有していましたが，物件B
の購入とローンBの借入れの場合はそうではありませんでした。したがって，
物件BとローンBは信託財産に帰属することはなく，受託者の固有の財産，
固有の債務となります。

　2つ目の要件は，その行為が受託者の権限の範囲内であることです。前述
のとおり，受託者の権限の範囲は，信託財産の管理処分その他信託目的達成
のために必要な行為に限られています。先ほどの事例では，受託者には，マ
ンションの一室を購入する権限及び必要に応じてマンション購入のために借
入れを行う権限があることが明記されており，物件Aを購入し，また，ロー
ンAを借り入れたことは「信託の目的の達成のために必要な行為」です。

　つまり，先ほどの事例では，物件Aの購入及びローンAの借入れについて
は信託財産に帰属し，物件Bの購入及びローンBの借入れは受託者固有の財
産，固有の債務となります。

【受託者の行為が信託財産に帰属するための要件】

要件1	受託者が，その行為を信託財産に効果を帰属させる意思を有して行うこと
要件2	その行為が受託者の権限の範囲内（信託財産の管理処分その他信託目的達成のために必要な行為）であること

3　受託者の権限を定めるに当たっての注意点

　信託行為において受託者の権限を定めるに当たっては，将来的な事情変更等も見据えることが大切です。

　例えば，不動産を信託財産とする信託のうち，当該不動産を委託者の子や孫に承継させることを信託目的としているケースでは，信託行為において信託財産である不動産の処分を制限することも考えられます。

　他方で，高齢者（委託者兼受益者）の財産管理を目的とした信託において信託財産中に自宅不動産が含まれている場合，将来的に高齢者（委託者兼受益者）が施設に入居することになったときの資金を得るために自宅不動産を売却することもあり得るでしょうから，そのための権限につき疑義を生じさせないために信託行為において受託者に一定の条件下での不動産の処分権限を明記しておくこともあるでしょう。その場合でも，委託者兼受益者の保護の観点から，不動産の処分に当たっては信託監督人など一定の者による同意を要するといった条項を設けることも考えられます。

　その他，信託目的等に応じて，金融機関からの借入れの可否，その場合の信託財産の担保提供の可否，保険契約締結の可否などを検討し，信託行為に反映させる必要があります。

 **45　受託者の任務終了**

　受託者の任務はどのような場合に終了するでしょうか。受託者の任務が終了した場合，信託はどうなりますか。後継受託者の定めがある場合とない場合に分けて教えてください。

A　受託者の任務は信託法56条１項に記載された任務終了事由に該当するに至った場合に終了します。受託者の任務が終了した場合，後継受託者の定めがある場合には，その定めによることになります。

　これに対して，後継受託者の定めがない場合，あるいは，定めによる後継受託者となる者が就任を引き受けない場合には，委託者と受託者の合意で決めることになります。合意ができない場合には，裁判所が新受託者を選任することになります。

　なお，新受託者が就任しない状態が1年間継続したときには，信託そのものが終了してしまうので注意が必要です。

1　受託者の任務終了事由

　信託が終了する場合には，受託者の任務も原則終了するので，受託者の任務終了は特に問題とはなりません。これに対して，信託が終了しない場合には，新受託者の選任が問題となります。

　そこで，どのような場合に，信託が終了せずに，受託者の任務が終了するのかを簡単に説明します。

(1)　能力喪失等

　受託者は，信託が開始した後は，信託に関する事務を行う存在ですので，法的な行為を単独で有効に行う必要があります。そのために，受託者である個人が死亡したとき（法56条1項1号）は任務が終了します。また，受託者である個人が後見開始又は保佐開始の審判を受けたときには，信託行為で受託者が成年後見人等となった場合でも受託者の任務を終了としないとの別段の定めがなされていない限り任務が終了することになります（同項2号）。[3]

　受託者が法人の場合，解散すると法人としての法的主体性は消滅するので，個人の死亡と同様に任務は終了します（法56条1項4号）。ただし，合併した場合は別です。

(2)　受託者が破産した場合

　受託者について破産手続が開始した場合には，その法的能力は喪失するわ

---

3)　令和元年6月7日，受託者が成年後見人等になった場合について，一律での任務終了から，原則任務終了へと改正する法案（成年被後見人等の権利の制限に係る措置の適正化等を図るための関係法律の整備に関する法律）が成立し，同59条により信託行為で受託者が成年後見人等となった場合でも受託者の任務を終了としないとの別段の定めが許されることになりました。

けではないのですが，一般的に，管理を継続させるのは好ましくないとのことから，終了するのが原則とされています（法56条1項3号）。

　受託者が破産する等して倒産した場合の信託への影響についてはQ48を参照してください。

⑶　辞任及び解任

　信託行為において辞任・解任についての定めがある場合，あるいは，委託者及び受益者の同意（解任は合意）がある場合，辞任あるいは解任は可能です（法57条，58条）。その場合，受託者の任務は終了します（法56条1項5号・6号）。

⑷　信託行為に定めた事由の発生

　信託行為において定めた事由が発生することにより，受託者の任務は終了します（法56条1項7号）。例えば，受託者について期間制限を設けた場合や差押えを受けた場合を任務終了の条件とした場合などです。

2　受益者への通知等

　新受託者が就任しない状態が1年間継続したときには，信託そのものが終了してしまう（法163条1項3号）ことになります。そこで，通常，新受託者の選任を行うことになります。前受託者等は，そのために，受益者に対し，任務終了を通知しなければなりません（法59条1項）。ただし，信託行為にそれと異なる定めがあれば，それに従うことになります。

　なお，前受託者等は，新受託者が信託事務の処理をすることができるようになるまで，信託財産に属する財産の保管を継続し，かつ，信託事務の引継ぎに必要な行為をしなければなりません（法59条3項）ので，注意が必要です。

3　新受託者の選任

⑴　後継受託者の定めがある場合

　信託行為に新受託者に関する定め（つまりは，後継受託者の定め）がある場合には，その定めによって新受託者が選任されることになります。その際に，

委託者や受益者などの利害関係人[4]は，新受託者となるべき者として指定された者に対し，相当の期間を定めて，その期間内に就任の承諾をするかどうかを催告することができ，同期間内に解答しない場合は就任の承諾はしなかったものとみなされます（法62条2項・3項）。

新受託者となるべき者が就任を引き受けない場合については，後述の(2)でまとめて論じます。

(2) 後継受託者の定めのない場合

後継受託者の定めのない場合，又は，新受託者となるべき者が就任を引き受けない場合には，委託者と受益者との合意[5]で，新受託者を選任することができます（法62条1項）。委託者が現存しない場合には，受益者が判断することになります（同条8項）。

委託者と受益者間で，協議をするのが困難であるなど，協議の状況その他の事情に照らして必要がある場合には，裁判所が，新受託者を選任することになります（法62条4項）。

このようなことを避けるためにも後継受託者を定めておくことを検討する必要があります（→Q46参照）。

4 選任された場合

また，新受託者が選任された場合，新受託者は，信託に関する権利義務[6]を引き継ぐことになります（法76条1項）。前受託者の有する費用償還請求権や（法75条6項），受託者の変更により承継された債務（法76条2項）については，新受託者が固有財産では責任を負わない信託財産限定責任負担債務となります（法21条2項3号）。

---

4) その範囲について，前受託者，保管義務負担者，信託財産責任負担債務に係る債権の債権者，前受託者の固有財産に対する債権者も含まれるとされています（道垣内281頁）。
5) 選任権限を有する者（例えば委託者）がいても，その権限を有する者が能力低下した場合には，①成年後見等での対応，②信託法による裁判所の選任（法62条4項）などが考えられます。
6) その範囲に関する問題について，条解420，421頁に指摘があります。

46　受託者死亡の信託への影響

受託者が死亡した場合に信託はどのようになりますか。受託者の地位は相続人に相続されないのですか。

受託者の死亡は受託者の任務の終了事由の１つであり（法56条１項１号），受託者の地位が相続人に相続されることはありません。もっとも，新受託者の選任が可能なことから（法62条１項），信託自体が受託者の死亡により終了するわけではありません。ただし，新受託者が就任しない状態が１年間継続すると信託は終了します（法163条２号）。

1　受託者の死亡と相続

旧信託法下では，信託財産が受託者の相続財産に属しないことが明記されていました（旧信託法15条）。現行法では，そのような明文の規定はありませんが，受託者の死亡が受託者の任務の終了事由の一つとされていることから，受託者の信託財産に対する所有権等の権利や権限が相続人に承継されることはありません（田中83頁）。

受託者の死亡により受託者の任務が終了した場合には，信託財産は法人とされ（法74条１項），新受託者が就任したときに，その法人は成立しなかったものとみなされます（法74条４項本文）。

後述の手続により，新受託者が選任されるまでの間において，必要と認めるとき，裁判所は利害関係人の申立てにより信託財産法人管理人を選任することができます（法74条２項）。

もっとも，受託者が負っていた信託財産責任負担債務については，責任財産限定特約がある場合など信託財産に属する財産のみをもってその履行の責任を負う債務（法21条２項）を除き，受託者は自己の固有財産をもって支払をしなければならない義務を負っているので，受託者の相続人は上記債務を

履行しなければならないことになります（道垣内287頁等）。

2　前受託者の相続人の通知及び保管の義務

　受託者の死亡により受託者の任務が終了した場合には，前受託者の相続人（法定代理人が現に存する場合にあっては，その法定代理人）がその事実を知っているときは，前受託者の相続人は，知れている受益者に対し，信託行為に別段の定めがない限り，これを通知しなければなりません（法60条1項）。また，この場合に，前受託者の相続人は，新受託者等が信託事務の処理をすることができるに至るまで，信託財産に属する財産の保管をし，かつ信託事務の引継ぎに必要な行為をしなければなりません（法60条2項）。

　このように，受託者の相続人は，信託財産を相続しないものの，受益者に対する通知義務や新受託者等に引き継ぐまでの信託財産の保管義務を負うことになるのです。

　なお，前受託者の相続人が信託財産の処分をしようとするときは，受益者はその処分をやめることを請求することができます（法60条3項）。

3　新受託者の選任手続

　受託者の死亡により受託者の任務が終了した場合には，信託行為に新たな受託者に関する定めがあるときにはそれに従うことになりますが，ないときには，委託者と受益者の合意により新受託者を選任することができます（法62条1項）。

　とはいえ，委託者と受益者の間で協議をしてもそれぞれの考え方の違いなどから適切な新受託者を見つけられない場合があります。そのときには，委託者や受益者などの利害関係人が裁判所に新受託者の選任の申立てをすることにより，裁判所が新受託者を選任することができます（法62条4項）。その選任に当たっては理由を付す必要があります（法62条5項）。委託者又は受益者は，裁判所の選任に不服があれば，即時抗告の申立てをすることができ（法62条6項），この即時抗告は執行停止の効力を有するので（法62条7項），その結果が出るまでは新受託者はその職務を行うことができません。

　なお，委託者が既に死亡している場合には，受益者が単独で新受託者を選任することができます（法62条8項）。

　新受託者が選任された後の信託に関する権利義務の引継ぎについてはQ45を参照してください。

4　新受託者が選任されないとき

　このように，信託法は，後継受託者についての定めがなくとも受託者が死亡した場合の新受託者の選任手続を定めてはいるのですが，委託者と受益者の話合いが付かず，かといって，裁判所への選任申立てをするのも面倒だということで，そのまま放置されることがあり得ます。

　そのままの状態が1年間続くと，信託そのものが当然に終了してしまいます（法163条2号）。このような事態を未然に防止するために，信託行為において後任の受託者をあらかじめ選定しておく必要があります（→Q47参照）。

 47　後継受託者選任の必要性

　受託者を個人とした場合に，その受託者が死亡や事故等により受託者としての職務が果たせなくなった場合が心配です。スキームを作る上で，そのような場合に備えてどのような対策を講じる必要がありますか。

　受託者が死亡の場合はもちろんのこと，事故や病気などにより受託者としての職務を果たせなくなったときに，信託の目的を達成できなくなり，最悪の場合に信託が終了するおそれがあります。そこで，そのような場合に備えて，信託契約において後継受託者をあらかじめ指定しておくか，少なくとも後継受託者の選任の手続を定めておく必要があります。

1　受託者が死亡等により職務を果たせない場合

　受託者がその職務を果たせなくなるのは，何も死亡に限ったことではありません。交通事故などの不慮の事故並びに認知症や心筋梗塞などの重篤な病気で職務を果たせなくなることはしばしば生じ得ることです。

　これらの結果，受託者がその職務を果たせなくなれば，信託の目的を達成することができないのは明らかです。

　もっとも，受託者の死亡，後見開始又は保佐開始の審判を受けたこと，あるいは破産手続開始決定を受けたことなどのように受託者の任務の終了事由（法56条１項）が法定されている場合はともかくとして，事故や病気などの場合に当然に受託者の任務が終わるわけではありません。

2　成年被後見人等に関する信託法の改正

　ところで，従前信託法では，成年被後見人と被保佐人は受託者の欠格事由としていましたが（法７条），令和元年６月７日に成立した「成年被後見人等の権利の制限に係る措置の適正化等を図るための関係法律の整備に関する法律」59条で，この欠格事由の規定から削除されるとともに，任務途中に受託者が後見開始又は保佐開始の審判を受けても，現行の受託者の破産で認められているように，信託行為に別段の定めがあれば終了事由としないことができるようになりました。

　同法は，成年後見制度の利用の促進に関する法律（平成28年法律第29号）に基づく措置として，成年被後見人及び被保佐人（成年被後見人等）の人権が尊重され，成年被後見人等であることを理由に不当に差別されないよう，成年被後見人等に係る欠格条項その他の権利の制限に係る措置の適正化等を図るための措置を講ずるために立法化されたものです。

　ちなみに，59条では，信託管理人の欠格事由の規定からも削除されています（法124条１号）。さらに，成年被後見人等の権利の制限に係る措置の適正化等を図るための関係法律の整備に関する法律35条では，同様の趣旨から信託業法についても改正がなされています。

3　新受託者の選任について信託行為に定めがないとき

　受託者の死亡などにより受託者の任務が終了した場合に，信託行為に新受託者に関する定めがないときは，委託者と受益者の合意により新受託者を選任することができるとはいえ（法62条1項），それはそう簡単なことではありません（→Q46参照）。

　もっとも，委託者が生きている限りは，委託者と受益者が同一人のいわゆる自益信託については両者の合意は事実上問題にはなりません。ところが，信託行為の委託者は高齢の場合が多く，しかも信託の期間は長期にわたることが予想されるので，受託者の任務が終了した時点では，委託者に新受託者を選任するだけの意思も能力も不足している可能性が高く，もし，実際にそうであれば自ら新受託者を選任することも裁判所に対する新受託者の選任の申立て（法62条4項）もできないと思われます。

　この結果，新受託者の選任がなされないままに1年経過すると，信託が終了することになってしまうので（法163条2号），そのようなことにならないように信託行為で定めをしておく必要があります。

4　信託行為における新受託者の定めなど

　信託行為には，委託者と受託者との間の信託契約，遺言信託，自己信託の3つの方法がありますが，いずれの場合であれ，信託行為において，受託者が死亡等による任務終了事由が生じた場合に後継受託者を名指ししておくか，後継受託者の指定の仕方を定めておく必要があります。例えば，以下のような定め方をすることが考えられます。

【後継受託者の指定に関する条項例】

> 第○条　信託法56条1項各号に掲げる事由により受託者○○の任務が終了した場合の後継受託者は次の者とする。
> 　住　　所
> 　氏　　名

> 第○条　受託者○○が死亡し，若しくは後見監督人選任若しくは保佐開始の
> 審判がなされた場合には，受託者○○があらかじめ受益者に交付した書面
> で指定した者を後継受託者とする。

　さらに，信託法56条1項各号に掲げる事由に至らない場合であっても，受託者としての任務を行うことが困難であると予想されるときには，具体的に受託者の任務終了事由を定めた上で（法56条1項7号），後継受託者を指定する旨を定めておくことも可能です。例えば，以下のような条項例が考えられます。

【受託者の任務終了及び後継受託者選任に関する条項例】

> 第○条　信託法56条1項各号に掲げる事由の他，受託者○○が要介護2以上
> と認定された場合には，受託者の任務が終了することとし，次の者を後継
> 受託者と指定する。
> 　住　　所
> 　氏　　名

　もっとも，個人の場合は，高齢化などによる意思能力の低下が避けられず，また不慮の事故もあり得るので，受託者については「法人」とすることを検討することも考えてよいでしょう。その場合のリスクや注意点についてはQ33，Q35を参照してください。

 **48　受託者の倒産と信託**

　受託者が破産した場合，信託は終了しますか。受託者の任務は終了しますか。

　また，受託者が破産した場合に，信託財産は破産手続の対象となる財産（破産財団）となるのでしょうか。

　受託者が民事再生になった場合にはどうなりますか。

　受託者が破産した場合，直ちに信託自体が終了するものではありません。

　一方，原則として受託者の任務は終了し，新たな受託者が信託の任務を行うことになります。

　受託者が破産した場合でも，信託財産が破産財団に帰属することはありません。

　受託者が民事再生になった場合，受託者の任務は終了せず，信託財産が再生債務者財産に帰属することはありません。

1　受託者の破産により信託は終了するかについて

　信託法上定められた信託終了事由の中に受託者の破産手続開始決定は規定されていません（法163条）。

　そのため，信託行為において受託者の破産を信託終了事由と定めている場合でなければ，受託者に破産手続開始決定がなされたとしても直ちに信託が終了するものではありません。

2　受託者の破産と受託者としての任務

(1)　受託者が個人の場合

　受託者が破産手続開始の決定を受けたときは，原則として，受託者の任務は終了します（法56条1項3号）。この場合，受託者の不在により信託財産に

損害が生じないようにするため，破産管財人は，新受託者が信託事務を処理することができるようになるまでの間，信託財産を保管し，信託事務の引継ぎに必要な行為をしなければならないとされています（法60条4項）。

　なお，委託者が，受託者を非常に信頼していて，たとえ受託者が破産しても，受託者としての業務を継続してもらいたいと考える場合もあり得ないわけではありません。そのような場合には信託行為で，受託者が破産手続開始の決定を受けても受託者の任務は終了しないことを定めることは可能です（法56条1項柱書ただし書）。この場合，受託者の職務は，破産者が行うことになります（法56条4項）。

(2)　受託者が法人の場合

　受託者が破産手続開始の決定を受けると解散し（会471条5号），受託者の任務は終了します（法56条1項4号）。この場合，信託法56条1項柱書ただし書の適用はないので，受託者が破産手続開始の決定を受けても受託者の任務は終了しないことを信託行為で定めることはできません。

　したがって，信託の運営に支障を来さないようにするためには，信託行為で新受託者を選任するための手続を定めておく必要があります（法62条1項）。

3　受託者破産の場合の信託財産の取扱い

(1)　信託財産と破産財団との関係

　信託財産は，受託者の財産ですが，受託者の固有財産から独立しており，受託者が破産手続開始の決定を受けた場合であっても，破産財団に帰属することはありません（法25条1項）（倒産隔離機能→Q30）。

(2)　受益債権及び信託債権の取扱い

　受益債権（信託行為に基づいて受託者が受益者に対し負う債務であって信託財産に属する財産の引渡しその他の信託財産に係る給付をすべきものに係る債権→Q60参照）は，破産手続開始前の原因に基づいて生じた破産者に対する財産上の請求権であるため，形式的には，破産債権（破産法2条5項）に該当します。しかしながら，受益債権は，信託財産のみを引当財産とするものであ

り（法21条2項1号，100条），受託者は固有財産から弁済する義務を負いません。信託財産を破産財団に属しないものとする以上，受益債権を破産債権として破産手続の対象とする必要はないことから，受益債権は，破産債権とはならないとされています（法25条2項）。

また，信託債権（信託財産責任負担債務に係る債権であって受益債権でないもの）であっても信託財産のみを責任財産とするものについては，受益債権と同様，破産債権とする必要はありません。そこで，限定責任信託にかかる信託債権についても破産債権とはならないとされています（法25条2項）。

(3)　受託者の免責との関係

これと異なり，通常の信託債権は受託者の固有財産も引当財産とすることから，破産手続の対象とする必要があります。

しかしながら，受託者の免責手続との関係からいえば，信託債権は信託財産をも引当財産とすることから，いわば第三者の財産上に物上担保を設定している状態と同視することができます。そのため，免責許可の決定による免責は，受託者の固有財産との関係では効力があるものの，信託財産との関係ではその効力を主張できないとされています（法25条3項）。

したがって，信託債権者は，受託者の免責許可決定後であっても，信託財産に対しては，免責許可決定前の権利の内容に従って権利行使することができます。

(4)　破産管財人に対する信託財産処分の差止請求

信託財産は受託者の破産財団を構成しないので（法25条1項），新受託者は破産管財人に対して取戻権（破産法62条）を行使することができます。しかしながら，新受託者が選任されるまでに破産管財人が信託財産を破産財団に帰属するものとして処分する可能性があり，この場合，受益者は自己の権利を侵害されることになります。

そこで，信託法では，破産管財人が信託財産に属する財産の処分をしようとするときは，各受益者は，破産管財人に対し，これをやめることを請求することができることとし（法60条5項本文），受益者の利益の保護を図りました。なお，この請求は，新受託者等が信託事務の処理をすることができるよ

うになった後はできないとされています（同項ただし書）。

4　受託者破産の場合の破産管財人による双方未履行双務契約の解除権の行使の可否

受託者が破産した場合，受託者の破産管財人が，信託契約を，双方未履行双務契約（破産法53条）であることを理由に解除することができるか，という問題があります。

この点については，信託財産は破産財団に帰属しない以上，信託契約は破産手続の影響を受けない契約であり，双方未履行双務契約の解除に関する規定の適用はないと解されるのが一般です。

5　受託者が再生手続開始決定を受けた場合

⑴　受託者の再生手続と受託者の任務

破産手続とは異なり，受託者が再生手続開始の決定を受けることは法律上受託者の任務の終了事由とはされていません。また，再生手続においては，再生債務者が管理・処分権を有するのが原則です（民事再生法38条）。

そのため，受託者の任務は，信託行為に別段の定めがない限り，受託者の再生手続開始の決定により終了しません（法56条5項）。なお，再生手続において管財人や保全管理人が選任された場合は，受託者の職務や信託財産の管理・処分権は管財人や保全管理人に専属することになります（同条6項）。

これに対して，受託者について再生手続が開始された場合に受託者の任務が継続することを防ぐためには，信託行為によって受託者の再生手続開始などを任務終了事由と定めるといった対処が必要です。なお，受託者に対し更生手続開始の決定がなされた場合も，再生手続の場合と同じです（法56条7項）。

⑵　受託者の再生手続と信託財産の取扱い

受託者について再生手続開始の決定がなされた場合も，破産手続開始の決定がなされた場合と同様に，信託財産に関する財産は，再生債務者財産には帰属しません（法25条4項）。また，破産の場合と同様，受益債権は再生債権

とならず，信託財産のみを責任財産とする信託債権も再生債権とはなりません（同条5項）。さらに，再生計画による信託債務の免責又は変更は，信託財産との関係では，その効力を主張できないとされています（同条6項）。

　なお，受託者に対し更生手続開始の決定がなされた場合も，再生手続の場合と同じです（法25条7項）。

 **49　受託者の報酬**

　　個人が受託者となる場合に，受託者が報酬を受け取ることはできますか。

　　できる場合，信託行為の中でどのような形で定めるのですか。

　　信託行為（信託契約等）において，受託者が信託財産から信託報酬（信託事務処理の対価として受託者の受ける財産上の利益をいいます。以下同じです。）を受ける旨の定めがある場合に限り，受託者は信託財産の中から信託報酬を得ることができます（法54条1項）。

　　具体的には，信託契約書等において，受託者は，信託報酬として月額金○万円を受け取ることができる等の規定を記載します。

　　なお，民事信託（家族信託）の内容として信託報酬額をどのように決めるかについては，税務が多分に関わってくるため，税理士ともよく相談しておくことが肝要です。

1　民事信託での信託報酬のあり方

　個人が受託者となる場合に，受託者の信託報酬については，信託行為に受託者の報酬の定めをすることが必要です。すなわち，信託法54条1項は，受託者の信託報酬につき，「受託者は，信託の引受けについて商法（明治32年法律第48号）第512条の規定の適用がある場合のほか，信託行為に受託者が

信託財産から信託報酬（信託事務の処理の対価として受託者の受ける財産上の利益をいう。以下同じ。）を受ける旨の定めがある場合に限り，信託財産から信託報酬を受けることができる。」としています。

この規定は，受託者が商人であり商法の適用がある場合を除き，報酬に関する定めのない受託者は無報酬となることを意味しています。

また，信託法上，受託者の報酬につき，当該信託報酬の額については，信託行為に信託報酬の額又は算定方法に関する定めがあるときはその定めるところにより，その定めがないときは相当の額とされています。しかもその定めがないときは，受託者は，信託財産から信託報酬を受けるには，受益者に対し，信託報酬の額及びその算定の根拠を通知しなければならないとされていますので注意が必要です（法54条2項・3項）。

なお，長期にわたる信託にあって，信託報酬の定め方が不十分なため，受益者と受託者との間でトラブルが起きるおそれもあります。したがって，信託報酬の定め方については十分留意する必要があります。

また，受託者が信託事務を処理するのに必要と認められる費用を固有財産から支出した場合には，信託財産から当該費用及び支出の日以後におけるその利息の償還を受けることができますが（法48条1項），信託費用の負担についての紛争をできるだけ回避する観点から，どの範囲の費用を信託財産の負担とし，どの範囲の費用を受託者が負担するかを信託契約上に明確にしておくことが望ましいといえます。

2 信託業法との関わり

報酬を得る目的で営業として行う信託が信託業法の対象になります。ここでの営業とは，反復継続性（不特定多数）と利益獲得をもって信託の引受け（受託者となること）を行うことをいいます。

受託者が営業目的をもって，不特定多数の人から反復継続して信託業務を引き受ける場合，信託業の免許が必要になりますので，信託業の免許を持つ信託銀行又は信託会社でなければ報酬を受領できません。それに反すると信託業法違反になります。

　信託法上受託者に株式会社等の法人や弁護士，司法書士，税理士等の専門職が就任すること自体は制限されませんが，受託者として報酬をもらうことは，業務として反復継続して不特定多数の人から信託業務を引き受けていると評価されるおそれがあり，その場合には，信託業法違反になりかねないので，注意が必要です。

　しかし，家族・親族が個人的に受託者となる民事信託（家族信託）の場合には，一般的には，不特定多数の人から反復継続して信託を引き受ける場合ではありませんので，信託報酬を受け取ったからといって，通常信託業法違反に問われることはないと思われます。

　もちろん，家族・親族が個人的に受託者となる民事信託の場合，受託者が無報酬で信託を引き受けている場合もよくあります。

3　信託報酬の定め方

　信託法上は，信託報酬の上限をいくらとする旨の定めはなく，委託者と受託者の当事者間の信託契約の中で定めることができます。

　具体的には，信託契約書上に，例えば，末尾記載の条項例のような定めをすることが考えられます（末尾の条項例以外にも，受託者が特定の行為をしたときに報酬を発生させるとの条項例も考えられます。）。

　なお，受託者の報酬額について信託法上特に規制はないため，報酬額は，受託財産の規模や信託事務の内容などに応じて個別に定めることになります。

　もっとも，受託者の報酬については，信託財産から信託報酬を支払うことにより受託者に所得が発生することから，委託者・受託者の毎年の確定申告の問題や受益者の相続税対策への効果，そして何より税務上の贈与とみなされないよう，信託報酬をどのように具体的に定めるかなど，税務の問題が大きく関わってきます。

　そこで，受託者の信託報酬を定める民事信託（家族信託）の内容については，税理士ともよく相談することが肝要です。

【毎月一定額の報酬を発生させる条項例】

> 受託者は，信託報酬として月額金○万円を受け取ることができる。

 **50　受託者の費用償還請求**

　信託財産に不動産がありますが，万が一，当該不動産について土地工作物責任が発生してしまったとき，
(1)　受託者がその固有財産で負担した場合に，信託財産から事後に支払ってもらうことはできますか。
(2)　受託者の固有財産からではなく，信託財産から負担してもらうことはできますか。
(3)　受託者として，受益者に対して，上記の負担について前払するように請求することができますか。

(1)　信託法48条1項に基づき，信託財産から事後的に信託事務に要した費用として当該損害賠償金の求償を受けることは可能です。

(2)　同条2項に基づき，信託財産から事前に当該損害賠償金を拠出して支払うことも可能です。

(3)　受託者と受益者との間で，受益者が信託事務に要した費用を負担する合意をしていれば，受益者に対して前払を請求することも可能です（同条5項）。

1　受託者の所有者責任

不動産の設置又は保存に瑕疵があり，他人に損害が発生したときであって，

占有者が必要な注意をしていたときには，その所有者が損害賠償義務を負います（民717条1項ただし書）。例えば，信託財産たる建物が倒壊して隣地の建物所有者に被害を与えてしまったような場合の隣地建物所有者に対する損害賠償義務等が考えられます。信託において，信託財産の所有者とは受託者ですから，所有者たる受託者が損害賠償義務を負うことになります。

そのため，対被害者との関係でいえば，受託者は，まず，所有者としてその固有財産をもってその責任を負う義務があります。また，受託者は，信託を引き受けたことによってこの損害賠償責任を負担することになったものであることから，信託財産も責任財産となります（法21条1項9号）。

このように，受託者の債務であって，債務者たる受託者の固有財産だけではなく信託財産に属する財産をもって履行する責任を負う債務を「信託財産責任負担債務」といいます（法2条9項，その範囲について21条1項）。被害者は，受託者に対する損害賠償請求権の債務名義をもって，受託者の固有財産に対しても信託財産に対しても強制執行等をすることが可能ということを意味します（法23条1項参照）。

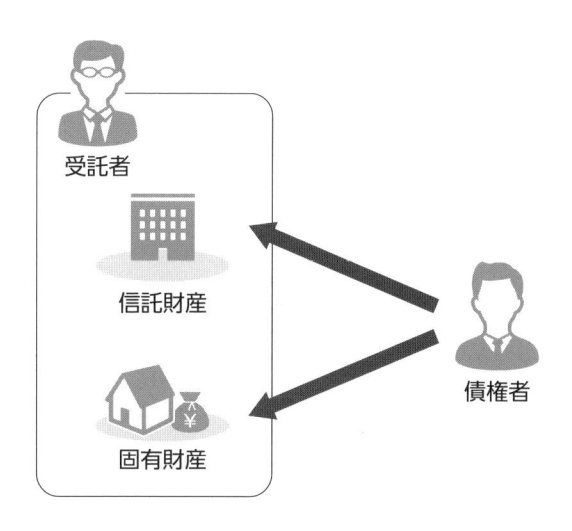

他方で，受託者にしてみれば，信託を引き受けたがためにその所有者になったにすぎず，信託財産から固有の利益は得ていないにもかかわらず固有

財産をもってまで責任を負わなければならないというのは酷ともいえます。

　そこで，信託法は，信託事務を処理するのに必要な費用について，受託者が固有財産から支払う場合について，固有財産と信託財産との内部関係において，まずは信託財産がその債務を負担するべきものとして，その費用償還等の方法について，以下のとおり整理しています。

2　受託者の固有財産と信託財産間の費用償還等

⑴　事後償還

　まず，①受託者が信託事務を処理するのに必要と認められる費用を固有財産から支出した場合には，事後的に信託財産からその費用等の償還を受けることができます（法48条１項）。

⑵　事前償還

　また，②事前に前払を受ける額及びその算定根拠を受益者に対して通知したときには，信託財産からその費用の前払を受けることもできます（法48条２項・３項）。ただし，信託財産から信託の事務費用を拠出するたびに事前の通知が必要となると煩雑となることから，信託行為に別段の定めを設けることも可能であり（同条２項ただし書），信託行為において当該信託において

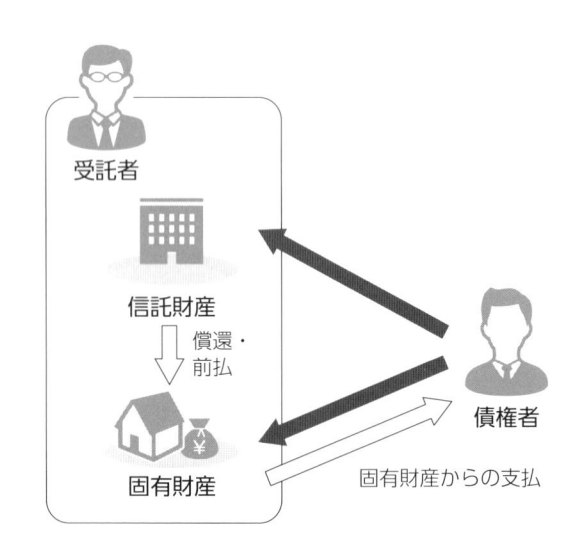

想定される通常の費用（例えば，固定資産税，保険料，締結済みの管理委託契約に基づく管理委託費用など）の支払については特段の通知を要しないと定めることも可能です。

　これらの場合，受託者は，信託財産に属する財産を固有財産に帰属させることによって償還等を実施します（法49条1項）。

(3)　信託財産に金銭が不足する場合

　しかしながら，信託財産において必要な金銭がない場合には，どうしたらよいのでしょうか。

ア　委託者及び受益者に対する請求

　このような場合には，受託者は，信託財産に属する財産を売却することで金銭を得て，これを固有財産に帰属させることが考えられます（法49条2項）。それでも信託財産が不足している場合には，委託者と受益者に対して①信託財産が不足しているため費用等の償還又は費用の前払を受けることができない旨，②受託者の定める相当の期間内に委託者又は受益者から費用等の償還又は費用の前払を受けないときは信託を終了させる旨を通知し，実際に委託者又は受益者から費用等の償還又は費用の前払を受けることができなかったときには信託を終了させることができます。

イ　合意に基づく受益者に対する請求

　また，受託者が受益者との間の合意に基づいて，受益者から費用等の償還又は費用の前払を受けることも可能です（法48条5項）。

　ただし，受益者は信託において受益権という権利のみを有する者であって，義務を負担する者ではなく（法2条6項・7項参照），この費用の前払義務は，あくまで信託行為ではなく個別合意に基づき受益者が負担する義務であって，合意は受益権の内容をなすものではありませんし，信託の内容でもありません。自益信託では，信託契約の中に当該合意について定めることが多いですが，他益信託では別途合意が必要です。また，受益権譲渡による受益者の変更の際には，受益権譲渡契約書において，当該合意における受益者の地位も承継することも定め，受益権譲渡

の対抗要件として受託者の承諾を得る際に，当該合意における受益者の
地位の承継に受託者の承諾を得ることで対応するのが一般的ですが，受
益者指定権等・受益者変更権や信託行為の定めによって受益者が変更し
たときには，このような個別合意における受益者の地位の承継は含まれ
ませんので，新たな受益者との間で，当該合意をする必要があることに
注意が必要です。

3　まとめ

　以上から，設問(1)受託者が固有財産をもって信託財産責任負担債務たる損
害賠償義務を履行した場合には，固有財産からその額とそれに対する利息の
償還を受けることができます。また，設問(2)受託者の固有財産からではなく
信託財産から負担してもらうということはあらかじめ信託財産から費用相当
額を受領しておく必要があるため，前払を受ける額及びその算定根拠を受益
者に対して通知して，信託財産から費用の前払を受けることが可能です。な
お，信託行為において事前償還につき別段の定めがある場合には，これに
従って事前償還をすることになります。

　そして，設問(3)についても，受益者との間で，受益者から費用等の償還又
は費用の前払を受ける旨の合意をしていれば，受益者に対しても費用等の償
還又は費用の前払をするよう請求することができます。

　なお，土地工作物責任のうち占有者責任（民717条1項本文）が受託者に成
立する場合，その損害賠償義務は同じく信託財産責任負担債務（法21条1項
8号）に該当しますが，占有者たる受託者の過失がある場合であって，信託
財産から償還等を受けることができる「信託事務の処理のために必要な費
用」に該当しない場合が多いと考えられますし，仮に「信託事務の処理のた
めに必要な費用」に該当した場合でも，受託者が任務を怠った等として損失
のてん補等の義務を負う場合（法40条1項・2項）には，信託行為に定めが
ない限り，その責任を履行した後でなければ受託者は費用等の償還や費用の
前払を求めることはできません（法48条4項）。

第4章 受益者・受益権

1 受益者及び受益権とは

　受益者とは，「受益権を有する者」をいいます（法2条6項）。

　そして，受益権とは，信託行為に基づいて受託者が受益者に対し負う債務であって①信託財産に属する財産の引渡しその他の信託財産に係る給付をすべきものに係る債権（受益債権），及び，②これを確保するために信託法の規定に基づいて受託者その他の者に対し一定の行為を求めることができる権利（監督的権利）をいいます（法2条7項）。

　受益者の定めは，信託においては必須のものではなく（法258条以下［目的信託］→Q56参照），また，信託設定時には不存在・未確定でもよいものの，上記のとおり受託者等に対する権利を有する主体であることから，受益者は信託において重要な地位を占める者です。

　なお，委託者が受益者となること（自益信託）や受託者が受益者の一人となること（法8条）も可能です。

2 受益権の取得及び受益者の権利義務について

　信託行為の定めによって受益者として指定された者は，信託行為に別段の定めがない限り，当然に受益権を取得します（法88条1項）。これは，第三者のためにする契約では，第三者の権利は受益の意思表示がなされたときに発生するとする改正民法537条3項の例外を定めたものです。そのため，受益者となるべき者として指定された者が，自己の意に反して受益者となることを強制されないようにするため，受益者が信託行為の当事者である場合を除

き，受益者は受託者に対する意思表示により，受益権を放棄することができ（法99条1項），放棄の意思表示をしたときは，当該受益者は当初から受益権を有していなかったものとみなされます（同条2項）（→Q61参照）。

　さらに，受益者として指定された者が受益権の取得を知らないまま権利行使の機会を失うことがないよう，原則として（信託行為に別段の定めがない限り），受益権の取得を知らない受益者に対しては，受託者が遅滞なく受益権取得の事実を通知しなければならないこととされています（法88条2項）。

　信託は受益者のために設定されるものであり，受益者は信託の利益を享受する主体として，一旦信託が成立した後は，いわば信託の主役となります。法も，その利益を守るために，受益者に対し，受託者に対する監督権（例えば，信託事務処理状況の報告請求権や，受託者による権限違反行為・利益相反行為の取消権）等の様々な権利を準備しています（法92条等）（→Q51参照）。

　他方，受益者といえども全く義務を負わないわけではなく，受託者等を不利な時期に解任した場合には，受託者に対して損害賠償義務を負い（法58条2項），限定責任信託において，過剰に給付を受けた場合は，返還義務を負うことになります（法226条1項2号，228条1項2号）（→Q51参照）。

3　受益債権について

　受益債権とは，上記1記載のとおり「信託行為に基づいて受託者が受益者に対し負う債務であって信託財産に属する財産の引渡しその他の信託財産に係る給付をすべきものに係る債権」（法2条7項）をいいます。

　受益債権の内容は信託行為により定められるものであり，例えば，「受益者に対し月5万円を給付する」と信託行為で定められていれば，この「月に5万円の支払いを受ける権利」が受益債権となります。

　受益債権は受益権と異なり，単純な債権ですので，民法の定め（民法466条，467条）に従って譲渡することが可能ですし，消滅時効につきましても，原則として債権の消滅時効に従うこととなります（法102条1項）。

4 受益者指定権・変更権について

　信託行為においては，信託設定後に受益者を指定し，又は，変更する権利を定めることができます（法89条1項）。前者を受益者指定権，後者を受益者変更権といいます。

　受益者指定権者，受益者変更権者は第三者でもよく，遺言代用信託（→Q53参照）や事業承継（→Q52参照）での活用が考えられます。

 **51　受益者の権利義務**

受益者の権利義務にはどのようなものがありますか。

　受益者は，受益権として，①信託財産の収益分配等を受託者に求めることができる権利（受益債権。例えば，「受益者に対し毎月5万円を給付する」よう請求する権利や「信託財産から必要な教育費を給付する」よう請求する権利などです。）と，②受益債権を確保するために信託法の規定に基づいて受託者等に対し信託違反行為の差止めなど一定の行為を求めることができる権利（監督的権利）を有しています（法2条7項）。

　また，受益者は，受託者等を不利な時期に解任したとき等の損害賠償義務（法58条2項，164条2項）や限定責任信託において過剰に給付を受けたときの返還義務（法226条1項2号，228条1項2号）が課されています。

1　受益者の権利

(1)　受益者の地位及び受益権

受益者とは，受益権を有する者をいいます（法2条6項）。

そして，受益権とは，信託行為に基づいて受益者が受託者に対し有する債

権であって，①信託財産に属する財産の引渡しその他の信託財産に係る給付をすべきものに係る債権（以下「受益債権」といいます）と，②これを確保するために信託法の規定に基づいて受託者その他の者に対し一定の行為を求めることができる権利（以下「監督的権利」といいます）をいいます（法2条7項）。

(2) 受益権の取得及び通知

ア　受益権の取得

　信託行為の定めによって受益者として指定された者は，信託行為に別段の定めがない限り，当然に受益権（法2条7項）を取得します（法88条1項）。これは，第三者のためにする契約において第三者の権利は受益の意思表示がなされたときに発生する（改正民537条3項）とされていることの例外を定めたものです。このような例外を定めたのは，受益者として指定された者が早期に受益権を取得することになることから，その後は委託者と受託者の合意のみで受益権の内容を変更することはできなくなり，受託者に対して忠実義務（法30条）等の義務を直ちに課すことができるようになるなど受益者の利益となり，その合理的意思にも合致すると認められるためです。

　このように，受益者は，信託行為に別段の定めがない限り，受益権を当然に取得することにはなりますが，受益権は放棄が可能ですので（法99条→Q61），受益者として指定された者が意思に反してまで受益権を取得させられるわけではありません。

イ　受益権取得の通知

　受益者は当然に受益権を取得しますが，受益者として指定された者が受益権の取得を認識しないまま権利行使の機会を失うことがないように，受益者として指定された者が受益権を取得したことを知らないときは，受託者は，受益者に対し，遅滞なく受益権取得の事実を通知しなければなりません（法88条2項）。

　もっとも，委託者が受益者に対して受益権取得の事実を秘密にしておきたい場合などには，信託行為で別段の定めをすることにより受益者に

通知しないことも可能です（法88条２項ただし書）。

(3)　受益者の監督的権利

ア　受託者に対する監督権

　受益者は，受託者に対する監督権として，以下に列挙する権利を有しています。

　これらの権利は，受益者の利益の保護を強化し，受託者に対する監督を実効的なものとするために付与されているものであるため，各受益者が単独で行使できるものであり（単独受益者権），信託行為の定めによって制限することはできませんし（法92条），これに反する信託行為の定めは無効とされています。

①　信託財産に属する財産に対する強制執行等に対する異議権（法23条５項・６項）

②　受託者の権限違反行為の取消権（法27条１項，75条４項）

③　受託者の利益相反行為の取消権（法31条６項・７項）

④　受託者の任務懈怠行為等に対する損失のてん補等請求権（法40条１項，41条）

⑤　受託者の行為の差止請求権（法44条）

⑥　前受託者又は前受託者の相続人等に対する信託財産に属する財産の処分の差止請求権（法59条５項，60条３項・５項）

⑦　信託事務の処理の状況の報告請求権（法36条）

⑧　信託帳簿等の閲覧等請求権（法38条１項・６項）

⑨　受益権の放棄権（法99条）

⑩　受益権取得請求権（法103条１項・２項）

⑪　受託者の選任及び解任の申立権（法６条１項，58条１項），新受託者の選任の申立権（法62条４項），信託監督人の選任及び解任の申立権（法131条４項，134条２項），信託財産管理命令及び信託財産法人管理命令の申立権（法63条１項，74条２項），特別の事情による信託の変更及び終了命令等の申立権（法150条１項，165条１項）

⑫　信託行為で指定された受託者，信託監督人及び受益者代理人等に

　　　対する就任許諾の催告権（法5条1項，62条2項，131条2項，138条
　　　2項）

　⑬　受益証券発行信託における受益権原簿記載事項を記載した書面等
　　　の交付等請求権（法187条1項）

　⑭　受益証券発行信託における受益権原簿の閲覧等請求権（法190条
　　　2項）

　⑮　受益証券発行信託における受益権原簿記載事項の受益権原簿への
　　　記載等請求権（法198条1項）

　⑯　限定責任信託等における金銭のてん補等請求権（法226条1項，
　　　228条1項）

　⑰　会計監査人設置信託における損失てん補請求権（法254条1項）

イ　信託の運営に参加する権利

　受益者は，信託の運営に参加することができ，種々の意思決定を行う
ことができますが（受託者の利益相反行為等に対する承認・追認（法31条2
項2号・5項），受託者の辞任に対する同意（法57条1項）など），受益者が
2人以上ある信託における受益者の意思決定は原則として全員一致に
よって決するものとされています（法105条1項→Q62参照）。もっとも，
信託法92条各号の単独受益者権は各受益者が単独で権利行使できること
は上述したとおりですし（法105条1項括弧書き），信託行為によって多
数決の方法など別段の定めをすることも可能です（法105条1項ただし書）。

2　受益者の義務

⑴　受託者等を不利な時期で解任したとき等の損害賠償義務

　受益者は，やむを得ない事由がないにもかかわらず，受託者等の不利な時
期に同人らを解任したときは，解任された受託者等に生じた損害を賠償しな
ければなりません（法58条2項，251条）。なお，委託者と受益者の合意によ
る信託の終了の場合にも，やむを得ない事由がないにもかかわらず，受託者
に不利な時期に信託を終了したときには，受益者は委託者とともに受託者の
損害を賠償しなければなりません（法164条2項）。

(2)　限定責任信託において過剰に給付を受けたときの返還義務

　限定責任信託において，受益者が給付可能額を超える過剰な給付を受けたときや欠損が生じた場合，現に受けた個別の給付額に相当する金銭（欠損が生じた場合には欠損額との低い方）を受託者に返還しなければなりません（法226条1項2号，228条1項2号）。

52　受益者指定権・変更権

受益者指定権・変更権とはどのようなものですか。どのような場合に利用されるのでしょうか。

　受益者指定権・変更権とは，受益者を指定し，又はこれを変更する権利をいいます。事業承継を目的とする信託において，将来的に後継者を変更する可能性がある場合（例えば，後継者を長子から次子へ変更する場合）などに用いることが考えられます。

1　受益者指定権等

(1)　受益者指定権等とは

　受益者指定権・受益者変更権（以下，両者を総称して「受益者指定権等」といいます）とは，受益者を指定し，又はこれを変更する権利をいいます（法89条1項）。

　受益者指定権等を有する者は，委託者，受託者のほか，第三者でも構いません。

　ただし，信託行為において受益者指定権等を有する者を定めておかなければ，遺言代用信託（法90条）の場合を除き，受益者指定権等の定めのない信託となりますので，受益者指定権等が必要な信託を組成する場合には注意が必要です。

旧信託法においても，信託行為の別段の定めとして（旧信託法7条ただし書），信託行為で受益者変更権を定めることは可能であると解されていました。しかしながら，その法律関係が明確ではない点があったこと，受益者指定権等は遺言代用信託（法90条）をはじめとして，民事信託の分野での有効活用が見込まれることから，現行法において受益者指定権等についての規律が設けられました。

(2)　行　使

受益者指定権等は，受託者に対する意思表示によって行使しますが（法89条1項），受益者指定権等を有する者が受託者である場合には，受益者となるべき者に対する意思表示によって行使します（法89条6項）。

また，受益者指定権等は，遺言によっても行使することができます（法89条2項）。この場合，受託者がこれを知らないときは，これにより受益者となったことを受託者に対抗することはできません（法89条3項）。遺言は，相手方のない単独行為であるため，遺言の存在及び内容を知らない受託者の利益を保護する必要があるからです。

受託者は，信託行為に別段の定めがない限り，受益者を変更する権利が行使されたことにより，受益者であった者がその権利を失ったときは，その者に対し，遅滞なく，その旨を通知しなければなりません（法89条4項本文）。受益者であった者は，将来にわたり受益者として信託の利益を享受する期待を有していると考えられ，その者が不測の損害を被ることを防止する必要があるためです。

(3)　非相続性

受益者指定権等は，信託行為に別段の定めがない限り，相続によって承継されません（法89条5項本文）。受益者指定権等を有する者を定めた委託者の合理的意思としては，権利者の相続人にまで受益者指定権等を行使させる意図までは通常有していないと考えられるからです。

このため，受益者指定権を有する者が，受益者を指定しないうちに死亡した場合，受益者が存しないことが確定し，信託の目的を達成することができなくなったとき（法163条1号）に該当して，信託は終了します。他方，受益

者変更権を有する者が，受益者を変更しないうちに死亡した場合，その時点における受益者に受益権が確定的に帰属し，信託はそのまま存続することになります。

　なお，信託行為の別段の定め（法89条5項ただし書）として，相続性を肯定することも考えられますが，受益者指定権等を有する者の死亡に対する備えとしては，明示的に指定権等を有する次順位者を定めておく方がより望ましいでしょう。

2　活用例

　受益者変更権は，一例として，事業承継を目的とする信託において，後継者を変更する可能性がある場合に活用することが考えられます。

　具体的には，株式を信託財産として，委託者である現経営者たる親Aの指図に従い，受託者Bが議決権を行使することとします。そして，信託行為においては受益者として長子Cを定め，受益権の内容として配当受領権を定め，Aの死亡により信託は終了し，A死亡時の受益者を残余財産受益者とする旨定めておきます。

　その上で，信託行為においてAが受益者変更権を有する旨を定めておけば，Cが能力や意欲の点から後継者としてふさわしくないとAが判断した場合に，受益者変更権を行使して次子Dを受益者として指定することにより，後継者をCからDに変更することが可能となります。

53　遺言代用信託

遺言代用信託とはどのような信託ですか。また，どのような利用方法
が考えられるでしょうか。

　　　　　遺言代用信託とは，委託者の死亡により受益権等を取得する旨の
定めのある信託等をいいます（法90条1項）。委託者の相続人とな
るべき者が被後見人や障がい者などの場合に，委託者死亡後も受託
者が財産管理を行うことにより，これらの者の福祉を維持すること
ができます。

1　遺言代用信託

⑴　遺言代用信託とは

　委託者の死亡により受益権等を取得する旨の定めのある信託等を遺言代用
信託といいます（法90条1項）。

　遺言代用信託には，「委託者の死亡の時に受益者となるべき者として指定
された者が受益権を取得する旨の定めのある信託」（同条1項1号）と「委託
者の死亡の時以後に受益者が信託財産に係る給付を受ける旨の定めのある信
託」（同項2号）の2つの類型があります。

　　ア　委託者の死亡の時に受益者となるべき者として指定された者が受益
　　　権を取得する旨の定めのある信託（同条1項1号）

　　　例えば，委託者の生存中は委託者を受益者とし，委託者の死亡後に委
　　託者の子などが受益者となるように定められた信託です。このような信
　　託により，委託者死亡後における委託者の財産の分配を信託によって図
　　ることができます。この信託は，生前行為によって自己の死亡後におけ
　　る財産の分配を図るという点で，死因贈与と類似する機能を有していま
　　す。

　　イ　委託者の死亡の時以後に受益者が信託財産に係る給付を受ける旨の

定めのある信託（同項2号）

　この場合は，委託者死亡前から委託者以外の者が受益者となっている
ものの，信託財産にかかる給付は受けることができないというものです。
当該信託も，実質的には生前行為によって自己の死亡後における財産の
分配を図っていると認められるため，死因贈与と類似する機能を有して
いることとなります。

(2)　委託者の受益者変更権

　遺言代用信託においては，信託行為に別段の定めがない限り，委託者は受
益者を変更する権利を有します（法90条1項本文）。

　遺言者の最終意思を重んじる趣旨から，遺言者は，いつでも遺言を撤回す
ることができ（民1022条），死因贈与についても，遺贈に関する規定がその
方式を除いて準用されることから（民554条），判例上，いつでも取消しが可
能とされています（最判昭和47. 5 . 25民集26- 4 -805）。そこで，遺言代用信
託においても，委託者は受益者を変更する権利を有することとしています。

　もっとも，信託行為の別段の定め（法90条1項ただし書）によって，こう
した変更の可能性を排除し，権利関係をあらかじめ安定させておくことも可
能です。

(3)　委託者の死亡までの委託者による受託者の監督

　遺言代用信託では，以下に述べる理由から，委託者が死亡するまでの間，
受益者に代わり，委託者が受託者を監督するための特別の定めがあります。

　「委託者の死亡の時に受益者となるべき者として指定された者が受益権を
取得する旨の定めのある信託」（法90条1項1号）では，指定された者は，委
託者の死亡まで受益者ではありませんので，当然，受益者としての権利を有
しないことになります。

　他方，「委託者の死亡の時以後に受益者が信託財産に係る給付を受ける旨
の定めのある信託」（同項2号）でも，委託者が受益者を変更する権利を有
している以上，その権利は確定的ではないため，受益者は，信託行為に別段
の定めがない限り，委託者が死亡するまでは，受益者としての権利を有しな
いこととされています（同条2項本文）。

　このように，遺言代用信託では，委託者が死亡するまでの間，受託者による信託事務執行について監督機能を有する者がいないことになるため，通常であればこれらの監督機能を行使する受益者に代わり，委託者が，信託法145条2項各号に掲げる権利（委託者に留保可能な権利）を有し，受託者は，同条4項各号に掲げる義務（受益者に対する通知・報告・計算の承認を求める義務を委託者に対しても負う義務）を負います（法148条）。

2　活用例

　既に述べたように，遺言代用信託は死因贈与と類似する機能を有していますが，相続人となるべき者に財産管理上の問題がある場合（被後見人や障がいのある子など）に，これらの者を受益者とする遺言代用信託を活用することにより，相続人となるべき者の福祉を維持することが考えられます。

　具体的には，子に障がいがある場合に，親である委託者生存中は委託者が自己の財産を管理しつつ，自らの子のケアを行い，委託者死亡後は信頼のできる受託者に，子が相続した財産を管理してもらうということが考えられます。

54　後継ぎ遺贈型受益者連続信託

　　後継ぎ遺贈型受益者連続信託とはどのような信託ですか。また，どのような利用方法が考えられるでしょうか。

　　　　後継ぎ遺贈型受益者連続信託とは，受益者の死亡により，当該受益者の有する受益権が消滅し，他の者が新たな受益権を取得する旨の定め等のある信託をいいます。これにより，当初受益者死亡後の第2次受益者だけでなく，その次も，さらにその次の受益者も決めることができます。ただし，その存続期間には上限が定められてい

ます。

1　後継ぎ遺贈型受益者連続信託

(1)　後継ぎ遺贈型受益者連続信託とは

受益者の死亡により，当該受益者の有する受益権が消滅し，他の者が新たな受益権を取得する旨の定め（受益者の死亡により順次他の者が受益権を取得する旨の定めを含みます。）のある信託を後継ぎ遺贈型受益者連続信託といいます（法91条）。

例えば，委託者の生存中は自らが受益者となり，委託者の死亡によりその配偶者が第2次受益者となり，さらに，その配偶者の死亡により委託者の子が第3次受益者となるような場合です。

民法上の遺言における「後継ぎ遺贈」（遺産を受遺者に取得させ，当該受遺者死亡後に，さらに別の者に遺産を取得させる旨の遺贈）については，民法上無効であるとの見解が有力です。そこで，後継ぎ遺贈型受益者連続信託を用いることにより，遺言では実現できない世代を超えた財産承継を実現することが可能となります。

(2)　存続期間の制限

後継ぎ遺贈型受益者連続信託を利用すると，当初受益者死亡後の第2次受益者だけでなく，その次も，さらにその次の受益者も決めることができます。ただし，その有効期限は，信託設定から30年を経過した時以後に現に存する受益者が受益権を取得した場合はその受益者が死亡するまで又は当該受益権が消滅するまで，と定められています（法91条）。したがって，当該信託が設定された時から30年を経過した時以後においては，先順位の受益者の死亡による後順位の受益者の受益権の取得は1回限りしか認められないことになります。

このように存続期間の制限を設けた趣旨は，長期間にわたって受益者を指定できるようにすることは，物資の流通や財産の効用を害することとなり，好ましくない状態が生じることとなるためです。

2　活用例

　後継ぎ遺贈型受益者連続信託を活用することにより，様々な家族環境に対応した，世代を超えた多様な財産の承継が可能になります。

　例えば，子どもがいない夫婦間の相続において配偶者の死亡後，夫婦それぞれの親族に対し先祖代々の資産を承継させる場面での活用などが考えられます。

　具体的には，夫Xと妻Yの間に子どもがいない場合，一方当事者（X又はYのいずれか）の死亡後は，配偶者（Y又はX）が受益者となり，配偶者（Y又はX）の死亡後は，夫婦のそれぞれの親族（Xの甥や姪，又はYの甥や姪）を受益者として信託財産（X家又はY家の先祖代々の資産）を承継させることが考えられます。この場合，Xが委託者となる信託契約と，Yが委託者となる信託契約を，ほぼ同じ内容（ミラーイメージ）で締結し，先に死亡した当事者の信託契約のみ効力を発生させるようにします。

　その他の活用例としては，Q86をご参照ください。

 **55** 信託と遺留分

　遺言代用信託や後継ぎ遺贈型受益者連続信託の設定と，遺留分との関係はどのようなものですか。

　遺言代用信託や後継ぎ遺贈型受益者連続信託を設定した場合でも，民法に定める遺留分に関する規定は適用されることから，遺留分侵害額請求の対象となります。

1　信託と遺留分について

　Q53及びQ54で説明したとおり，遺言代用信託や後継ぎ遺贈型受益者連続信託により，相続人等に対して遺言だけでは実現できないような柔軟な財産

承継を行うことができます。

　しかしながら，信託を設定することにより遺留分を消滅させることはできず，信託も遺留分侵害額請求の対象になると解されています。

　したがいまして，信託の組成に当たっては，遺留分を侵害しないようにするか，又は遺留分侵害額請求権を行使されても信託目的が達成できるように配慮する必要があります。

　なお，遺留分を侵害する信託は直ちに無効となるものではありませんが，遺留分侵害額請求を回避する目的であったと認められる場合には，公序良俗（民90条）に反するものとして，信託が無効となることがあります（東京地判平30. 9. 12金法2104-78）ので，注意が必要です。

2　遺留分侵害行為は何か

　信託行為においては，遺留分侵害行為が信託設定行為なのか，それとも受益者の受益権取得行為なのか，あるいはその双方が一体となって侵害行為となるのかは争いがあります。この点，相続法改正により遺留分減殺請求権から生じる権利は金銭債権化され，遺留分侵害額請求権となりましたが（改正民1046条→Q18参照），改正後においても遺留分侵害行為が何かについての問題は残ります。

　また，遺留分侵害額請求の相手方を誰とすべきかについても争いがあります。この点，遺留分侵害行為を信託設定行為ととらえれば，遺留分侵害額請求の相手方は受託者であるとの考え方に親和性があり，受益者の受益権取得行為ととらえれば，受益者であるとの考え方に親和性を有することとなります[1]。信託設定行為と受益権取得行為が一体となって遺留分侵害行為となっているとの考え方をとれば，受託者と受益者の双方を相手方にすべきとの考えが親和性を有することになります（神田＝折原183頁，道垣内補遺[2]）。

1）前掲東京地判平成30. 9. 12においては，信託契約による信託財産の移転は，信託目的達成のための形式的な所有権移転にすぎないことから，実質的に権利として移転される受益権を減殺請求の対象とすべきであるとしています。
2）http://www.yuhikaku.co.jp/static_files/13765_hoi.pdf

さらに遺留分侵害額の算定についても解釈に委ねられているところです。

3　後継ぎ遺贈型受益者連続信託の場合の問題

　後継ぎ遺贈型受益者連続信託においては，第2次受益者，第3次受益者とも，委託者から直接受益権を取得することになります。そのため，委託者兼当初受益者死亡時に，第3次受益者も存続期間の不確定な受益権を取得したものとして，遺留分侵害額の計算がなされるものと考えられます（寺本260，261頁（注5））。

　そうすると，委託者兼当初受益者死亡後に第3次受益者がまだ存在していない場合に，誰に対し，どのように遺留分侵害額請求権を行使すればよいのかが問題となってきます。

　特に，遺留分侵害額請求の相手方を受益者であると考えた場合には，存在していない受益者に対してどのように遺留分侵害額請求権を行使すべきであるかが問題となりますが，この点はなお残された問題であるといえます。

4　請求の順序について

　遺留分侵害額請求は遺贈，死因贈与，生前贈与の順序でなされることから（改正民1047条1項，東京高判平12.3.8高民53-1-93），受益権を受益者に取得させることが贈与となるのか，それとも遺贈となるのかも問題となります。

　前掲東京地判平成30.9.12においては，後継ぎ遺贈型受益者連続信託の場合において，当初受益者（兼委託者）死亡後の第2次受益者の受益権の取得は死因贈与に類似するものと判断しています。

　この点，遺言代用信託による受益者連続信託の場合において，委託者に受益者変更権がある場合は遺贈で，受益者変更権がない場合は死因贈与，遺言代用信託ではない受益者連続信託の場合においては，受益者変更権の有無を問わず生前贈与とする考え方もあります（信託を活用した中小企業の事業承継円滑化に関する研究会「信託を活用した中小企業の事業承継の円滑化に向けて」（平成20年9月））。

5　実務的対応

　以上見てきたとおり，遺言代用信託や後継ぎ遺贈型受益者連続信託の設定に当たっては，遺留分に配慮して信託を設定する必要があります。特に，遺留分を侵害する信託は，単に遺留分侵害額請求の対象となるのみならず，公序良俗に反して無効とされる場合もありますので注意が必要です。

　また，遺留分侵害額請求の対象や侵害額請求権行使の相手方についても，地方裁判所の裁判例しかなく解釈が固まっていない状況であることから，遺留分を侵害する信託を設定することにより法律関係が複雑化する可能性が高いので，避けた方が賢明であると考えます。

 **56　目的信託**

> 　目的信託（受益者の定めのない信託）と受益者の定めのある一般の信託とは，どのような相違があるのでしょうか。

　受益者の定め又は受益者を定める方法のない信託を，信託法上，受益者の定めのない信託といいます（法258条１項）。信託財産が，「受益者の利益」のためではなく，信託行為で定められた「信託の目的」のために管理又は処分等されることから，目的信託とも呼ばれます。

　受託者を監督する者として，信託財産の運用方法に最も利害関係を有する受益者が存在しないことなどから，一般の信託と異なる様々な強行規定が設けられています。

1　目的信託の許容

　旧信託法下では，信託行為の時点において，受益者が特定・現存することまでは必要ないものの，受益者を確定し得ることが必要で，受益者の定めの

ない信託は，公益信託を除いて，無効と解されていました（寺本447頁）。

　しかしながら，公益目的とはいえなくとも，非営利活動への民間資金の導入や資産流動化の取引等における様々な有用性が指摘され，現行信託法では，目的信託が認められることが明文化され，信託法第11章に各種規定が設けられました（なお，公益信託は，目的信託の一類型と位置づけられることにつき，Q4参照）。

2　目的信託の活用例

　目的信託の活用例としては，信託法の平成18年改正過程で付されたパブリック・コメントにおいて，①地域住民が，共同で信託を設定し，当該地域社会における老人の介護，子育ての支援，地域のパトロール等の非営利活動に充てるといった場合や，②会社を退職する役員が，自己の財産を拠出して，その財産や運用益を従業員のための福利厚生施設の整備・運用等に充てるなどといった活用例が指摘されています（パブリック・コメントにおいて指摘されたその他の活用例につき，寺本448，449頁参照）。

　また，目的信託を活用したペット信託につき，Q83をご参照ください。

3　目的信託にかかる制限

(1)　総　論

　上記のとおり，目的信託では，一般の信託と異なり，受益者が存在せず，受益者による受託者の監督ができないことに伴い，各種の修正規定が設けられています。そして，同各規定は，当事者の合意によっても変更できない強行規定となっています。

(2)　受託者に対する監督

ア　委託者の権利の強化

　　信託契約によって設定された目的信託においては，存在しない受益者の代わりに，委託者の受託者に対する監督権限が一般の信託よりも強化されています。

　　具体的には，信託行為に特段の定めがなくとも，受託者の権限違反行

為に対する取消権等が当然に付与されるとともに，受託者は，受益者に対して負う通知義務，報告義務及び計算の承認を求める義務を委託者に対して負うことになります（法260条1項）。

イ　信託管理人の設置

遺言によって設定された目的信託においては，信託の効力発生時には，受益者のみならず委託者も存在しないこととなるため，信託管理人が必置とされています。信託管理人が欠け，信託管理人が就任しない状態が1年間継続したときは，信託は終了します（法258条8項）。

また，受託者に対する信託管理人の監督権限（法145条2項各号（6号を除く。）に掲げるもの）を制限することはできないとされ，信託管理人の権限強化が図られています（法258条4項，260条2項）。

(3)　受託者の資格要件

信託法において認められている目的信託の受託者については，濫用的な利用に対する懸念から，当面の間（別に法律で定める日までの間），信託事務を適正に処理するに足りる財産的基礎及び人的構成を有する者として政令で定める法人であることが必要とされ，受託者の資格要件が厳格化されています（法附則3条，信託令3条）。

具体的には，国，地方公共団体又は純資産の額が5,000万円以上等（監査証明を要します。）の要件を満たす法人とされています。

(4)　設定方法

目的信託は，自己信託の方法によって，設定することはできません（法258条1項）。

自己信託では，委託者と受託者が同一人であり，受益者の代わりに委託者が監督できる仕組みを設けられないからです。

(5)　存続期間

目的信託の存続期間は，20年以内とされています（法259条）。信託の目的の内容（例えば，信託財産を現状のまま管理しておく等）によっては，受託者の下であまりに長期間にわたり信託財産を拘束することも可能となってしまいます。そこで，国民経済上の利益という観点からの合理的・効率的な財産

の利用や物資の流通が妨げられるおそれがあることから，存続期間に制限が設けられています。

(6) 転換不可

目的信託は，信託の変更によって，受益者の定めを設けたり，逆に，受益者の定めのある一般の信託を目的信託に変更したりすることはできません（法258条2項・3項）。一般の信託とは，存続期間制限の有無や信託当事者の権利の内容等が大きく異なるからです。

(7) 読替規定

目的信託では，一般の信託に適用される各条文につき，受益者が存在しないことに伴う読替規定が，表形式で明文化されています（法261条）。

例えば，信託法30条（忠実義務）において，「受託者は，受益者のため忠実に信託事務の処理その他の行為をしなければならない。」と規定されていますが，目的信託では，同「受益者」が「信託の目的の達成」に読み替えられていますし，また，信託法58条1項（受託者の解任）において，「委託者及び受益者は，いつでも，その合意により，受託者を解任することができる。」と規定されていますが，目的信託では，同「委託者及び受益者は，いつでも，その合意により」が，「委託者は，いつでも（信託管理人が現に存する場合にあっては，委託者及び信託管理人は，いつでも，その合意により）」に読み替えられます。

 **57　受益者に後見が開始された場合**

後見開始の審判がなされ受益者が成年被後見人になった場合，信託はどのようになるでしょうか。

Ⓐ　受益者に対し後見開始の審判がなされ，成年後見人が選任されても，信託はそのまま存続します。この場合，成年後見人が受益者と

しての権利を行使することになります。

　受益者が成年被後見人になったときに，受益者としての権利行使を特定の人に託したいと考えている場合は，受益者代理人を活用することが考えられます。

　また，事前に任意後見契約を締結しておけば，受益者が選択していた任意後見人に受益者としての権利を行使してもらうことができます（→Q37参照）。

1　民事信託と成年後見

　民事信託の主要なニーズの一つとして高齢者の財産管理が挙げられることから，信託で財産管理が可能である以上，受益者に成年後見人を付ける必要はないと思われるかもしれません。

　しかしながら，信託において受託者には，受益者（成年被後見人）に対する介護・生活維持，住居，施設の入退所，治療等についての契約などの法律行為を主たる内容とする身上監護権はありません。そのため，受益者の身上監護に関する契約などの法律行為を行う場合は，必要に応じ，別途成年後見開始の審判を申し立てて，受益者（成年被後見人）の成年後見人を家庭裁判所に選任してもらう必要があります。また，受益者の信託外の手元財産を法律上管理する必要が生じた場合にも，成年後見人の選任が必要となってきます。

2　受益者の権利について

　Q51で説明したとおり，受益者は，信託財産の収益分配等を受託者に求めることができる権利（受益債権）の他，受託者等の信託事務処理等を監督するための様々な権利を有しています。

　この点，後見人は被後見人の財産に関する法律行為について被後見人を代表することから（民859条1項），財産的価値を有する受益権に関する法律行為は原則として後見人が行うことになります。

　一方で，受益者の受託者に対する権利行使を代理する者として受益者代理

人の制度が定められています。

そのため，信託設定時に受益者が将来的に成年被後見人になった場合に，受益者としての権利を特定の人に行使してほしいと考えている場合は，信託行為において受益者代理人となるべき者を定めておき，受益者に対する後見開始の審判を受益者代理人指定の停止条件又は始期としておくことが考えられます（法138条2項ただし書参照）。

3　任意後見の併用について

信託設定時に，受益者に判断能力の低下による支援が必要となることが見込まれるときは，あらかじめ後見人となる人を選んでおくことが可能である任意後見を信託と併用することも考えられます（→Q37参照）。

この場合は，任意後見契約に受益者としての権利行使を任意後見人の権限として定めておくことで，受益者の後見開始後は任意後見人が受益者を代理して受益者としての権利を行使することができます。

58　受益者の破産

受益者に破産手続開始決定がなされた場合には，信託にどのような影響が考えられるでしょうか。

受益者に破産手続開始決定がなされた場合，受益権が破産財団に帰属するか否かは，その受益権の内容が差押禁止財産に該当するか否かによって判断されることとなります。また，受益債権については，破産開始決定時に具体化しているものは破産財団に帰属することになりますし，将来発生すべき具体的な受益債権についても破産財団に帰属することとなります。

そして，受益権が破産財団に帰属する場合には，民事信託におい

ては，信託の目的が達成できなくなることが多いと思われますので，その結果，信託が終了する場合があります。

1　受益者の破産と受益権

受益者に対して破産手続開始決定がなされると，破産手続開始時に受益者が有していた財産は，破産財団に帰属することになります（破産法34条1項）。したがって，受益権も財産権であると認められることから，破産財団に帰属することが原則となります。しかしながら，差押禁止財産については破産財団に属しないことから（破産法34条3項2号），受益権が民事執行法152条に定める差押禁止債権に当たる場合や，権利の性質上差押えの対象とならない場合には，破産財団には帰属しないこととなります。

2　差押禁止財産となる受益権

では，差押禁止財産となる受益権としてはどのようなものが考えられるでしょうか。この点についてはQ60をご参照ください。帰属上・行使上の一身専属権，他人が給付を受けるのでは債権の目的を達することができない債権，交互計算に組み入れられた各個の債権のように，特定の者との間で他の債務と決済することを要する債権などが性質上差押禁止となる債権とされていますので，これらの性質を有するような受益権は，破産財団には帰属しないこととなります。

3　受益債権について

受益債権（信託行為に基づいて受託者が受益者に対し負う債務であって信託財産に属する財産の引渡しその他の信託財産に係る給付をすべきものに係る債権。法2条7項）についても，財産権と認められることから，破産財団への帰属を避けることはできません。また，将来発生すべき具体的な受益債権も，「破産者が破産手続開始前に生じた原因に基づいて行うことがある将来の請求権」に該当することから，破産財団に帰属することとなります（破産法34条2項）。

4　後継ぎ遺贈型受益者連続信託の場合

　後継ぎ遺贈型受益者連続信託において，当初受益者が存命中に，第2次受益者に破産手続開始決定がなされた場合はどうなるでしょうか。この場合，第2次受益者が将来的に当初受益者の死亡により取得する受益権も「破産者が破産手続開始前に生じた原因に基づいて行うことがある将来の請求権」に該当することから，破産財団に帰属することとなる（破産法34条2項）と考えられます。

5　信託への影響について

　上記のとおり，受益権が差押禁止財産の性質を有しない場合は，受益者の破産手続開始決定により受益権は破産財団に帰属することとなります。

　なお，信託設定時に，受益者の破産手続開始決定を信託終了原因や，第2次受益者の受益権取得原因として定めておくことが可能か否かが問題となりますが，自益信託の場合は破産財団に属さない財産を創出することを認めることにつながり，そのような定めは公序良俗に反するものであり無効と考えられるとの指摘があります。これに対し，他益信託の場合は受益者の有する受益権はもともと破産手続開始決定により失われるといった性質の権利であったとも考えられることから，一概に当該定めが無効になるものではないと解されます（会報「信託」260号24頁参照）。

　また，受益者の生活の保障を目的とする給付を受益権の内容とする信託においては，当該受益権は差押禁止財産に該当するとも考えられますが（他人が給付を受けるのでは債権の目的を達成できません。），仮に差押禁止財産に該当せず，破産財団に帰属するとしても，結局信託の目的（例えば，受益者の生活維持）を達成できないこととなり，信託が終了することになる（法163条1号）と認められます。

　ただし，受益者の生活の保障を目的とする信託の場合は，信託終了時の残余財産受益者又は帰属権利者を受益者と指定していることが少なくありませんので，当該指定がある場合は，受益権が破産財団に帰属し，信託の目的が達成不能となって信託が終了しても，残余財産は破産財団に帰属すること

なります。もちろん，信託行為に残余財産受益者又は帰属権利者の指定がない場合（法182条2項）や，他の者を指定している場合（法182条1項）はこの限りではありません。

 **59　受益者の死亡**

受益者が死亡した場合，信託はどのようになりますか。また，受益者の死亡に備えて信託行為にどのようなことを定めておくべきでしょうか。

　受益者が死亡した場合において，信託行為において受益者の死亡が信託の終了事由となっている場合（法163条9号）及び受益権が被相続人たる受益者の一身専属権と認められる場合は，信託は目的を達したものあるいは目的達成不能として終了することになります（法163条1号）。

そのため，民事信託において受益者が死亡しても信託を存続させることを希望する場合には，通常は後継ぎ遺贈型受益者連続信託を設定すべきこととなります。後継ぎ遺贈型受益者連続信託（→Q54）の場合は，当初受益者が死亡しても信託は終了せず，死亡した当初受益者の受益権は消滅し，第2次受益者が受益権を新たに取得して信託が存続することとなるためです。

なお，後継ぎ遺贈型受益者連続信託ではなく，かつ，信託行為や受益権の内容からも，受益者の死亡により信託が終了するものとは認められない信託においては，受益者が死亡した場合には，受益権は受益者の相続人に相続されることとなります。

1　受益権の相続性

受益権は原則として譲渡可能であることから（法93条1項），相続の対象と

なります。しかしながら，受益権が一身専属権の性質を有する場合は，相続の対象とはならないことになります（民896条ただし書）。なお，受益権の性質上譲渡が許されない場合は，受益権の譲渡性は否定されますが（法93条1項ただし書），「性質上の譲渡不可」と相続における「一身専属権」が完全に一致するものであるかは必ずしも明らかではありません。

2　受益権が一身専属権である場合

受益権が一身専属権の場合は，特に信託行為に信託の終了事由と定めていなくても（法163条9号），信託の目的を達成したとき，又は信託の目的を達成することができなくなったときとして，信託は終了することになります（法163条1号）。信託が終了した場合，残余財産受益者又は帰属権利者を信託行為において定めていないと，委託者又は委託者の相続人等が残余財産の帰属権利者となります（法182条2項）。そのため，信託行為において信託終了時の残余財産受益者又は帰属権利者を定めておくべきですが，受益者が残余財産受益者又は帰属権利者と定められている場合は，受益者の死亡により受益者の相続人が残余財産受益者又は帰属権利者となることになります。

3　受益権が相続された場合

受益権が一身専属権と認められない場合は，受益権は当初受益者の相続人に相続され，受益権の相続により信託目的の達成・達成不能が認められない場合は，信託はそのまま存続することになります。この場合，受益権は，その内容が単に金銭の給付を受けることをその内容とするものであったとしても，受託者に対する監督権等，可分給付を目的とする権利でないものが含まれていることから，相続人に相続分に応じて相続開始と同時に当然分割されるものではありません（最判平成26.2.25民集68-2-173参照）。そして，受益権を分割するためには，信託の変更（法149条）が必要になります（道垣内323頁）。

4 受益者の死亡に備えて

　以上のとおり，受益者が死亡した場合は，受益権の内容により信託が終了
したり，受益権が相続されたりすることから，あらかじめ信託行為に受益者
が死亡した時の定めを設けておくことが望まれます。受益者が死亡した場合
に信託の終了を希望する場合には，信託行為に受益者の死亡を信託終了事由
として定めておくとともに，信託終了時の残余財産受益者又は帰属権利者を
定めておくべきです。信託組成時には受益権の性質が受益者の一身専属権で
あると考えていたとしても，後日受益者の相続人等と受託者等との間で権利
の性質に争いが生じ，紛争となるおそれがないとはいえないためです。

　他方，受益者が死亡した後も信託を存続させることを希望する場合には，
信託行為において当初受益者死亡後に第2次受益者が受益権を取得する旨の
定め，すなわち，後継ぎ遺贈型受益者連続信託（→Q54参照）を設定してお
くべきこととなります。受益者連続信託を設定していない場合において，当
初受益者の相続人が複数いる場合は，受益権は遺産分割の対象となり，上記
3のとおり信託の変更が必要となり，遺産分割手続が複雑になるのみならず，
遺産分割未了の間はその権利関係や権利行使が複雑になってしまうからです。
また，委託者が受益者死亡後も信託の存続を希望していても，その受益権の
性質が一身専属権であると認められると，信託は目的を達したものあるいは
目的達成不能として終了してしまうためです。

 **60** 受益権等の差押え

　債務者の有する受益権や受益債権を差し押さえることは可能でしょう
か。

　受益権を差し押さえることは原則として可能です。ただし，受益
権が法律上差押禁止財産に当たる場合や，性質上差押えの対象とな

らない権利と認められる場合には，当然差押えの対象とならないことになります。また，受益債権についても受益権と独立して差押えの対象となります。

　なお，受益権の差押えを信託の終了事由としたり，受益権が終期を迎える事由としたりすることは，差押えを潜脱するものと認められる場合があり，無効となる可能性があります。

1　受益権の差押え

　受益権とは，信託行為に基づいて受託者が受益者に対し負う債務であって信託財産に属する財産の引渡しその他の信託財産に係る給付をすべきものに係る債権（受益債権），及びこれを確保するために信託法の規定に基づいて受託者その他の者に対し一定の行為を求めることができる権利をいいます（法２条７項）。

　そして，受益権は譲渡可能であることから（法93条１項）受益者の債権者は，原則として強制執行のために受益権を差し押さえることができます。また，当該受益権に譲渡禁止の定めがあり，債権者が譲渡禁止の定めについて悪意又は善意重過失であっても（改正信託法93条２項参照），債権者の差押えの効力は否定されません（改正民466条の４第１項）。

　なお，信託行為において，受益者が信託を終了させる権限を有すると定められ，かつ，残余財産受益者又は帰属権利者が受益者と定められている場合には，受益者の債権者は，受益者の残余財産受益者又は帰属権利者としての給付を受ける権利を差し押さえ，当該債権の取立権（民事執行法155条１項）の行使として，信託を終了させることができると考えられます（最判平成18.12.14民集60-10-3914参照。会報「信託」260号14頁，道垣内324，325頁）。

2　受益権と受益債権

　上記のとおり，受益権の内容には受益債権を含むことから，受益権の差押えの効力は，受益債権にまで及ぶこととなります。他方で，受託者に対する監督権等も含む受益権まで差し押さえなくとも，受益債権のみを独立して差

し押さえることが可能です。受益債権を差し押さえる場合も，具体的な権利として確定的に発生した受益債権だけではなく，将来発生すべき具体的な受益債権についても差し押さえることが可能です（中野貞一郎＝下村正明『民事執行法』（青林書院，2016）669頁参照）。

3　差押禁止となる受益権について

　受益権が差押禁止となる債権その他の財産権（民事執行法167条1項）に該当する場合は，当然差押えが禁止されます。民事執行法上差押禁止債権とされるものは，同法152条に規定されているとおりですが，そのほか性質上の差押禁止債権として帰属上・行使上の一身専属権，他人が給付を受けるのでは債権の目的を達することができない債権，特定の者との間で他の債務と決済することを要する債権が挙げられます。例えば特定障害者扶養信託の受益権は性質上一身専属権であると認められ，差押えは禁止されるのではないかと解されています（道垣内326頁参照）。

4　受益権の差押えと信託の終了について

　信託行為において，将来的に受益権が差し押さえられる可能性を考慮して，受益権の差押えを信託の終了事由としたり，受益権が終期を迎える事由としたりするとともに，信託終了時の残余財産受益者又は帰属権利者を第三者として定めておくことが考えられるかもしれません。しかしながら，当該定めは，受益権について譲渡禁止の定めをしても，差押えを禁止することはできないという法の規定を潜脱するものとして，無効とされる可能性があると考えられます。

5　受益権の差押えと受益者変更権の行使

　では，信託行為において，受益者変更権を定めておき，受益権の差押えにより受益者変更権を行使して受益者を変更する信託とすることはどうでしょうか。

　この場合は，もともと受益者変更権の行使により，債務者たる受益者の受

益権が消滅する性質の権利を債権者は差し押さえたにすぎないとも考えられることから，一概に当該定めが無効になるものではないと解されるのではないかと考えられます（会報「信託」260号25頁）。

61　受益権の放棄

受益権を放棄できますか。受益権放棄が詐害行為となる場合がありますか。

　受益者は，受託者に対する意思表示によって，受益権を放棄することができます。この場合，受益者は，当初から受益権を有していなかったとみなされます（遡及的放棄）。もっとも，受益権を将来に向かって放棄することもできます（非遡及的放棄）。

　受益権の遡及的放棄は，詐害行為とはならないと解されます。これに対し，受益権の非遡及的放棄は，詐害行為となる場合があります。

1　受益権の遡及的放棄

　受益者は，受託者に対し，受益権を放棄する旨の意思表示をすることにより，受益権を放棄することができます（法99条1項本文）。これは，受益者として指定された者は，受益の意思表示がなくても当然に受益権を取得するとされているところ（法88条1項），受益を望まない場合にまで受益を強制することは相当ではないため，その者の意思を尊重し，受益者になることを辞退するという選択肢を認めたものです。

　この場合，受益者は，当初から受益権を有していなかったとみなされます（法99条2項）。つまり，信託法99条1項本文による受益権の放棄には，遡及効があります（遡及的放棄）。これは，もし，放棄の遡及効を認めなければ，

受益者が自らの意思にかかわりなく受益権を取得した時点から，受益権を放棄する旨の意思表示を行うまでの間に，受益を強制されることになりかねないことを考慮したものです。

　しかし，受益者が信託行為の当事者（委託者又は受託者）である場合には，自らの意思によって受益者となっている以上，受益の強制という問題は発生せず，受益権の遡及的放棄を認める必要がないため，受益者は，受益権の遡及的放棄を行うことができません（法99条1項ただし書）。

　この規定の趣旨からすると，受益者が，信託行為の当事者にはなっていなくても，自らが受益者になっていることを認識した上で，既に信託財産に係る給付を受領したり，信託スキームの組成に自ら関与したりした場合には，受益権の遡及的放棄はできないと解されます。この点は，受益権の譲受人にも当てはまります（道垣内330頁）。

　なお，受益権の遡及的放棄は，第三者の権利を害することとなる場合には，これを行うことができません（法99条2項ただし書）。なぜなら，第三者が不測の損害を被るおそれがある場合には，受益者の意思の尊重よりも，取引の安全を優先すべきだからです。例えば，受益者が受益権について第三者のための権利（質権等）を設定している場合や，受益者に対する債権者が既に受益権を差し押さえている場合には，受益者は，受益権の遡及的放棄を行うことはできないと考えられます。

　ここで，「第三者」に他の受益者や受託者が含まれるかどうかについては議論がありますが，他の受益者や受託者の利害が絡む限り受益権の遡及的放棄はできないものとすると，受益権の遡及的放棄ができる場面が大幅に限られてしまい，この規定自体が無意味なものになりかねません。そのため，「第三者」には，他の受益者や受託者は含まれないと解されます（道垣内330,331頁）。

2　受益権の非遡及的放棄

　一般的に，財産権を将来に向かって放棄することが認められるのと同様に，受益者は，受託者に対する意思表示により，受益権を将来に向かって放棄す

ることができると考えられます（非遡及的放棄）。

　この場合，受益者は，受益権を放棄した時点をもって，受益者としての地位を喪失します。この放棄には遡及効がなく，受益権は将来に向かって消滅することになるため，受益者が放棄の時点までに得た利益は，不当利得（民703条，704条）には当たらず，受託者に対して返還する必要はありません。

　また，権利の放棄についての一般論に従うため，受益者が信託行為の当事者（委託者又は受託者）である場合にも受益権の非遡及的放棄が可能ですが，自益信託の場合は，合意による信託の終了に相当し（法164条1項参照），受託者兼受益者の信託の場合は，受益者が不存在となり信託の目的不達成により終了することが通常と解されます（寺本273頁（注3））。

3　受益権放棄の詐害行為該当性

(1)　受益権の遡及的放棄の場合

　受益者が受益権の遡及的放棄を行った場合，受益者の債権者が，当該放棄を詐害行為として取り消すことができるでしょうか（改正民424条以下）。受益権の遡及的放棄が詐害行為に該当するかどうかが問題となります。

　この点，判例上，相続放棄は，詐害行為取消権行使の対象にはならないとされている（最判昭和49.9.20民集28-6-1202）ことから，受益権の遡及的放棄についても，相続放棄と同様に考えて受益者の責任財産を減少させる行為ではなく詐害行為には該当せず，取り消すことができないとの見解があります（道垣内330頁）。

(2)　受益権の非遡及的放棄の場合

　これに対し，受益権の非遡及的放棄は，受益者が既に有している財産権の放棄であり，受益者の責任財産を減少させる行為に該当するため，詐害行為取消権の行使要件を満たした場合には，詐害行為として取り消されることになります。

**62　受益者複数の場合の権限行使**

　受益者が複数いる場合，受益者の権利はどのように行使しなければい
けないでしょうか。

　　　　　受益者が複数いる場合，その権利行使のための意思決定は，単独
　　　　　受益者権の行使の場合を除き，全員一致によるのが原則です。
　　　もっとも，信託行為により，全員一致以外による意思決定方法を
　　　定めることができます。そして，信託法は，多数決による意思決定
　　　の方法として，受益者集会の制度を定めています。

1　受益者が複数存在する場合の意思決定方法に関するルールの必要性

　受益者が複数存在する場合，つまり，複数の受益権が存在し，かつ，それ
らの受益権が別の主体に帰属している場合には，複数の受益者が有する様々
な権利（→Q51参照）の行使に当たり，その意思決定方法を定めたルールが
必要になります。

　実際に，信託が組成される場合には，複数の受益者が存在する場合も多く，
全ての受益権の権利内容が同一である場合もあれば，受益権の権利内容が
個々に異なる場合（優先受益権と劣後受益権等）もあります。受益者が多数存
在する場合に，当事者の意思にかかわらず，いかなる事項であっても全員の
合意による意思決定を求めることは相当ではありません。

　そこで，信託法は，以下のとおり，複数の受益者が存在する場合の意思決
定方法に関するルールを定めています。

⑴　全員一致の原則

　受益者が2人以上いる信託における受益者の意思決定は，受益者全員の一
致によって行うのが原則とされています（全員一致の原則。法105条1項本文）。
　ただし，信託行為の定めによって制限することができないとされている単

独受益者権（法92条各号→Q51参照）の行使については，その権利の重要性に鑑み，全員一致による必要はなく，それぞれの受益者が単独で行使することができます。

(2)　信託行為による別段の意思決定方法及びその限界

複数の受益者が単独受益者権以外の権利を行使するに当たり，必ず全員一致によらなければならないとすると，権利行使自体に支障を来たす場合が多くなると考えられます。これでは，受益者の利益の保護及び信託事務の円滑な遂行に支障が生じかねません。

そこで，信託法では，全員一致の原則を任意規定として位置づけた上で，単独受益者権以外の権利の行使については，信託行為により，全員一致以外による意思決定方法を定めることができるものとしました（法105条1項ただし書）。

そして，信託行為による別段の意思決定方法の一つとして，受益者集会における多数決の方法に関するルールが定められました（法105条2項本文，106条以下，詳細は後記2）。

信託行為における別段の意思決定方法としては，例えば，「受益者集会における多数決の方法による」と定めた上で，複数の種類の受益権（優先受益権と劣後受益権等）が存在する場合には，一部の受益権について議決権を制限したり，若しくは議決権を有しないものとしたりすることが考えられます。あるいは，議決権の行使方法として，書面決議やテレビ・電話会議による決議を認めることも考えられます。さらには，一定数の受益者からの反対の意思表示がなければ，受託者からの提案どおりの意思決定がなされたことにする「みなし賛成」の制度を定めることも考えられます（福田政之ほか『詳解新信託法』（清文社，2007）359頁以下）。

もっとも，信託行為による別段の定めの内容は，合理性を有するものである必要があると考えられます。例えば，「みなし賛成」の定めについては，「9割以上の受益者からの反対がない限り，賛成とみなす」とすることや，対象事項を特定せずに「全て受益者代表者の判断に従う」とすることは行き過ぎであり，合理性を欠くものとして，無効とされる可能性があると考えら

れます（道垣内352頁）。

　また，信託財産に与える影響が重大である一定の事項については，個々の受益者の利益を保護するために，信託行為による別段の定めによって自由に定めることはできず，信託法が定めた意思決定方法によらなければならないとされています。具体的には，信託法40条による受託者の損失てん補等の責任の全部を免除するためには，受益者の全員一致が必要であり（法42条1号，105条4項1号），責任の一部免除であっても，受託者に悪意又は重過失がある場合には，その行為の悪質性に鑑み，全員一致が必要とされています（法42条1号，105条4項2号）。信託法41条による法人受託者の理事等（任務違背行為について悪意又は重過失がある場合）の連帯責任の全部又は一部を免除することについても，同様の規定が置かれています（法42条2号，105条4項1号・3号）。受託者の軽過失による責任の一部免除については，全員一致によるか，若しくは受益者集会による特別多数決の定めに限り有効であるとされています（法105条1項本文・3項，113条2項1号）。

2　受益者集会

　信託行為において，複数の受益者の意思決定方法として，受益者集会における多数決の方法によると定められている場合には，信託法106条以下の規定が適用されます（法105条2項本文）。ただし，このルールは任意規定であり，信託行為において別段の定めを置くことができます（法105条2項ただし書）。

　受益者集会は，会社法上の社債権者集会（会715条以下）に類似した制度であり，信託法には，招集者，招集通知，議決権，決議等に関する規定が置かれています。

　受益者集会の決議は，議決権を行使することができる受益者の議決権の過半数を有する受益者が出席し，かつ，出席した受益者の議決権の過半数をもって行うこと（普通決議）が原則とされています（法113条1項）。ただし，一定の重要事項の決議については，可決要件が加重されています（法113条2項の特別決議，113条3項・4項の特殊決議）。

第**5**章 受益者代理制度

1 受益者代理制度とは

　信託法では，受益者の利益を保護し，受託者の信託事務の処理を監督すべき地位にある者として，信託管理人（法123条〜130条），信託監督人（法131条〜137条）及び受益者代理人（法138条〜144条）の３つの類型が設けられています（受益者代理制度）。

　まず，信託管理人とは，受益者が現に存しない信託において，信託行為の定め又は裁判所の決定によって選任され，受益者のために自己の名をもって，原則として受益者が有する信託法上の一切の権利を行使する権限を有する者です。例えば，将来生まれる子どもを受益者と指定した場合などに選任されることを想定しています。

　次に，信託監督人とは，受益者が現に存する信託において，受益者自身が受託者を適切に監督することが期待できないような場合に，信託行為の定め又は裁判所の決定によって選任され，受益者のために自己の名をもって，原則として受託者の信託事務の処理を監督するために受益者が有する権利を行使する権限を持つ者です。

　受益者代理人とは，受益者が現に存する信託において，受益者が頻繁に変動したり，受益者が不特定多数に及ぶ場合など，受益者が信託に関する意思決定や受託者の監督をすることが事実上困難であるような場合に，信託行為のみによって選任され，受益者の全部又は一部のために，その代理人として，原則として受益者が有する信託法上の一切の権利を行使する権限を持つ者です。

　このように，①受益者が存在するかどうか，②裁判所の選任が可能か，③

受益者の権利のうち行使可能な権限の範囲，④自己の名をもって権利行使すべき機関かどうか，などの点で違いが生じます。

2　制度の成り立ち

　平成18年改正以前の旧信託法8条では，受益者が不特定又は未存在の場合に信託行為又は裁判所によって選任される信託管理人のみを定めていました。

　しかしこれでは，年少者であったり高齢者又は知的障がい者など受益者自身が信託法上の権利を適切に行使できない場合の保護に欠ける状態でした。また，多数の受益者が頻繁に変動するような場合，受益者自身の権利行使と信託管理人の権利行使の競合の問題が生じ得ることから，これらの場合にも対応が必要と考えられました。

　そこで，平成18年の信託法改正の際に，信託管理人，信託監督人，受益者代理人の3つの類型を設けることにしました。

　受益者代理制度の違いについてはQ63及び次の異同一覧を，辞任や解任についてはQ65を参照ください。

【受益者代理制度の異同】

	①信託管理人	②信託監督人	③受益者代理人
選任されるケース	受益者が現に存しない場合（法123条1項）例） ・将来生まれる子を受益者に指定した場合 ・一定の条件を満たした者を受益者として指定しているが，未だ条件が成就していない場合 ・受益者の定めがない目的信託の場合	受益者は現に存するが，受託者を適切に監督できないおそれがある場合（法131条以下）例） ・受益者が年少者，高齢者，知的障がい者等の場合	受益者は現に存するが，受益者の多数・変動等の事情により，受益者による権利行使が事実上困難な場合（法138条以下） ・無記名式の受益証券が発行されて転々流通するため，受益者が不特定多数に及ぶ場合 ・受益者が単なる投資対象として受益権を取得しており，積極

			的な受託者監督権の行使が期待できない場合
目的	受益者保護	受益者保護	受益者保護 信託の円滑な運営
選任方法	信託行為又は裁判所による選任（法123条1項・4項）	信託行為又は裁判所による選任（法131条1項・4項）	信託行為による選任（法138条1項） ★信託行為に定めが必要な点に注意
権限行使	原則，自己の名をもって，受益者が有する一切の権利を行使（法125条1項）	原則，自己の名をもって，受託者監督権のみを行使（法132条1項）	原則，受益者の代理人として，受益者が有する一切の権利を行使（法139条1項）
受益者自身による権利行使	不存在のためあり得ない	制限されない	原則，一部に制限される（法139条4項）
就任資格	未成年者，受託者はなることができない（法124条，137条，144条）		
義務	善管注意義務，誠実公平義務（法126条，133条，140条）		
費用等	受託者に請求できる（法127条1項，137条，144条）		
報酬	商法512条が適用される場合のほか，信託行為に定めがある場合に限り，受託者に請求できる（法127条3項，137条，144条）		
辞任	原則，委託者及び受益者[1]の同意を得て辞任できる（信託行為に別段の定め可）。やむを得ない事由があるときは，裁判所の許可を得て辞任できる（法128条2項，134条2項，141条2項，57条）。		
解任	原則，委託者及び受益者[2]の合意により解任できる（信託行為に別段の定め可）。重要な事由があるときは，委託者又は受益者の申立てにより裁判所も解任できる（法128条2項，134条2項，141条2項，58条）。		

【参考文献】

神田＝折原156～159頁

---

1) 信託法128条2項は同法57条を準用していますが，信託管理人については受益者が存在しないため，委託者の同意のみで辞任可能です（委託者が現に存しない場合は辞任できないことになります。）。

2) 同様に，信託管理人については受益者が存在しないため，委託者は原則としていつでも解任可能です。

**63　受益者代理制度の異同**

信託管理人，信託監督人，受益者代理人とはどのような役割ですか。

　　信託では，受益者が受益権に基づいて受託者を監督することでその適正な運営を確保するのが原則ですが，受益者が未だ存在しない場合や，高齢者，未成年者であり受益者自身では受託者を適切に監督することが期待できない場合，あるいは受益者多数により意思決定が事実上困難な場合等もあります。そのような場合であっても，受託者の監督が可能となるように設けられているのが，①信託管理人，②信託監督人，③受益者代理人という3つの制度（総称して，受益者代理制度）です。

　　これらは，いずれも，受託者による信託事務処理を監督して受益者の利益を保護すべき立場にあるという点で共通していますが，選任されるケースや選任方法，権限の内容等はそれぞれの法的性質に応じて差異があります。

1　信託管理人

　信託管理人とは，受益者が現に存しない場合に，受益者のために，自己の名をもって，受益者の権利に関する一切の裁判上又は裁判外の行為をする権限を有する者をいいます（法123条，125条）。

⑴　特徴，資格要件

　信託においては，胎児やまだ懐胎していない者でも受益者に指定することができますし，将来一定の手続の下で奨学金を授与するような場合は奨学金を受ける受益者が決まっていないことがあります。このように，受益者が存在するに至るまでの間，受益者に代わって受託者の監督を行い，信託に関する必要な意思決定を行う者が必要となることがあるため，信託行為で信託管理人を指定しておくことができます。また，信託行為に信託管理人に関する

定めがない場合でも，利害関係人が裁判所に申し立てることで選任することができます。

なお，信託管理人は，未成年者はなることができず，受託者を監督するという立場から当該信託の受託者はなることができません。

⑵　権限，義務

信託管理人は，受益者のために自己の名をもって，受益者の権利に関する一切の裁判上又は裁判外の行為をする権限を有しますが，信託行為で一部の権限を除外することもできます（法125条）。そしてその権限行使については善良な管理者の注意をもって行う義務を負い，受益者のために誠実・公平に行う義務を負います（法126条）。公平義務が課されるのは，受益者が複数の場合が想定されるためです。

⑶　費用及び報酬

信託管理人は，事務処理に必要な費用や立て替えた場合の利息を受託者に請求できます（法127条1項）。また，商法512条の適用があるとき，又は信託行為に報酬の定めがあるときには報酬を請求することができます（法127条3項）。

⑷　任務の終了等

信託管理人の任務の終了や新たな信託管理人の選任については，受託者の規定が準用されており，死亡のほか，辞任や解任等が終了事由とされています（法128条，56条〜58条）。信託管理人は受益者が現に存しない場合に権限を行使する者ですから，受益者が存在するに至ったときは事務処理が終了します（法130条1項1号）。

2　信託監督人

信託監督人とは，受益者が現に存する場合に，受益者のために自己の名をもって，受益者が有する法92条各号の権利（ただし17号，18号，21号及び23号を除く。）に関する一切の裁判上又は裁判外の行為をする権限を有する者をいいます（法131条，132条）。

(1)　特徴，資格要件

信託行為に信託監督人となるべき者を指定する定めを置いた場合のほか，裁判所が利害関係人の申立てによって選任することができます。ただし，信託管理人の場合と異なり，「受益者が受託者の監督を適切に行うことができない特別の事情がある場合」（法131条4項）に限り裁判所が選任することから，受益者が存在するが監督が行えない場合の機関になります。

資格要件は信託管理人と同様，未成年者，当該信託の受託者でないことです。

(2)　権限，義務

信託監督人が権利行使できるのは，信託法92条各号の単独受益者権のみです。この中でも，受益権の放棄（法92条17号），受益権取得請求権（同条18号），受益証券発行信託における受益権原簿への記載請求権・同原簿の記載事項を記録した書面の請求権（同条21号・23号）は権限から除外されています。

信託行為で権限範囲について別段の定めを置くこともできます（法132条1項ただし書）（権限の増減の可否についてはQ66参照）。また，信託監督人は受益者集会の招集権限を有しています（法106条2項，250条3項）。

もっとも，信託監督人は受益者の権限行使を補完する立場であることから，信託監督人が選任されていても受益者は自らの権利を行使することができます。

信託監督人は一部の受益者のために選任されるのではなく，全ての受益者のために受託者に対する監督を行います。権限の行使について善管注意義務，誠実・公平義務を負うのは信託管理人と同様です（法133条）。

(3)　費用及び報酬

信託監督人の費用請求権や報酬については信託管理人と同様の定めがあります（法137条，127条）。

(4)　任務の終了等

信託監督人の任務の終了や新たな信託監督人の選任について受託者の規定が準用され，信託管理人とほぼ同様になります（法134条，135条，56条〜58条，62条）。

3　受益者代理人

　受益者代理人とは，その代理する受益者のために，当該受益者の権利（法42条の責任免除に係るものを除く。）に関する一切の裁判上又は裁判外の行為をする権限を有する者（法138条，139条）です。

(1)　特徴，資格要件

　受益者代理人は特定の受益者の代理人であることから，全ての受益者のために働く信託管理人や信託監督人と異なります。ここでいう受益者代理人は，受益者が自ら選任した代理人ではなく，委託者の意思に基づき，信託行為の定めによって指定された者です。定めがない場合に裁判所が選任することは認められていません。

　障がい者や幼い子どもを受益者にする場合や，受益者が多数又は変動する場合で信託を統一的に運営する必要性がある場合などに選任することを想定しています。

　資格要件は信託管理人や信託監督人と同様です。

(2)　権限，義務

　受益者代理人は，自らが代理する受益者のために，当該受益者の権利に関する一切の裁判上又は裁判外の行為をする権限を有します（法139条1項）。信託監督人と異なり，受益者代理人によって代理される受益者は，単独受益者権を除き，自ら権利を行使することはできなくなります（法139条4項）。ただし，受託者及び法人受託者の役員の負う損失てん補等の責任免除については，受益者本人の意思を尊重するため代理権の権限外とされています（法139条1項，42条）。

　受益者代理人の善管注意義務及び代理する受益者のために誠実・公平義務を負うのは信託管理人や信託監督人と同様です（法140条）。

(3)　費用及び報酬

　受益者代理人の費用請求権や報酬請求権は信託管理人や信託監督人と同様で，一部の受益者についての受益者代理人であっても，信託財産から支弁されることになります（法144条，127条）。

⑷　**任務の終了等**

受益者代理人の任務の終了や新たな受益者代理人の選任についても受託者の規定が準用され，信託管理人や信託監督人とほぼ同様になります（法141条，142条，56条～58条，162条）。

4　制度の異同

以上のように，信託管理人，信託監督人，受益者代理人はその選任場面や立場は異なりますが，受益者のために受託者を監督する役割を担う者です。各制度の比較については，受益者代理制度の総論（214頁）に一覧にしていますので参照ください。

また，信託監督人と受益者代理人をどのように使い分けるのかについてはQ67をご覧ください。

 **64　信託監督人等の報酬**

信託監督人等は報酬を得ることはできますか。

　　信託監督人は，信託行為に定めがあれば報酬を得ることができます（法137条，127条3項）。信託管理人（法127条3項）や受益者代理人でも同様です（法144条，127条3項）。

弁護士等の専門職は，信託業法との関係で受託者になることには問題が残りますが（→Q33，Q34），信託監督人，信託管理人，受益者代理人（以下「信託監督人等」と言います。）に就任して報酬を得ることについては可能です。ただし，信託設定時に関与している者が信託監督人等になる場合は委託者らとの利益相反について注意する必要があるでしょう。

1　信託監督人等の職務の重要性

　信託監督人等は，受託者が親族等で信託事務に精通していない場合や，受益者による監督ができないおそれがある場合等に受益者保護のために受託者を監督したり，不正行為の防止のための機関として働くことが期待されています（→Q63，Q67）。そのため，家族が受託者となる民事信託では原則として信託監督人又は受益者代理人の監督機関を設置するものと考えるべきとの意見もあります（伊庭22頁）。

　この点，弁護士等が報酬を得て受託者になることは信託業法との関係で現在のところ問題が残りますが（→Q33，Q34），信託監督人や受益者代理人として報酬を得て信託に関与していくことは信託業法等との関係で問題がありません。弁護士等は，破産管財人，相続財産管理人，成年後見人など財産管理を行う専門職ですから，信託監督人等に就任することで，信託における不祥事を防止し信託を適正・安定的なものとする役割を果たすのにふさわしい立場と言えるでしょう。

　ただし，信託監督人等は，受託者を監督する立場であり，利益相反や信託業法の潜脱防止の観点から，受託者の補助的役割を担うことはできません。あくまでも監督等機関として期待されていることを認識することが重要です。

2　報酬を得ることができる場合

　信託監督人は，信託行為に報酬を受ける旨の定めがある場合に受託者に報酬を請求することができます。なお，商法512条（商人が営業の範囲内において他人のための行為をしたときは相当な報酬を請求することができる）の適用がある場合にも報酬請求は可能ですが（法137条，127条3項），報酬の有無について争いが生じないよう，信託行為に定めておくべきでしょう。

　信託監督人の報酬について，受託者は信託財産に属する財産のみをもってこれを履行する責任があります（法137条，127条4項）。報酬の額は，信託行為に報酬の額又は算定方法に関する定めがあるときはその定めにより，定めがないときは相当の額になります（法137条，127条5項）。

　また，裁判所が信託監督人を選任した場合は裁判所が受託者及び信託監督

人の陳述を聞いた上，信託監督人の報酬を定めることができます（法137条，127条6項・8項）。裁判所が報酬の裁判をしたときは，信託監督人について，信託行為に報酬を受ける旨の定めと報酬額又は算定方法に関する定めがあったものとみなされます（法137条，127条7項）。

　なお，裁判所が信託監督人の報酬を定めた場合，受託者及び信託監督人はこれに対して即時抗告をすることが可能です（法137条，127条9項）。

　信託管理人については，報酬について信託監督人と同様に定められています。

　一方，受益者代理人は，信託行為に定めがない限り職権で選任することができないことから，裁判所が選任した場合を除き，信託監督人と同じ定めが置かれています。受益者代理人の死亡等で新たな受益者代理人を裁判所が選任する場合であっても，報酬の有無や報酬額又は算定方法は信託行為に従うことになります。

3　利益相反についての注意

　信託設定時に信託契約を作成したり，信託スキームについて各専門家との間を調整するコーディネーターであった弁護士等が信託監督人等に就任する場合が多いでしょう。信託の設定は委託者の意思に基づいて行うため，委託者の依頼を受けて信託設定をすることと，受益者のために受託者を監督する信託監督人等になることは立場を異にしているため，ある種の利益相反を意識する必要があります。

　信託は受益者のために組成されるのですから，具体的に利益相反になる場合は少ないと思われますが，一部の受益者代理人になり，その他の受益者と対立するような場合なども考えられます。

　そのため，利益相反の危険性を念頭に置いて職務を果たすとともに，場合によっては利益相反の可能性について委託者や受益者に説明し，了解を得ることも必要になってきます。事案によっては，利益相反についての説明を受けたこと，了解したことにつき書面をとっておくことも有用でしょう。

4　報酬の基準

　信託監督人等の報酬については一般的な基準はありません。信託財産の価額に応じた固定月額制が多いと思われますが，業務量に応じたタイムチャージ制や，固定月額制に加えて特別な業務を行った場合の付加報酬制をとる方法もあるでしょう。

　ただし，遺言信託など信託の開始がいつになるか不明な場合に具体的な金額を定めることは難しいと思われますので，「月額〇円を限度として相当額を支払う」とか，弁護士等の場合は，「所属する事務所の報酬規程に基づく報酬額を支払う」などの定め方も考えられます。

　いずれにしても，のちに報酬をめぐって紛争とならないように，信託行為によって明確な形で信託監督人等の報酬の基準を定めておくようにしましょう。

 **65　辞任・解任**

　信託監督人等を定める場合，辞任や解任について気を付けるべき点を教えてください。

　　信託監督人の辞任や解任は，原則として委託者と受益者の同意又は合意により可能ですが，別段の定めを設けることもできます。一方，委託者が現に存在しない場合は，受益者のみで辞任に同意したり，解任したりすることができません。

　　いずれも要件を満たせば裁判所に辞任や解任を申し立てることも可能ですが，迅速な手続ができません。

　　信託監督人等が辞任したいのに辞任できない，解任したいのに解任できないといった事態を避けるために，辞任・解任の方法等について，信託行為によってあらかじめ定めておくことが重要です。

1　信託監督人の任務終了

⑴　任務終了事由

　信託監督人の任務は，①信託の清算が決了した場合，信託監督人である個人が②死亡した場合，③後見開始又は保佐開始の審判を受けた場合，④破産手続開始の決定を受けた場合，そして⑤信託監督人である法人が合併以外の理由により解散した場合，⑥信託監督人が辞任した場合，⑦信託監督人が解任された場合，⑧信託行為において定められた事由が生じた場合に終了します（法134条1項，56条）。ただし，③又は④の場合は，信託行為に別段の定めをすることで任務終了事由から除外することができます。信託の清算が決了した場合（①）を除き信託は継続するため，新たな信託監督人を選任して事務の引継ぎをする必要があります。

⑵　新信託監督人の選任

　新信託監督人は，信託行為に定めがあればその定められた者が承諾をすることにより選任されます。信託行為に定めがない場合や，信託行為に定められた新信託監督人が就任の承諾をしない場合，委託者及び受益者はその合意により新信託監督人を選任することができます（法135条1項，62条1項）。

　なお，指定された新信託監督人が，利害関係人から相当な期間を定めて就任の承諾をするかどうかを確答すべき旨を催告され，その期間内に確答しないときは就任の承諾をしなかったものとみなされます（法135条1項，62条2項・3項）。

　信託監督人の任務終了時点で委託者が存在しない場合は，受益者の状況に照らして信託監督人の選任が可能であれば受益者のみの判断で新信託監督人を選任することができます（法135条1項，62条8項）。もっとも，信託監督人は受益者のために受託者を監視・監督する者であり，受益者が高齢者や未成年者など自ら受託者を監視・監督できない場合に選任されることが基本であることに鑑みると，受益者のみの判断で新信託監督人を選任することが可能な場合は多くはないと考えられます。

　また，裁判所は，委任者及び受益者による信託監督人選任の合意に係る協議の状況や，委託者が存しないときは受益者の状況その他の事情に照らして

必要があるときは，利害関係人の申立てにより新信託監督人を選任すること
ができます（法135条1項，62条4項）。

　もっとも，裁判所が新信託監督人の選任をするとなると時間がかかるため，
信託契約時に次の信託監督人まで検討しておくことが望ましいでしょう。

2　信託監督人の辞任

　信託監督人の辞任については，信託行為に定めがある場合はその定めによ
り，定めがない場合は委託者及び受益者の同意を得て辞任することができま
す（法134条2項，57条1項）。

　委託者が現に存在しない場合は，受益者の同意のみで辞任することができ
ません（法134条2項，57条6項）。

　やむを得ない事由がある場合は信託監督人が裁判所の許可を得て辞任する
ことになります。その際，辞任についてのやむを得ない事由について，信託
監督人は疎明する必要があります（法134条2項，57条2項・3項）。

3　信託監督人の解任

　信託監督人の解任については，委託者と受益者は，いつでもその合意によ
り信託監督人を解任することができます（法134条2項，58条1項）。また，
信託行為に定めがある場合にもその定めるところにより解任することができ
ます（法134条2項，58条3項）。

　なお，ここでも委託者が現に存しない場合，信託行為に定めがない以上，
受益者の意思だけで信託監督人を解任することはできません（法134条2項，
58条8項）。

　受益者のみで信託監督人を解任することができるのは，信託監督人がその
任務に違反して信託財産に著しい損害を与えた場合やその他重要な事由があ
る場合に限られており，裁判所に信託監督人の解任を申し立てることが必要
です（法134条2項，58条4項）。

4　辞任及び解任について信託行為で定めておくべきこと

　このように，原則として信託監督人は委託者と受益者の同意により辞任が認められ，また解任することができます。一方，委託者が現に存しない場合は受益者のみによる辞任同意や解任ができず，要件を満たした上で裁判所に申立てが必要ですが，これらの原則は信託行為の定めにより変更することができます。

　信託監督人からすると，高齢となったり健康に問題を抱えた場合，また転居等の事情変更が生じた場合に速やかに辞任できないと就任自体を思いとどまる理由になります。また，受益者にしても，委託者が存在しない場合に解任の要件が高度になることは望ましくありません。

　そのため，辞任については委託者と受益者いずれかの同意があれば可能であると信託行為に定めを置いたり，信託監督人に新信託監督人を選任する権限を与えた上，新信託監督人が就任を承諾した場合に信託監督人は辞任できると定めることなどが考えられます。

　解任については，「信託監督人の任務懈怠が○ヵ月継続するとき」など，あらかじめ決められた事由が発生した場合には受益者のみで解任できるなどの定めを置くことが考えられます。

　信託契約における辞任についての定めの条項例を下記に掲載していますので参照ください。

5　信託管理人，受益者代理人の辞任・解任の場合

　信託管理人については信託法128条2項が57条及び58条を準用し，受益者代理人については141条2項が57条及び58条を準用しているため，信託監督人と同様の定めがなされています。

【辞任についての条項例】

> （信託監督人）
> 　第〇条　本信託の信託監督人として以下の者を指定する。
> 　　　　　住所　大阪市北区〇〇町△丁目
> 　　　　　職業　弁護士
> 　　　　　氏名　〇〇〇〇
> （信託監督人の辞任）
> 　第〇条　信託監督人は，信託法第134条第2項で準用する同法第57条のほ
> 　　　　か，次の場合に委託者又は受益者の同意を得て辞任することができ
> 　　　　る。
> 　　　　1　疾病治療により休養を要する場合
> 　　　　2　70歳以上で健康に不安を有する場合
> 　　　　3　海外への転居のため事務を行えない場合
> 　　　　4　その他やむを得ない事由により事務を継続できない場合

Q 66　権限の定め

信託監督人を定めるときに，法定の権限を増減することはできますか。

Ⓐ　　信託行為において，信託監督人の法定の権限を縮減することは可
能と解されています。他方，法定の権限を拡大させることの可否に
ついては見解が対立しているため，慎重に対応する必要があります。

1　信託監督人の権限の範囲と信託行為における別段の定め

　信託監督人は，受益者のために自己の名をもって信託法92条各号（17号，
18号，21号及び23号を除く。）に掲げる権利に関する一切の裁判上又は裁判外
の行為をする権限を有します（法132条1項）。これは，信託監督人は受益者
のために受託者を監視・監督する者であることから，受益者が有する受託者
に対する監督権限を認めつつ，受益者の利益に関する権限である，受益権の

放棄（法92条17号），受益権取得請求権（同条18号），受益証券発行信託において自らが受益者であることの受益権原簿への記載請求権・同原簿の記載事項を記録した書面の請求権（同条21号・23号）は，信託監督人の権限から除いているものです。しかし，法132条1項ただし書は，信託行為に別段の定めがあるときは，その定めるところによるとしており，信託行為の定めによって権限は増減できるように読めます。果たして，増減に制限はないのでしょうか。

2　権限の縮減

まず，権限を縮減させることについて検討します。例えば，信託監督人が行使できる権限を，信託法92条各号のうち，特定の権限に限定すると定めることが考えられます。

この場合，信託監督人に認められる権利のうち一部除外すると定めるということは，当該権利については，受益者自らが行使しなければならないということを意味します。他方で，そもそも信託監督人が選任される場合は，受益者自ら受託者の監督を適切に行うことができない場合であることから，このような権利を受益者に残したとして，委託者が信託監督人を選任した目的を達成できるのか疑問が生じます。しかしながら，そもそも信託監督人を選任するか否かは信託設定時の委託者の選択によるのであって，仮に委託者が受益者に受託者の監督を委ねる意思を有しているのであれば，その意思に委ねるのが合理的ですし，受益者に当該権限が残されたとしても受益者の任意の代理人によって監督権を行使することが可能であって一概に受益者に対する監督が不十分になるというものでもありません。

そこで，信託監督人の権限の縮減を無効とする必要はないと考えられています（条解597頁）。

3　権限の拡大

では，権限を拡大することについてはどうでしょうか。例えば，実務では，信託条項において「受益者に対する配当は，信託監督人の意見を聴取の上，

金額を決定する」であるとか，受託者の権限の制限として「信託財産の売却には，信託監督人の同意を要する」と定めている例があります。

　この点，上記したとおり，信託監督人は受益者のために受託者に対する監督権限を自己の名をもって行使する者であって，受益者の受託者に対する監督権限以外を与えるのは，その役割を超えるものといえます。特に，信託法132条1項において信託監督人の権限から除外されている権限はいずれも，受益者の個人的な利益を目的とした権利であって，受託者の監督のために権利行使するべき信託監督人の立場にそぐわないと考えられたものであり，かかる観点からすれば，信託監督人の権限を拡大することは無効という見解があります（条解597頁）。

　他方で，これに対しては，①信託監督人の監視・監督という立場から，監視・監督にかかわる範囲で拡大拡張できるとする見解，②（無制限に）拡大拡張できるとする見解などもあります（遠藤英嗣「『信託監督人と受益者代理人の役割分担』任せることができるのはどこまでか」信託フォーラム6号118頁）。②に関して言えば，例えば，信託の変更に関して，その方法について信託行為に別段の定めを設けることには制限がなく，第三者の意見を聴取することはもとより，第三者に変更権を与えることも許容されていると考えられています（法149条4項，寺本342頁）。また，受託者の権限の制限については，信託が有効に成立した場合はこれを否定する理由はないとされ（法26条ただし書，条解145頁），第三者の同意を要すると定める例も実務上認められます。かかる観点からすれば，第三者である信託監督人たる「Ａさん」に対して受託者の権限の制限として，受託者の行為に対する同意権等を付与すること自体は，信託法に反しないといえる余地もありそうです。また，上記のように信託契約に定めた当事者，特に委託者の合理的な意思解釈としては，受益者に同意権等を与え，それを信託監督人が受益者の権利を自己の権利として行使するということではなく，受益者とは独立に信託監督人という地位にある人物に対して当該権利を与えたものと見るのが，実態に合うと考える余地もありそうです。

　このように信託監督人の権限の拡大については議論が分かれており，拡大

する旨の定めを設ける場合には，その権限の内容も十分に考慮して，慎重に判断する必要があります。

4　裁判所による選任

　裁判所によって信託監督人が選任された場合には，信託行為に信託監督人の権限を拡大する定めがあったとしてもこの適用はなく，信託法132条1項本文のとおりの権限が付与されることになるとの考え方があります。[3] これは特定の者が信託監督人となることを前提に信託行為でその権限の範囲を限定するなどしている場合が想定され，その者ではない第三者が信託監督人に選任された以上，もはやその前提が異なるとの考えからです。なお，この考え方は，信託行為の定めにより変更できるのは，信託監督人の権限を縮減する方向のみであるとの考えを前提としています。

Ｑ 67　信託監督人と受益者代理人の適用場面

> 信託監督人と受益者代理人には，どのような違いがありますか。
> また，どう使い分ければよいですか。

　　　　信託監督人と受益者代理人は，いずれも受益者が現に存在する場合に選任されますが，その権限の範囲や就任した場合の受益者本人の権限行使の範囲も異なります。

　　　　使い分ける場合には主に権限の内容を考慮するのがよいでしょう。

　　　　つまり，受益者代理人はその権限が広く，受益者代理人が就任すると受益者本人の権限が制限されることから，受益者の意思能力が減退しており自ら権利行使することが難しい場合など，高度なサ

3）道垣内374頁，369頁

ポートを要する場合に選任することが望ましいでしょう。

　一方，信託監督人の権限は受託者に対する監督が中心であり，受益者自身の権限行使も制限されないことから，受託者がその事務を正しく履行しているかを監督することを目的として，一般的なサポートを要する場合に広く活用できると考えます。

1　信託監督人と受益者代理人の違い

(1)　信託監督人

　信託監督人は，受益者のために自己の名をもって，信託法92条各号の権利を行使することができます。ただし，受益権の放棄（法92条17号），受益権取得請求権（同条18号），受益証券発行信託における受益権原簿への記載請求権や同原簿の記載記録書面請求権（同条21号・23号）は除外されます（法132条1項）。信託監督人の権限を拡張することの是非についてはQ66を参照ください。

　また，信託監督人は受益者の権限行使を補完する立場のため，信託監督人が選任されていても受益者は自らの権利を行使することができます。なお，信託監督人に認められる原則的権限のうち，信託監督人と受益者いずれかの権利行使が他方の意思に反するということは多くはありません。しかし，信託法92条5号の取消権の行使などは，いずれか一方の意思表示で効果が生じます。信託監督人の善管注意義務から，権利行使前に受益者の意向を確認することが望まれる場合があります。

(2)　受益者代理人

　受益者代理人は，信託行為に別段の定めがあるときを除き，自らが代理する受益者のために，当該受益者が有する権利に関する一切の行為をする権限を有します。ただし，受託者の責任免除に係るもの（法42条）は除外されます（法139条1項）。

　受益者代理人があるときは，受益者は信託法92条各号に掲げる権利及び信託行為において定められた権利のみを行使することができます（法139条4項）。このように，受益者代理人は受益者の権利を制限することもできる立

場であることから，選任するかどうかは委任者の意思に基づくこととされており，信託行為に定めていることが必要です。信託行為に定めがない限り，裁判所への申立て等で受益者代理人を設けることはできません[4]。

2　使い分けのメルクマール

(1)　各役割が新設された背景

信託監督人と受益者代理人は，平成18年信託法改正で新たに設けられた制度です。旧信託法では信託管理人の定めしかなく，受益者が年少者や高齢者，あるいは知的障がい者など信託法上の権利を適切に行使することが期待できない場合に受益者保護が十分ではないとして，信託監督人と受益者代理人が新設され，信託管理人と合わせて3つの類型となりました。

平成18年信託法改正の際，受益者代理人は，受益者が団体の構成員という資格で特定されているため頻繁に変動する場合や，無記名式の受益証券が発行されて流通するため受益者が不特定多数に及ぶ場合等，受益者による信託に関する意思決定や受託者の監督が事実上困難であるような場合に選任することを想定されていました（寺本307頁）。

一方，信託監督人は，受益者が年少者，高齢者あるいは知的障がい者である場合のように，受益者自身が受託者を適切に監督することが期待できないような場合において選任されることを想定されていました（同307頁）。

(2)　権限による使い分け

受益者代理人と信託監督人では，その権限の範囲が大きく異なります。

信託監督人が権利行使できるのは信託法92条各号の単独受益者権（→Q51）で，受託者の監督や受益者保護に関する権利のみです。

受益者代理人は，単独受益者権に加えて，受益債権（→Q51）に関する権限や，信託の意思決定に関する権限を有します。

例えば，受益者代理人は，受益債権について受託者に対する権利行使やそ

4）受益者代理人を設けるかどうかは信託行為で定めることが必要ですが，受益者代理人が欠けた場合に，委託者又は受益者代理人に代理される受益者の申立てによって新受益者代理人を裁判所が選任することは可能です（法142条1項，62条4項）。

の受領を行うことができますし，受託者の解任についての委託者との合意（法58条1項）や信託の変更の合意（法149条），信託の終了に関する委託者との合意（法164条）などの権利行使が可能です。

　なお，受益権の放棄（法99条1項）や受益権取得請求（法103条1項・2項）など受益権の処分に関する行為については受益者代理人の権限から除外されているとの考え方がありますが[5]，信託監督人と異なり明確に権限から除外されていないこと，受益者代理人の権限から除外されているのは信託法42条の受託者の責任免除に係るもののみであることからすると権限の範囲内と考える余地があります。

　このように，受益者代理人は受益者が有する権限のほとんどを有し，単独受益者権を除きその権限を独占的に行使できることから，①受益者が複数で頻繁に変動するような場合で，受益者自身による適示的確な意思表示が困難な場合や，②受益者が知的障がい等で意思能力に問題がある場合や幼少者であるなど受益者に代わって権利行使をする者の必要性が高い場合に，委託者があらかじめ選任しておくことになると思われます。

　一方，受益者の意思能力には問題がないため受益者の権利を必要以上に制限することは避けたいが，信託財産が高額であるなど受託者の監督の必要性が高い場合や，現時点では問題がないが加齢等により将来受益者による監督が十分に行えなくなる見込みがある場合などは信託監督人を選択することが考えられます。

　そして，信託業法との関係で，弁護士等の専門職が報酬を得て受託者になることに問題が残る（→Q33，Q34参照）ことから，家族信託では信託になじみの薄い家族や親族が受託者になることが想定されます。そのため，弁護士等の専門職が信託監督人に就任して，不正を防止して信託を適正・安定的なものとするため，受託者を監督するという形で広く用いることも望ましい利用方法と考えます。

5）受益者代理人の権限として信託法139条1項本文で42条の受託者の責任免除を除外したのは，信託財産の増加を妨げて受益債権の一部を失わせるのと同様になり得ることの重大性を考慮したからであると考えると，受益債権又は受益権を失わせることとなる行為は受益者代理人の権限から除外されてしかるべきとの考え方があります（条解611頁）。

　信託監督人は，裁判所による選任も可能ですが，その場合は受益者が受託者の監督を適切に行うことができない特別の事情がある場合に限られるため（法131条4項），受託者の監督の要否を検討し，必要な場合は信託行為で定めておくようにしましょう。

第**6**章　委託者

1　委託者

委託者は，信託の設定主体であり財産の拠出者ですから，設定の場面では欠かせない当事者です。信託行為の内容は委託者の意思を反映したものになっています。

しかし，一旦信託が成立した後は，信託に関する権利義務関係は原則として受託者と受益者の間で形成され，委託者の存在は不可欠とは言えません。受託者が信託事務を行い，受益者が利益を享受する主体となることから，委託者が受託者にいろいろ指示できるとすればかえって受益者の権利が不安定になりかねません。

そこで，信託法は，委託者には信託目的の設定と，信託財産出捐の場面に相応する権利を限定的に与え，例外的に信託行為の定めによって委託者の権利を拡大又は縮小できることとしています（→Q68）。

2　委託者の権利義務

委託者は，信託の目的を設定して信託財産を拠出していることから，信託の目的達成には利害関係を有しています。その観点から，信託事務処理状況の情報に係る権利や，信託事務の処理に係る者の選任や解任に関する権利，信託の変更・併合・分割，信託の終了に関する合意権を原則的に有しています。また，信託財産の拠出者であることから，信託終了時に信託財産の帰属権利者になるほか，信託の利害関係人としての権利を有しています。

これら原則として有している権利については，権利の全部又は一部を有し

ない旨を信託行為で定めることが可能です（法145条1項）。

さらに，委託者は，信託行為に定めることにより，受益者に与えられている受託者の監督や信託の運営に関する権利を保持し，受益者とともに行使することもできます（法145条2項〜4項）（→Q68）。

3　委託者適格

委託者については信託法に資格制限はありません。といっても権利能力は必要ですから，法人については法人の目的の範囲内で信託行為をすることが必要です。また，信託は契約や遺言，信託宣言で行われることからすると，個人では行為能力や遺言能力が必要でしょう（→Q72）。

4　委託者の地位の移転

旧信託法では委託者の地位の移転についての規定が設けられていませんでした。しかし，特に商事信託では委託者の地位の移転が必要となる場面が多く，平成18年改正信託法で委託者の地位の移転について明文化されました。

(1)　地位移転の方法

委託者の地位は，受託者及び受益者の同意を得て，又は信託行為に定めた方法に従い，第三者に移転できます。委託者が複数の場合は他の委託者の同意も必要です（法146条）（→Q69）。

(2)　委託者の地位の相続

委託者の地位は原則として相続されます（法147条反対解釈）。例えば財産出捐者として受託者の監督等の権限を有することは出捐者の相続人にも認められてよいと考えられます。

しかしながら，遺言信託（法3条2号）の場合，信託行為に別段の定めがない限り，委託者の地位は相続されません（法147条）。遺言信託は法定相続と異なる財産承継を信託で行おうとするものですから，委託者の相続人と受益者の利害は類型的に対立し，委託者の地位を相続させるべきではないと考

えられるからです。

　もっとも，相続人は信託終了時の法定帰属権利者としての地位は有しています（法182条2項）（→Q70）。

68　委託者の権限

委託者は信託においてどのような権限を持ちますか。

ある目的のために信託を設定し，財産を拠出するのが委託者です。委託者の役割は基本的にはそれに尽き，一旦信託が成立した後に委託者が受託者にいろいろと指示ができるとすれば，かえって受益者の権利が不安定なものになりかねません。

　そこで，信託法は，原則として，こうした委託者の地位（信託目的設定者としての地位，信託財産拠出者としての地位）に相応する権利を限定的に委託者に与え，例外的に，信託行為の定めによって，委託者の権利を拡大あるいは縮小できることとしています。

1　委託者の立場

　委託者は信託財産の拠出者ですから信託の運営について強い関心を持つ立場ですが，信託が成立した後は信託事務を行うのは受託者であり，利益を受けるのは受益者です。信託成立後は，信託関係は原則として受託者と受益者との間で形成されるものであるにもかかわらず，委託者が信託の遂行に関して各種の権利を保持していれば信託に関する法律関係が複雑化します。つまり，信託事務の処理の方針や受託者の監督方法をめぐって委託者と受託者の間に意見の対立が生じたり，受託者がいずれの意見を尊重すべきか判断できず信託事務が滞るおそれがあります。

　そのため，委託者は信託目的の達成についてのみ特別の利害を有するもの

として，委託者が原則として有する権利は，信託法が「利害関係人」一般に
認めている権利（以下表内の＊印）のほか，[1] 信託の遂行につき監視・監督する
権利，信託の目的など信託の基礎的な変更に関与する権利などに限定されて
います。ただし，信託行為に定めることによって，例外的に，一定の範囲で
委託者の権利を拡大したり，縮小することは可能です（法145条1項・2項）。

2　委託者が原則的に有する権利

委託者が原則的に有する権利の具体的な内容は，以下のとおりです。

ⓐ　信託事務処理状況の情報に係る権利
　＊財産状況に関する書類の閲覧・謄写請求権（法38条6項）
　＊信託財産の保全処分に関する資料の閲覧・謄写請求権（法172条1項〜3項）
　・信託事務処理状況等の報告請求権（法36条）
　・受益証券発行信託における受益権原簿の閲覧・謄写請求権（法190条2項）

ⓑ　信託事務の処理に関わる者の選解任等の権利
　＊受託者，新受託者，信託管理人，新信託管理人，信託監督人，新信託監
　　督人，受益者代理人に対する就任の諾否の催告権（法5条1項，62条2項，
　　123条2項，129条1項，131条2項，135条1項，138条2項）
　＊裁判所に対する受託者，新受託者，信託管理人，新信託管理人，信託監
　　督人，新信託監督人の選任申立権（法6条1項，62条4項，123条4項，129
　　条1項，131条4項，135条1項）
　＊裁判所に対する信託財産管理命令，信託財産法人管理命令の申立権（法63
　　条1項，74条2項）
　・新受益者代理人に対する就任の諾否の催告権（法142条1項，62条2項）
　・受託者，信託管理人，信託監督人，受益者代理人，会計監査人の辞任に
　　対する同意権（法57条1項，128条2項，134条2項，141条2項，251条）
　・受益者との合意による受託者，信託管理人，信託監督人，受益者代理人，

1）商事信託では，委託者に権限を残すことは適当でない場合が多いことから，「委託者は，
　信託法上委託者に認められる権利を行使することができない」などと信託行為に定め，
　委託者の権利を制限することが一般的です。他方，民事信託では，委託者の関与を継続
　したいと考えることも多く，委託者の意向を十分に踏まえて，信託を設定する必要があ
　ります。

会計監査人の解任権（法58条1項，128条2項，134条2項，141条2項，251
条）
・裁判所に対する受託者，信託財産管理者，信託財産法人管理人，信託管
理人，信託監督人，受益者代理人の解任申立権（法58条4項，70条，74条
6項，128条2項，134条2項，141条2項）
・受益者との合意による新受託者，新信託管理人，新信託監督人，新受益
者代理人，新会計監査人の選任権（法62条1項，129条1項，135条1項，
142条1項，250条1項）
・裁判所に対する新受益者代理人の選任申立権（法142条1項，62条4項）

ⓒ　信託の変更，終了等に関する権利
・信託の変更に係る合意権，受託者に対する意思表示権（法149条1項・3項
1号）
・信託の併合，吸収信託分割，新規信託分割の合意権（法151条1項，155条
1項，159条1項）
・裁判所に対する信託の変更，終了の申立権（法150条1項，165条1項）
・裁判所に対する公益確保のための信託終了，保全処分，清算のための新
受託者選任についての申立権（法166条1項，169条1項，173条1項）
・受益者との合意による信託終了権（法164条1項）
・遺言代用信託における受益者変更権（法90条1項）
・自らが関与しないで決定された信託の変更，併合，吸収信託分割，新規
信託分割についての通知受領権（法149条2項・3項，151条2項，155条2
項，159条2項）

ⓓ　信託終了時の法定帰属権利者（法182条2項）

3　委託者が信託行為の定めにより保有できる権利

　委託者は，受託者を監督し，信託の運営を円滑にするため，信託行為の定
めによって，受益者に与えられている信託法145条2項各号所定の権利の全
部又は一部を自身にも留保することができます（法145条2項）。
　かかる権利の内容は，以下のとおりです。

・信託財産への強制執行等に対する異議権（1号）

・受託者・前受託者の権限違反行為の取消権（2号）

・受託者の利益相反行為の取消権（3号）

・受託者の競合行為に対する介入権（4号）

・信託帳簿等の閲覧・謄写請求権（5号）

・受益者の氏名等の開示請求権（6号）

・受託者の任務違反行為に対する損失のてん補・原状回復請求権（7号）

・法人受託者の役員の任務違反行為に対する損失のてん補・原状回復請求権（8号）

・受託者の信託違反行為の差止請求権（9号）

・検査役の選任の申立権（10号）

・前受託者の信託財産処分行為の差止請求権（11号）

・前受託者の相続人等及び破産管財人の信託財産処分行為の差止請求権（12号）

・限定責任信託における受託者の制限違反給付に係る金銭のてん補等請求権（13号）

・限定責任信託の信託事業年度において欠損が生じた場合の金銭のてん補等請求権（14号）

・会計監査人設置信託の会計監査人の任務違反行為に対する損失のてん補請求権（15号）

　また，受託者が本来受益者に対して行えば足りる通知・報告や計算の承認の要求を，委託者に対しても行うよう，受託者の義務を加重することもできます（法145条4項）。

　なお，信託法145条2項は，受益者に与えられている権利のうち，委託者にも併せて付与することができる権利を挙げたものであり，それ以外の権利を委託者が持ち得ないわけではないと解されています。例えば，信託行為における別段の定めが許容されている事項について，委託者の承認を必要とする旨を定めることは可能です。

　もっとも，委託者に権利を留保・付与し過ぎると，真正な信託と扱われないおそれがあり，その場合，信託において通常認められている破産や信託終了の際の隔離機能が認められない等といった問題が生じ得ますので，注意が

必要です。

4　遺言代用信託における委託者の権利等の特例

遺言代用信託（法90条）（→Q53）においては，委託者が死亡するまで受益者として権利を有する者がいない場合があり，そのような場合には，原則として受益者に代わって委託者が，受託者に対する監督権を行使することとされています（法148条）。

 **69　委託者の地位の移転**

委託者の地位を移転することはできますか。そのためには，どのような手続が必要ですか。

　委託者の地位は，受託者及び受益者の同意を得るか，又は信託行為に定めた方法に従って，第三者に移転することができます（法146条）。

ただし，信託行為で委託者の地位の移転を禁止する定めがある場合は移転することができません。

1　委託者の地位の移転

委託者の地位の移転について，旧信託法は特段の規定を設けておらず，これが可能かどうかは明らかではありませんでした。しかし，実務においては委託者の地位の移転に関する取り決めが行われることが少なくなかったため，現行信託法では，委託者の地位について，以下の2つの場合に委託者の地位を移転することができると定めました（法146条）。

(1)　受託者及び受益者の同意を得た場合

受託者及び受益者の同意があれば，委託者の地位を移転させることができ

ます。受託者及び受益者の同意が必要とされるのは，委託者が誰であるかについて受託者・受益者は利害関係を有するからです。

⑵　信託行為によって移転方法を定めた場合

信託行為によって移転方法を定めた場合には，その方法に従い，委託者の地位が移転します。その定めの例としては，自益信託の場合に，「受益権の譲渡とともに，委託者の地位も当然に受益権の譲受人に移転する」というものが考えられます。

2　委託者が複数存在するときの委託者の地位の移転

例えば，共同で1つの信託を設定した場合や委託者の地位につき共同相続が発生した場合には，委託者が複数存在することになります。

委託者が複数存在する場合，同意によって委託者の地位を移転させるには，受託者・受益者に加えて，他の委託者の同意も必要となります。自分以外の委託者が誰であるかについて，他の委託者も利害関係を有するからです（法146条2項）。

3　信託行為における委託者の地位の移転を許さない旨の定めの有効性

委託者の地位の移転が生じないようにするための方法としては，信託行為において委託者の地位の移転を許さない旨を定めることが考えられます。信託を設定する当事者が信託の監督的権能を当初委託者に固定することを希望した場合に，その意思を否定する理由はないため，このような定めも有効です。

70　委託者の地位の相続

委託者が亡くなった場合，委託者の地位は相続の対象になりますか。

　契約によって設定された委託者の地位は，原則として相続されます（法147条本文反対解釈）。

　遺言によって信託が設定された場合には，委託者の地位は相続されません（法147条本文）。

　また，信託行為でこれらとは異なる定めを置くことができます。

1　原則――委託者の地位は相続される

　信託法147条本文は，「第3条第2号に掲げる方法によって信託がされた場合〔遺言による信託〕には，委託者の相続人は，委託者の地位を相続により承継しない。」と定めています。したがって，同条の反対解釈により，遺言信託の場合を除き委託者の地位は，原則として相続されます。

　この趣旨は，委託者は財産の拠出者であり，信託の目的の達成に利害関係を有する者として信託事務処理状況を把握する等の権限を有するところ（→Q68），その相続人にも同権限が認められるべきである点にあります。

2　例外――遺言信託の場合，委託者の地位は相続されない

　これに対して，遺言によって信託が設定された場合（遺言信託）には，委託者の地位は相続されません（法147条本文）。遺言信託は法定相続とは異なる財産承継を信託によって実現しようとするものですから，委託者の相続人と受益者との利害が類型的に対立します。そのため，委託者の相続人に委託者の権利の適切な行使を期待することは困難といえます。したがって，遺言信託の場合には，委託者の地位は相続されないとすることが委託者の合理的な意思に合致すると考えられるため，このような例外が定められました。

　もっとも，委託者が相続人に監督権等を行使させようとしたとき，その委

託者の意思を否定する理由はありません。したがって，遺言信託の場合で
あっても，委託者が信託行為の定めによって明示的に意思を表示していれば，
委託者の地位を相続させることができます（法147条ただし書）。

　なお，遺言信託と異なり，遺言代用信託（法90条）（→Q53）の場合には，
委託者の地位の相続性が認められていることに注意が必要です。

3　委託者の相続人固有の権利

　委託者の相続人は，信託の終了時の法定帰属権利者（法182条2項）として
の地位を有します。委託者が法定帰属権利者になっているのは，信託終了後
は元の権利者に信託財産を戻すためであり，その地位は相続人に承継されて
いるからです。

　遺言信託の委託者の相続人は，受託者に引受けを催告する権利及び受託者
が指定されていないとき，又は，指定された者が引受けをしないときに，裁
判所に対して受託者の選任を申し立てる権利が認められています（法5条，
6条）。

4　相続人の関与の排除

　原則として委託者の地位が相続されるとしても，これを望まない場合はど
うしたらよいでしょうか。この場合，委託者が，信託行為に委託者の権利に
期限を付す旨の定めをしておくことで，自分の死後に相続人が信託に関与す
ることを排除することができます。

　委託者の地位を相続させることを希望しない場合は，信託契約において次
のような定めを置くことが考えられます。

【委託者の地位を相続させない場合の条項例】

　（委託者）
　　第○条　本信託の委託者は，以下の者である。
　　　　　　住　所　　大阪市中央区○○町△丁目
　　　　　　生年月日　昭和○年○月○日

```
　　　　氏　名　　○○○○
（委託者の地位の不承継）
　第○条　第○条の委託者が死亡したときは，委託者の権利はその死亡によ
　　　り消滅し，委託者の相続人に承継されない。
```

 **71　委託者の破産**

委託者が破産した場合，信託にどのような影響がありますか。

　信託財産は委託者の財産ではありませんので，委託者が破産をしても信託財産は破産財団に帰属せず，原則として破産手続の影響を受けることはありません。

　しかし，委託者の破産前の行為は破産法の規律に服するため，一定の場合では影響を受けることがあります。

1　委託者の破産と信託財産の取扱い

　委託者が信託設定行為を行うと，対象財産（信託財産）は，委託者の責任財産から離脱します。

　そのため，委託者が破産手続開始の決定を受けても，信託財産は破産財団に帰属せず，原則として，破産手続の影響を受けることはありません（倒産隔離機能）。

　ただし，次のような場面では影響を受けるおそれがあります。

2　否　認

⑴　詐害信託の否認

　破産者が破産手続開始決定前にした破産債権者を害する行為に対しては，破産管財人は否認権を行使できます（詐害行為否認。破産法160条）。

　信託法では，委託者が①破産債権者を害することを知ってした信託，又は
②支払の停止があった後にした破産債権者を害する信託は，破産手続開始後，
破産管財人が破産法160条の否認権を行使できます（改正信託法12条１項[2]）。
ただし，否認ができるのは，信託によって利益を受けた受益者の全部（受益
権を譲り受けた者がある場合は譲り渡した者も含む全ての者）が，受益者として
の指定を受けたことを知った時（受益権を譲り受けた者にあっては受益権を譲
り受けた時）に，①の場合は破産債権者を害することを知っていた，②の場
合は支払停止があったこと及び破産債権者を害することを知っていた場合に
限られます。

　つまり，否認権の行使に当たっては受託者ではなく受益者が善意であるか
否かを問題にすればよく，信託によって利益を受けた受益者が破産債権者を
害する事実を知らなかったときは，破産管財人は，信託自体を否認すること
ができないことになります。

(2)　悪意の受益者に対する返還請求

　破産管財人は，前記(1)のとおり信託を否認できるほか，悪意の受益者に対
して受益権を破産財団に返還するよう請求することができます（法12条２項）。
この請求は，否認権の行使（破産法173条）とは異なり，信託法が特別に認め
た制度ですので，受益者に対する訴えにより行使する必要があります（法12
条２項）。

　なお，受益者が，受益者としての指定を受けたことを知った時又は受益権
を譲り受けた時に善意であれば，この返還請求はできません（法12条２項，
11条４項ただし書）。

3　双方未履行双務契約の解除

　委託者が破産手続開始の決定を受けることは，信託の終了事由とはされて
いません（法163条参照）。したがって，委託者が破産したことによって信託
が当然に終了することはありません。

---

2)「民法の一部を改正する法律の施行に伴う関係法律の整備等に関する法律」により改正
　される条文です。2020年４月１日施行。

　ただし，委託者が破産手続開始の決定を受けた場合において，双方未履行双務契約に関する規定（破産法53条）に基づいて信託契約が解除されたときは，信託が終了します（法163条8号）。

　具体的には，委託者の受託者に対する信託財産の引渡しが未履行で，受託者が信託事務（法29条1項）を未だ履行していないような場合において，双方未履行双務契約であるとして信託契約が解除されることがあります。

　信託財産の引渡義務が未履行の時点で委託者に破産手続開始決定がなされるような場合は詐害信託かどうかも併せて慎重に判断する必要があるでしょう。

　一方，委託者の主たる義務である信託財産の引渡しは完了しているが，追加信託財産の引渡義務や費用支払義務が未履行であるような場合に，破産管財人から双方未履行双務契約であるとして信託契約が解除されてしまうと，信託の運営が維持・継続することができなくなり，信託債権者などの関係者に不測の損害を与えることがあります。そこで，信託行為の定めによって双方未履行の状態が生じないようにしたり，当事者双方に未履行の債務が存在していても契約を解除することによって相手方に著しく不公平な状況が生じるような場合には破産管財人は解除権を行使することができないという判例（最判平12.2.29民集54-2-553）を根拠として，破産法53条の規定の適用を制限することも考えられます。

4　担保権の実行

　委託者の債務を被担保債権として担保権が設定された財産が，信託財産として受託者に移転することがあります。この場合，委託者が破産をすれば，担保権が実行されることによって当該財産が信託財産から離脱し，その結果として信託が終了せざるを得ない事態も想定されます。

　このように，信託財産に委託者が設定した担保権が存在する場合，委託者の破産によって信託が影響を受けることがあります。

 **72　委託者に後見が開始された場合**

> 委託者が成年被後見人になった場合，信託に何らかの影響はあります
> か。

　　　　委託者が信託の開始後に成年被後見人になった場合，委託者の権
限について成年後見人が行使できるか，行使できる範囲はどこまで
かが問題になります。
　　　　もっとも，信託の開始後は委託者は不可欠な存在ではないことか
ら，信託の存続や内容に大きく影響することはありません。

1　委託者の地位

　委託者は信託行為で欠かせない当事者ですが，信託の開始後は信託につい
て主たる利害関係を有するのは受益者であり，委託者は不可欠の存在ではな
くなります（→Q68参照）。そのため，委託者の死亡は信託の存続や財産に影
響を与えませんし，委託者が破産した時は影響がある場合も想定されますが
限定的です（→Q71）。また，信託行為で委託者の権利の一部又は全部を有
しない旨を定めることもできるため（法145条1項），委託者の権利をより縮
小することも考えられます。
　そのため「委託者は『金（信託財産となるべき財産）は出すが，口は出さな
い』者」（新井203頁）と言われることもあります。
　なお，目的信託における委託者の権利は異なる部分があることには注意し
てください（→Q56参照）。

2　委託者が成年被後見人になった場合

　委託者となるべき者が信託行為の際に成年被後見人である場合，遺言信託
の場合は遺言能力の有無が問題になり，信託契約や信託宣言の場合は，行為
能力の有無が問題になります。いずれの信託行為も成年被後見人が行うこと

は困難と考えられます。

　委託者として信託行為を行った後に，委託者が成年被後見人となった場合は，上記1のように委託者の役割が大きく減退することや，そもそも委託者の存在が不可欠ではないことから，信託への影響は少ないでしょう。

　なお，委託者が受益者を兼ねている場合，受益者としての立場での影響を検討する必要がありますが，この点はQ57を参照ください。

3　委託者の権限行使を成年後見人が行うこと

　信託は財産管理の制度であり，高齢者・障がい者の保護を目的とする場合は身上監護面において，成年後見制度等との連携が必要になってきます。そのため，委託者が成年被後見人になった場合，委託者の権限について成年後見人が行使することについてどう考えるかが問題となります。

　一つの考えとして，委託者の意思は信託が開始し存続することであるから，信託行為に基づいて受託者が信託事務を行えばよく，受託者の監督も受益者が行うことになるため，委託者の成年後見人はできるだけ信託に関与しない方がよいというものです。

　しかしながら，委託者には信託行為で権限を制限しない限り，受託者・信託監督人等の解任の合意（法58条1項，134条2項），信託の変更の合意（法149条1項），信託の終了の合意（法164条1項）などの権利が付与されているため，これらの権利行使について委託者の成年後見人がどう関与すればよいでしょうか。

　まず，成年後見人は，成年被後見人の財産を管理し，かつ，その財産に関する法律行為について成年被後見人を代表します（民859条1項）。また，成年被後見人の意思を尊重し，かつ，その心身の状態及び生活の状況に配慮しながら財産の管理に関する事務を行う権利があります（民858条）。この財産の管理とは，財産の保存，財産の性質を変じない利用，改良を目的とする事実上及び法律上の一切の行為を含みます。また，被後見人の財産を管理することは，後見人の権利であると同時に義務であるともされています（於保＝中川408頁）。

　信託財産は委託者の財産そのものではありませんが，信託目的の遂行に利害関係を有する者，又は信託財産の帰属権利者になり得る者として，信託事務が適正になされるために必要な範囲においては成年後見人が委託者の権限を行使することができると考えられます。

　具体的には，委任事務処理の状況等に関する報告請求権（法36条）や，信託終了時の法定帰属権利者としての権利（法182条2項）の行使などは委託者（成年被後見人）の権利を守るために問題なく行えるでしょうし，受託者・信託管理人・信託監督人・受益者代理人の辞任に関する同意権（法57条1項，128条2項，134条2項，141条2項）などは信託事務を適切な人物に委ね継続させていくために必要な行為と考えられます。

　一方，信託の設定が委託者（成年被後見人）の意思であり，信託の存続を望んでいると思われること，成年後見制度における成年被後見人の意思決定権の尊重の理念からすると，信託の変更や終了についての権限の行使は被後見人の意思を尊重して行う必要があります。信託の変更の合意又は受託者に対する意思表示（法149条1項・3項1号）や，受益者との合意による信託終了権（法164条1項）などです。これらの行使を検討する場合は，信託の目的に反しないか，ひいては委託者の意思に反しないかを基準に判断するべきでしょう。

　これは，成年後見人が被後見人の行為能力喪失前の財産管理方法等を尊重して後見事務を行うという，通常の責務と同様に考えるとよいでしょう。

　なお，親族が成年後見人に就任する場合，信託の受益者や残余財産帰属者等となっており委託者の法定代理人としての立場と利益が相反する場面が考えられます。そのようなときは委託者の成年後見人としての権利行使についてより一層慎重に行い，裁判所に相談する，あるいは特別代理人の選任（民860条，826条）を検討する場合があるので注意が必要です。

　委託者の成年後見人の権限については，Q74（信託の変更の可否），Q78（信託の終了）も参考にしてください。

第7章　信託の変更

1　信託の変更とは

　信託の変更とは，信託行為（法2条2項）に定められた信託の内容，例えば受益者に対する給付や受託者の権限等を，事後的に変更することです。変化の激しい現代社会では，信託設定時には予想していなかった事態が生じ，当初の信託のままでは委託者の望んだ信託目的の達成が困難になったり，受益者が信託から適切な利益を得られなくなったりすることがあり得ます。信託の変更は，このような場合に，委託者の意思や受益者の利益を保護しようとするものです。

　旧信託法では，予見不能な特別な事情により信託財産の管理方法が受益者の利益に適さなくなったときは，裁判所に信託財産の管理方法の変更を請求できるとされていました。しかし，その他の方法による信託の変更については規定がなく，それが可能かどうかは解釈に委ねられていました。現行信託法は，より柔軟に信託行為の変更ができるようにと，信託の変更ができる様々な場合が明文で定められ，変更できる内容も信託財産の管理方法に限定されていません。したがって，信託の目的，受託者の権限，信託財産の管理方法や管理方針，受益者に対する信託財産の給付内容など，信託内容の様々な事項の変更が可能です。

2　信託の変更の要件と手続

　信託の変更の要件と手続は，信託法149条，150条に規定されています（→Q73参照）。まず，委託者，受託者，受益者の信託当事者三者の合意があれば，

信託の変更が可能です（法149条3項）。また，信託当事者三者の合意がなく
とも，当事者に対する影響や利益等を考慮して，その一部の合意や意思表示
によって信託の変更が可能な場合が定められています（法149条1項～3項）。

　また，信託の変更については，信託行為で「別段の定め」を設けておくこ
とも可能で，この場合にはその定めに従った信託の変更が可能です（法149
条4項）。信託を設定する際は，この「別段の定め」をどのように定めてお
くかも重要な問題です（→Q73，Q75参照）。

　なお，委託者，受託者又は受益者の申立てに基づき，裁判所が信託の変更
を命じることもできます（法150条）（→Q73参照）。

 **73　信託の変更の要件と手続**

信託を変更する要件や手続はどのようになっていますか。

　「信託の変更」は，まず，Ⓐ関係当事者である委託者，受託者，
受益者全ての三者の合意があれば可能です（法149条1項）。ただし，
Ⓑ必ずしも三者間の合意がなくとも，右表のとおり，関係当事者間
の合意等によっても変更することができます（同条2項・3項・5
項）。

　なお，Ⓒあらかじめ信託行為時に，上述Ⓐ，Ⓑと異なる定めをし
ておくことも可能です。

　また，Ⓓ裁判所による変更を命じる裁判によって変更されること
があります（法150条）。

【表】

番号	合意の当事者			要　件		変更後の信託行為の通知の相手方	条　文
	委託者	受託者	受益者	信託や当事者に関するもの	意思表示の相手方等		
①		○	○	信託の目的に反しないことが明らか	—	委託者	法149条2項1号
②		○		信託の目的に反しないこと及び受益者の利益に適することが明らか	受託者の書面又は電磁的記録による意思表示	委託者及び受益者	法149条2項2号
③	○		○	受託者の利益を害しないことが明らか	受託者	—	法149条3項1号
④			○	信託の目的に反しないこと及び受託者の利益を害しないことが明らか	受託者	委託者	法149条3項2号

1　信託の変更

　信託の変更とは，当初の信託行為を事後的に変更することを言います。信託の設定段階では，中長期の信託を想定することが多いと思われます。しかし，将来の状況を全て確実に予測した上で信託を設定することは非現実的であるため，より一層信託が利用しやすいよう，事後的に内容を変更することが認められています（旧信託法下では裁判所による変更のみ規定されていました。）。

　他方で，信託の変更によって，当初信託の内容を前提としていた委託者，受託者，受益者の各関係当事者に影響が生じます。そこで，信託法は，以下のように，変更の各場面ごとに，関係当事者の利害に応じて変更の要件と手続を定めています。

2　三者の合意による変更（法149条1項）

　委託者，受託者，受益者の全員の合意があれば，信託行為を変更できます。委託者と受益者が同一の自益信託や，委託者と受託者が同一の自己信託の

場合には二者の同意で足ります。なお，死亡等により委託者が存在しない場合は，三者がそろわないため，関係当事者三者の合意による変更はできません（法149条5項）。

3　関係当事者二者の合意又は意思表示による変更（法149条2項・3項）

　しかし，委託者，受託者，受益者の三者の合意を常に必要とすると，状況に応じて適切・迅速な信託の変更ができませんので，関係当事者二者の合意，意思表示や，受託者又は受益者一者の意思表示のみで，信託を変更することも可能です。ただし，他の当事者への影響に応じた要件・手続が定められています（前掲の表も併せてご参照ください。）。

(1)　受託者と受益者の合意による変更（表①・法149条2項1号）

　受託者と受益者の合意によって変更する場合（表①の場合），変更内容が信託の目的に反しないことが明らかであることが，信託を変更する要件です。

　受託者は変更後の信託行為を遅滞なく委託者に通知しなければなりません（法149条2項本文後段）。ただし，委託者が存在しない場合には，通知相手を欠くため不要になります（同条5項）。また，委任者への通知の手続を欠いても変更の効力は生じると解されています[1]。

（「信託の目的」についてはQ11参照）

(2)　受託者の意思表示による変更（表②・法149条2項2号）

　受託者の意思表示によって変更する場合（表②の場合），変更内容が信託の目的に反しないことが明らかであること，かつ，受益者の利益に適合することが明らかであることが，信託を変更する要件です。この受託者の意思表示は，書面又は電磁的記録によって行います。

　受託者は，変更後の信託行為の内容を，委託者及び受益者に遅滞なく通知しなければなりません（法149条2項本文後段）。なお，受託者と受益者の合意による変更（表①）の場合と同様，通知を欠いても変更の効力は生じると

---

1)　信託の目的に反しないため委託者に損害が生じないことが理由として挙げられています（道垣内391頁）。

解されています（信託の変更についての意思表示は相手方のない意思表示であり，委託者及び受益者に対する通知はこの意思表示とは別のものだとの理解が一般的なようです[2]）。

(3) 委託者と受益者の合意による変更（表③・法149条3項1号）

委託者と受益者の合意によって変更する場合（表③の場合），変更内容が受託者の利益を害しないことが明らかであること，かつ，委託者と受益者が当該変更後の信託行為の内容の意思表示を受託者に行うことが，信託を変更する要件です。なお，委託者が存在しない場合には，この条項による信託の変更はできません（法149条5項）。

(4) 受益者の意思表示による変更（表④・法149条3項2号）

受益者のみの意思表示によって変更する場合（表④の場合），変更内容が信託の目的に反しないことが明らかであること，かつ，受託者の利益を害しないことが明らかであること，かつ，受益者が当該変更内容の意思表示を受託者に行うことが，信託を変更する要件です。

これを受けた受託者は，遅滞なく委託者に対して変更後の信託行為の内容を通知しなければなりません（法149条3項本文後段）。なお，この場合においても，委託者に対する通知を欠いても変更の効力は生じるものと解されています[3]。

4 信託行為の別段の定め（法149条4項）

これら当事者の意思による変更については，信託行為で別段の定めをすることができます。

信託によっては，信託をとりまく環境や関係当事者の置かれた状況の変化が見込まれるなど，頻繁に信託の変更が必要となることも考えられます。反対に，容易には信託の変更を認めるべきでない信託や，信託の変更に第三者の判断を仰ぐべき信託もあり得ます。認知症などで関係当事者が合意や意思表示ができなくなる時に備えて，信託の変更についての取り決めを明確にし

---

2) 能見＝道垣内4・8頁以下。
3) 条解638頁。

ておきたいという要望も考えられます。

　そこで，信託法では，上記の法律の定めとは異なる方法による信託の変更を信託行為で定めることを許容しています（→Q75参照）。

5　裁判所による変更（法150条）

　信託行為の当時，予見することのできなかった特別の事情により，信託事務の処理の方法に係る信託行為の定めが信託の目的及び信託財産の状況その他の事情に照らして受益者の利益に適合しなくなった場合，委託者，受託者又は受益者の申立てによって，裁判所が信託の変更を命じることができます（法150条 1 項）。

　当該申立てに当たり，変更後の信託行為の定めを明らかにして行い（同条 2 項），裁判所は受託者の陳述を聴かなければなりません（同条 3 項）。

　ただし，この方法による信託の変更の範囲は，信託事務の処理方法に係る信託行為の定めに限られており，信託の内容全般には及びません。

Q 74　委託者又は受益者に後見が開始された場合の信託の変更

　委託者又は受益者に後見が開始された場合に，成年後見人は委託者又は受益者の法定代理人として信託の変更の合意や意思表示をすることができるでしょうか。

　委託者や受益者の成年後見人は，信託を変更することが成年被後見人である委託者や受益者の利益となる場合には，委託者や受益者を代理して，信託の変更の合意や意思表示をすることが可能と考えられます。ただし，委託者の成年後見人は，委託者本人が信託を設定した動機や目的を尊重して信託の変更についての合意や意思表示

をすべきです。

1　委託者自身，受益者自身による信託の変更

　信託は，一定の目的を達成したいという委託者の意思に基づき設定されます。このため，委託者には信託目的の変更を含めて，信託を変更する権限があります。また，信託は，信託による利益を受益者に与えるために設定されるものであるため，利益を受ける受益者にも信託を変更する権限があります。

　ただし，ひとたび設定された信託を変更することは，それを前提として成立した受託者や受益者の利害関係に影響を与えることもあるため，信託法は委託者による信託の変更について，一定のルールを設けています（→Q73参照）。

2　委託者，受益者の成年後見人による信託の変更

　では，委託者や受益者に成年後見人が選任されている場合に，成年後見人が委託者や受益者の法定代理人として信託変更の合意や意思表示を行うことができるのでしょうか。このことは信託法に明確な定めがありません。

　この点，成年後見人は，成年被後見人の生活，療養看護及び財産の管理に関する事務を行い（民858条），被後見人の財産に関する法律行為について成年被後見人を代表（代理）する権限を有します（民859条1項）。そして，この財産の管理とは，財産の保存，財産の性質を変じない利用，改良を目的とする行為を言い，事実上及び法律上の一切の行為を含み，管理の目的の範囲内においで処分行為をすることも妨げない（於保＝中川408頁）とされています。また，成年被後見人の財産を管理することは，成年後見人の権利であると同時に義務である（同408頁）ともされています。

3　受益者の成年後見人による信託の変更

　このことからすると，信託から利益を得る立場にいる受益者の成年後見人は，信託の変更が受益者の利益となる場合に，上記の信託法のルールに従って信託の変更の合意又は意思表示をすることには何ら問題ないと考えられま

す。何らかの事情により信託が機能せず受益者が利益を受けられない状態が生じており，その状態が信託の変更によって解消されるという場合には，受益者の成年後見人は，むしろ積極的に信託を変更するべきと言えるでしょう。

一方で，受益者の成年後見人は，例えば，複数の受益者が存在する信託において受益権割合を減少させるなど，受益者の利益とならない信託の変更は原則としてできないものと考えられます。このような信託の変更が例外的に認められる場合があるとすれば，他の受益者が将来にわたり成年被後見人である受益者の面倒を見ることを条件として，成年被後見人である受益者の受益権の一部を当該他の受益者に振り分ける（受益権割合を変更する）場合など，総合的に考慮して成年被後見人である受益者の利益となる場合が考えられます。しかし，このような信託の変更が真に受益者の利益となるかどうかは慎重に判断する必要があります。

なお，受益者代理人が選任されている受益者は，原則として信託の変更についての合意や意思表示の権限も行使できなくなりますので（法139条4項），受益者の成年後見人もこれらの権利を行使することはできません。

4　委託者の成年後見人による信託の変更

これに対し，委託者は信託から利益を得る立場にありません。このため，委託者の成年後見人が，委託者の利益を守るという観点から積極的に信託の変更に関与しなければならないという場面はあまり想定できません（→Q72参照）。

また，前述のとおり，委託者が信託の変更に関与する場合には信託の目的に反する変更や信託の目的そのものの変更も可能ですが，委託者の成年後見人は委託者本人の過去の意思（信託設定時の自己決定）を尊重する必要があるため，委託者の成年後見人は原則としてこのような信託の変更をできないと考えられます。特に，委託者が遺言で相続人や相続分を指定するのと同様の目的で信託を設定した場合，成年後見人には遺言の作成や書換えができないことに鑑み，成年後見人が信託を変更することはできないと考えるべきです。例えば，委託者の死亡後に受益権を取得する者やその受益権割合を変更

してしまうことや，代々相続してきた不動産をそのまま残余財産として取得させる目的で設定された，不動産を管理する信託を，売却して代金を配当する信託に変更してしまうことなどです。また，遺言代用信託では，委託者に受益者変更権がありますが（法90条1項），この受益者変更権も，委託者が従前指定した受益者を変更してしまうことが委託者の意思に適合するかどうか不明ですので，成年後見人が代理行使すべきではないでしょう。

　これに対し，何らかの事情により信託が機能せず受益者が利益を受けられない状態に陥っている場合に，委託者が信託を設定した目的を達成するために信託を変更することは，委託者本人の意思を尊重するという委託者の成年後見人の立場からも求められていると言えます。

　この観点からは，例えば，前述したような不動産承継を目的とした（すなわち売却を前提としていない）信託であっても，収益を受益者に配当することも信託目的に含まれている場合で，受託者が欠け収益を得ながら管理する能力のある後継受託者も見つからないという状況のもとでは，不動産を売却し受益者や帰属権利者に売却代金を配当する信託に変更することが，委託者の真意に適うということも考えられます。ただし，このような変更では信託目的をどのように理解するのかが問題になりますので，その判断は慎重に行うべきです。

5　信託条項を定める際の注意点

　このように，委託者の成年後見人が信託の変更をする場合には，委託者本人が達成しようとした信託の目的に注意を払う必要があります。このため，委託者としては，将来自らが成年被後見人となった場合に，成年後見人が信託目的に反した信託の変更をしたり，反対に適切な信託の変更ができなかったりすることを避けるために，信託の目的をわかりやすく定めておく必要があります。

　また，信託条項には信託の変更についての定めを置くことができますので（法149条4項），委託者に成年後見人が選任された場合を想定し，あらかじめ，成年後見人による信託の変更が可能な要件や変更の範囲等についての定めを

置いておく方法もあります。

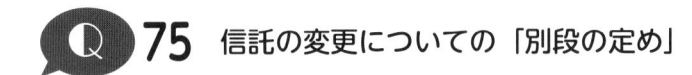

75 信託の変更についての「別段の定め」

信託の変更について，信託行為に「別段の定め」を設ける場合，どのような内容が考えられますか。

　信託法149条 4 項では，信託の変更について信託行為に「別段の定め」をすることができる旨が規定されています。

　どのような「別段の定め」が考えられるかですが，例えば，委託者や受益者が意思決定できない場合に備えて受託者と信託監督人の合意で変更できることとしたり，特定の第三者に信託の変更権限を与えたりすること，逆に委託者，受託者及び受益者の三者間の合意でのみ変更できるとすることや，委託者の同意を必要とすることなどが考えられますし，信託法149条 2 項及び 3 項に規定されている変更後の信託行為の内容に関する通知義務を免除することなども考えられます。

　なお，「別段の定め」といっても，無制限に許容されるわけではなく，受益者の利益保護の観点から一定の合理性が必要と解されます。

1　信託の変更

　信託の変更とは，信託行為に定められた信託の目的，信託財産の管理処分方法，受益者に対する信託財産の給付内容等について，事後的に変更することを言います。今日のように変化が著しい社会においては，信託が設定された時点では予想できない事態が生じることもあり得，そのような場合に柔軟かつ迅速に対応できるよう，信託法149条で，信託の変更に関する規定等が

設けられています。

2　「別段の定め」

　信託法149条1項ないし3項では，信託の変更に関する一般的規定（デフォルトルール）が定められている一方，同条4項では，これらのデフォルトルールにかかわらず，信託行為で「別段の定め」がある場合は，その定めに従うものとされています。

　これは，委託者や受益者が認知症や知的障がい等で信託変更の意思決定ができない場合や，信託の変更について専門的ないし高度な判断を要する場合等，デフォルトルールでは対応できない事態や，手続が煩雑で迅速に対応できないケースでは，デフォルトルールをそのまま適用すると不都合が生じる場合があり得るとの配慮からです。また，そもそも個別の信託によってその目的等も様々であり，これらに臨機応変に対応できるようにするためにも，信託の変更について信託行為であらかじめ「別段の定め」をしておくことができる旨が規定されているものです。

　具体的には，信託法が認める信託の変更の各場合に加えて，委託者や受益者が意思決定できない場合に備えて受託者と信託監督人（信託監督人が設置されている場合）の合意で変更できることとしたり，特定の第三者（専門的知識を有する者など）に信託の変更権限を与えたりすることが考えられます[4]。

　これとは反対に，信託の変更は委託者，受託者及び受益者の三者間の合意でのみ変更でき，それ以外の変更はできないとすることや，信託の変更には常に委託者の同意を必要とすることなど，信託の変更ができる場合を限定したり，要件を加重したりすることも考えられます。

　また，信託法149条2項及び3項に規定されている変更後の信託行為の内容に関する通知義務を免除することなど，手続的な部分を変更することも考えられます。

4）例えば，受益者が注目すべき研究成果を残したときは，信託を変更して給付額を増加させたいが，当該受益者が注目すべき研究成果を残したか否かは委託者には容易に判断できないため，専門家に判断を委ねることが挙げられます（寺本342頁・注2）。

3　受益者の利益保護

　どのような「別段の定め」が考えられるかは上記のとおりですが，無制限に許容されるわけではなく，受益者の利益保護の観点から一定の合理性が必要と解されます。例えば，信託目的に反するような信託の変更を受託者が単独でできることになるような「別段の定め」は無効となるでしょう。

　この点，信託法の改正過程で，第三者に変更権を与える旨の定めについては，変更できる事項の範囲を制限すべきではないかとの指摘もあったようです。最終的には，規定としてそのような制限は設けず，受益者の有する一定の権利については信託行為で制限できないものとすることや（法92条等），一定の重要な事項に関する信託の変更については，受益者が受託者に対し自己の有する受益権を公正な価格で取得することを請求できる権利（受益権取得請求権）を認めることで（法103条1項），受益者の利益保護を図ることとされました（寺本342頁以下・注3）。

 **76** 信託の変更と第三者

　信託を変更する場合に，信託事務処理に係る債務の債権者や契約の相手方，金融機関といった第三者との関係で気を付けるべき事柄はあるでしょうか。

　信託の変更について，信託事務処理に係る債務の債権者に対し，事前事後の承諾を得たり通知したりしなければならないという法律上の規定はありません。しかし，受託者が，信託の変更により対外的な権限が変更されたにもかかわらず，そのことを知らない第三者との間で受託者の従前の権限を前提として取引をしてしまった場合には，その取引債務が信託財産責任負担債務となってしまう危険性があります。そこで，委託者や受益者は，受託者がこのような取引

をしないように監督する必要があり，取引の相手方に対し受託者の権限の変更について通知をしておくことも考えられます。

　なお，信託登記がなされている不動産については，その変更した内容によっては，受託者には信託の変更登記を申請する義務があり（不登法103条1項），委託者や受益者は受託者に代位して登記申請ができます（同条2項，99条）。

　また，信託口口座を開設している金融機関や，信託借入をしている金融機関によっては，口座開設や借入の条件として，信託の変更に制約を設けている場合もあるので，金融機関に信託の変更の可否をあらかじめ確認しておくことが必要です。

1　信託の変更に際しての債権者保護手続はない

　信託では，受託者は信託行為の定める範囲で権限を有し（法26条），受託者が信託事務処理のために負担した債務は，信託財産が引き当てとなる信託財産責任負担債務となります（法21条1項5号）。このため，信託の変更によって，受託者の権限が変更されたり信託財産が変更されたりした場合には，信託事務処理に係る債務の債権者や，信託事務処理に係る契約の相手方にも影響を及ぼします。

　とはいえ，信託の変更には，信託目的そのものの変更や，信託財産の運用利益を配当する信託から信託財産を売却して売却益を配当する信託への変更といった信託事務の根本的な変更から，毎年の受益権の交付回数の変更や振込先の変更といった手続的な変更まで，様々な変更があり得ます。信託の変更が常に，受託者の権限と信託財産の変更を伴うものではありません。

　このため，信託の変更に際し，既存の債権者等に対して信託の変更を通知したり公表したりする義務は，特に定められていません。

　ただし，信託の変更の一種である信託の併合や信託の分割（本書では取り上げていません。）では，信託事務処理に係る債務と信託財産の関係に変化が生じるために，受託者に官報公告や個別の催告といった債権者保護手続が義

務付けられています（法152条，156条，160条）[5]。

2　トラブルを防ぐための通知・公表

しかし，信託財産や受託者の権限は，信託事務処理に係る債務の債権者や取引・契約の相手方にとって，債権の引き当てとなる財産はどの財産なのか，受託者の行為が有効なのか無効なのか，どのような契約による債権が信託財産責任負担債務となるのか（信託財産で担保されるのか）の判断基準になります。

このため，信託財産や受託者の権限が変更されたにもかかわらず，信託事務処理に係る債務の債権者や契約の相手方がこのことを知らず，誤った認識を持たれたまま取引を継続してしまうことは，トラブルのもとになりかねません。

また，特に受託者の権限の変更を債権者や取引の相手方が知らないということは，信託財産にも不測の損害を与えかねません。なぜなら，受託者が信託財産のためにした行為が受託者の権限外の行為であった場合でも，受益者がその行為の取消しができるためには，受託者の権限外であることを取引の相手方が知っていたか重大な過失により知らなかったことが必要とされており（法27条1項2号・2項2号），取消しができなかった場合，受託者の行為による債務は信託財産責任負担債務となってしまう（法21条1項6号）からです。

このように，受託者の変更が周知されることは，信託を設定した委託者や信託財産から利益を受ける受益者にとっても重要な事柄と言えます。したがって，委託者や受益者は，受託者がこのような取引をしないように監督するという観点から，取引の相手方に対し受託者の権限の変更について通知をしておくことも考えられるでしょう。

5）この他に，信託業法では，重要な信託の変更等に際しての公告手続等が定められています（信託業29条の2）。

3　信託の登記の変更

　登記又は登録が権利の得喪及び変更の対抗要件となっている財産については，信託の登記又は登録が信託財産に属する財産であることの対抗要件となっています（法14条）。そして，不動産登記に関しては，信託の目的，信託財産の管理方法が登記事項に含まれていますが（不登法97条），信託の変更により登記事項が変更されたときは，受託者は遅滞なく変更の登記を申請しなければならないと定められています（同法103条1項）。受託者がこの変更登記を申請しないときは，受益者又は委託者は，受託者に代わって変更登記を申請することができます（同法103条2項，99条）。

　このため，登記事項である信託の目的や信託財産の管理方法に，受託者の権限についての具体的な記載がある場合は，受託者の権限の変更が登記の変更によって公示されることとなります。

4　金融機関との関係

　上記のとおり，不動産の信託登記の変更の申請を除いては，信託の変更について，債権者や契約の相手方に通知・公表しなければならない法律上の義務はありません。しかし，信託事務処理としての契約時に，契約の相手方との間で信託の変更について特別の合意をしていた場合は，当然ながら，その合意に従う必要があります。

　特に，金融機関によっては，信託の変更を禁止していたり，信託の変更に事前の承諾を要求したり，承諾なく信託が変更されることを期限の利益の喪失理由としていたりすることがあり得ます。このため，受託者が信託財産を管理するために金融機関に信託口口座を開設していたり，信託事務処理として金融機関から借入をしていたりする場合には，注意が必要です。

第**8**章　信託の終了と清算

1　信託の終了

⑴　信託の終了とは

　信託の終了とは，信託の終了事由の発生により信託が清算の手続に入り，信託関係が将来に向かって消滅することです。ただし，清算が結了するまでは信託は存続するものとみなされますので（法176条），信託の終了により直ちに信託の関係が消滅するわけではありません。なお，信託の併合による信託の終了の場合は，信託は併合された信託において存続し，信託の清算は行われません。

⑵　信託の終了事由

　信託法では，様々な終了事由が定められています。例えば，信託目的を達成した場合や達成できなくなった場合（法163条1号），受託者が受益権の全部を固有財産で有する状態が1年間継続したとき（同2号）など，信託法が定めた一定の事由が生じた場合には信託は終了します。信託行為に定めた事由が生じた場合（法163条9号），委託者と受益者が合意した場合（法164条1項），裁判所が信託の終了を命じた場合にも信託は終了します（法163条6号，165条，166条）（→Q77参照）。

　信託が，いつ，どのような場合に終了するのかは，当事者及び信託の関係者にとって重要なことです。したがって，実際に信託を組成する場合には，信託行為に具体的な信託の終了事由を定めておくこと（法163条9項）が好ましいと考えられます（→Q79参照）。

2　信託の清算

(1)　信託の清算とは

信託の清算とは，信託が終了した場合に，清算受託者が現務を結了し，信託財産に属する債権を取り立て，信託財産に属する債務や受益債権にかかる債務を弁済し，残余財産を残余財産受益者等に給付して信託関係を終結させる手続です。

清算受託者には，原則として，信託終了時の受託者がそのまま清算受託者になります（法177条本文）。ただし，裁判所が公益の確保のために信託の終了を命じた場合には（法166条），裁判所が清算受託者を選任します（法173条）。

なお，信託の併合による信託の終了の場合（法163条5号）や，信託財産の破産手続開始の決定により信託が終了した場合（法163条7号）で破産手続が終了していない場合には，信託の清算は行われません（法175条括弧書き）（→Q77参照）。

(2)　残余財産の帰属先

現務を結了し，信託債務に係る債務及び受益債権に係る債務を弁済した後に残った財産を残余財産といいます（法177条4号）。残余財産の帰属先は，信託行為に定め（残余財産受益者又は帰属権利者の定め）があれば，それに従います（法182条1項）。それがなければ，委託者又はその相続人その他の一般承継人（同条2項），清算受託者（同条3項）の順に決まります（→Q82参照）。

 **77　信託の終了事由**

信託の終了事由にはどのようなものがありますか。

　　　　　信託法が定める信託の終了事由には，例えば次のようなものがあ
ります。

　　1　信託の目的を達成し又は達成不能となったとき

　　2　受託者が受益権の全部を固有財産で有する状態が1年間継続
　　　したとき

　　3　受託者が欠けて新受託者が就任しない状態が1年間継続した
　　　とき

　　4　費用や信託報酬等の支払を受けるのに信託財産が不足してい
　　　ることを理由に受託者が信託を終了させたとき

　　5　特別事情や公益確保のため信託の終了を命ずる裁判があった
　　　とき

　　6　信託財産についての破産手続開始の決定があったとき

　　7　信託行為において定めた事由が生じたとき

　　8　委託者と受益者が信託の終了を合意したとき

1　信託の終了

　信託の終了とは，信託の終了事由の発生により信託が清算の手続に入り，
信託関係が将来に向かって消滅することをいいます。信託が終了すると信託
に係る債務を清算し，残余財産を残余財産受益者及び帰属権利者に対して交
付する信託の清算を行う必要があり（法175条），清算が結了するまで信託は
存続するとみなされます（法176条）。

2　信託の終了事由

信託の終了事由は，信託法に列挙されており（法163条各号），具体的には以下のとおりです。

① 信託の目的を達成し又は達成不能となったとき（法163条1号）

　　信託の目的を達成したときはもちろん，信託の目的を達成することができなくなったときにも，これ以上信託を存続させる必要がなくなるため信託は終了します。

② 受託者が受益権の全部を固有財産で有する状態が1年間継続したとき（法163条2号）

　　受託者が受益権の全部を固有財産で保有する状態になると，受託者と受益者が同一人となります。このような状態では，受託者が受益者のために財産を管理処分するという信託の基本構造がなくなりますし，受託者に対する受益者の監督が期待できません。そこで受託者が受益権の全部を固有財産で保有することは1年を限度とし，このような状態が1年間継続したときは信託は終了するとされています。

　　なお，この規定は単独受託者が単独受益者となる場合だけでなく，共同受託者の1人が単独受益者となる場合にも適用されると解されています。

③ 受託者が欠けて新受託者が就任しない状態が1年間継続したとき（法163条3号）

　　信託財産に関する管理処分権を有している受託者が不在になると信託事務は執行されません。このような状態が長期間続くことは，受益者をはじめとする信託関係者にとって望ましいことではなく，信託を存続させておくことは適当ではありません。

　　そこで受託者が欠け，新受託者が就任しない状態が1年間継続したときは信託は終了するとされています。

　　なお，受託者が複数ある場合については信託法87条に特例が定められています。

④ 費用等の償還又は費用の前払，損害賠償，信託報酬を受けるのに信託

財産が不足していることを理由に受託者が信託を終了させたとき（法163条4号）

　受託者は信託財産から信託事務処理費用，損害賠償及び信託報酬の支払を受けることができますが（法48条，53条，54条），信託財産が不足するためにこれらの支払を受けられないにもかかわらず，受託者に信託事務の執行義務を負わせるのは不合理ですので，委託者及び受益者への通知など一定の要件のもとに受託者が信託を終了させることを認めたものです。

⑤　信託の併合がされたとき（法163条5号）

　信託が併合されると（法2条10項），併合後は新たな信託となりますので，併合前の信託は当然に終了することになります。

⑥　特別事情による信託の終了を命ずる裁判があったとき（法163条6号，165条）

　信託行為の当時に予見できなかった事情により，当該信託行為の内容が信託の本旨すなわち委託者の意図に適合しない状況に至った場合には信託を終了させることが委託者の意思に適うと考えられます。しかしこういった場合が必ずしも他の終了事由に該当するとは限りませんので，裁判所の関与のもとで信託を終了させることが認められています。

　この申立てができるのは委託者，受益者，受託者に限られており，また裁判所が裁判をするに当たっては受託者の意見を聞かなければならないとされています。

⑦　公益確保のために信託の終了を命ずる裁判があったとき（法163条6号，166条）

　不法な目的に基づいて信託がされた場合や受託者が法令や信託行為で定める権限を逸脱，濫用し，又は刑罰法令に触れる行為をして法務大臣から書面による警告を受けたにもかかわらず，なお継続的に又は反覆して当該行為を行った場合に，公益を確保するために裁判所の関与のもとで信託を終了させることが認められています。

　この申立てができるのは，法務大臣，委託者，受益者，信託債権者そ

の他の利害関係人であり，前述の⑥より広くなっています。また裁判所が裁判をするに当たっては⑥と同様に受託者の意見を聞かなければならないとされています。

⑧　信託財産についての破産手続開始の決定があったとき（法163条7号）

　　信託財産について破産手続が開始されると破産管財人が信託財産を換価して配当することになるため，信託は当然に終了します。

　　この場合，信託の清算は破産法に従って行われますので，信託法の規定による清算は行われません（法175条）。

⑨　委託者が法的倒産手続開始の決定を受けた場合に双方未履行双務契約の解除の規定に基づき管財人等によって信託契約が解除されたとき（法163条8号）

　　委託者に破産，民事再生，会社更生の手続が開始され，管財人や再生債務者等が信託契約を双方未履行の双務契約として解除した場合に信託は終了します。

　　もっとも，信託契約締結後に委託者が受託者に財産を移転すれば，信託契約は履行されたことになりますし，信託財産に属する財産は委託者の財産ではないため委託者に法的倒産手続が開始されても信託は影響を受けません。したがって，本号による信託の終了が問題となるケースは限られていると思われます（→Q71）。

⑩　信託行為において定めた事由が生じたとき（法163条9号）

　　信託契約等の信託行為においては，信託の終了事由を定めておくことができ，その事由が生じたときに信託は終了します。期間満了で終了すると定めたり，一定の事由が生じたときに終了すると定めたりすることが考えられます（→Q79）。

⑪　遺言により受益者の定めのない信託が設定された場合に信託管理人が欠けて新たな信託管理人が就任しない状態が1年間継続したとき（法258条8項）

　　遺言により受益者の定めのない信託をする場合には信託管理人を置くことが必須で（法258条4項），信託管理人が受託者を監督することとさ

れています。そのため前述の②同様，受託者を監督する信託管理人の不在が1年間継続したときには信託は終了するとされています。

⑫　委託者と受益者が信託の終了を合意したとき（法164条）

信託の設定者である委託者と信託の利益を享受する受益者の双方が信託の終了を望んでいる場合にこれを否定する必要はありませんので，終了事由とされています（法164条1項）。

ただし，この合意が受託者に不利な時期になされたときは，やむを得ない事由があった場合を除き，委託者及び受益者は受託者の損害を賠償しなければなりません（同条2項）。

もっとも，合意による信託の終了を制限又は排除したり，逆に委託者及び受益者の受託者に対する損害賠償義務を免除したりするなど同条1項，2項の規律と異なる規律を信託行為で定めることも可能です（同条3項）。

Q 78　委託者又は受益者に後見が開始された場合の信託の終了

委託者又は受益者に後見が開始された場合に，成年後見人は受託者や受益者の法定代理人として信託の終了の合意をすることができるでしょうか。

A 委託者や受益者の成年後見人は，信託を終了することが成年被後見人である委託者や受益者の利益となる場合には，委託者や受益者を代理して，信託の終了の合意をすることが可能と考えられます。ただし，委託者の成年後見人が信託の終了の合意をすべきかどうかを検討するに当たっては，委託者本人が信託を設定した動機や目的をできるかぎり尊重すべきでしょう。

1　委託者と受益者の合意による信託の終了

　信託は，一定の目的を達成したいという委託者の意思に基づき設定され，受益者はその信託から利益を得ます。このため，委託者と受益者の双方が，その信託がこれ以上必要ないと考えた場合には，いつでも，両者の合意により信託を終了させることができます（法164条1項）。

2　受益者の成年後見人による信託の終了

　では，委託者や受益者に成年後見人が選任されている場合に，成年後見人が委託者や受益者を代理して信託終了の合意を行うことができるのでしょうか。このことについて信託法には明確な定めがありません。

　この点，成年後見人は，成年被後見人の財産管理に関する事務権限（民858条），成年被後見人の財産に関する法律行為についての代理権（民859条1項）を有し，この財産の管理には，財産の保存，財産の性質を変じない利用，改良を目的とする，事実上及び法律上の一切の行為が含まれ，処分行為も可能です。そしてこれは，成年後見人の権利であると同時に義務であるともされています（於保＝中川408頁）。したがって，受益者の成年後見人が受益者の利益のために信託の終了の合意をすることには，特段の問題はないと考えられます。

　もっとも，受益者は，信託から利益を受ける立場にあり，信託を終了させることはこの受益を終了させることになりますので，受益者の成年後見人が受益者を代理して信託の終了の合意をすべき状況は限られてくるでしょう。

　例えば，受益者が帰属権利者又は残余財産受益者としても指定されている場合で，信託を継続させることによる利益よりも，今すぐ信託を終了させ残余財産を取得することによる利益の方が大きいときには，受益者の成年後見人は，受益者を代理して信託を終了させることも考えられます。具体的には，居住用不動産を賃貸物件として管理運用する信託で賃料収入が思うように得られないものの，受益者自身がその不動産に居住することには十分な利益があるというケースが考えられます。また，受託者に信託財産の管理を任せるのではなく，受益者自身に取得させた上で成年後見人がその財産の管理を

行った方が効率が良いというケースも考えられます。

　もちろん，受益者以外の者が帰属権利者又は残余財産受益者として指定されている場合でも，信託が終了することにより受益者が受益権以上の事実上の利益を得ることができるケースもあり得ます。例えば，残余財産の取得者が，信託を終了させ今すぐ残余財産を取得できることと引換えに，将来にわたり成年被後見人である受益者の面倒を見ることを約束している場合などが考えられます。このような場合についても，成年後見人は，信託の終了が受益者の利益となるかどうかを総合的に考慮して，信託の終了の合意が適当か判断することになります。

3　委託者の成年後見人による信託の終了

　これに対し，委託者は自己の財産を受託者に信託譲渡した立場にあり，信託から利益を得る立場にはないことから，信託が終了しても，委託者が経済的な不利益を被ることはありません。それどころか，委託者が信託終了時の残余財産受益者や帰属権利者と指定されている場合や，信託行為で残余財産受益者や帰属権利者が指定されていないため委託者が帰属権利者になる場合（法182条2項）には，委託者は信託の終了により信託財産を取り戻すことになります。このような信託については，委託者の成年後見人は，むしろ積極的に信託を終了させることが委託者の利益と考えることもできそうです。

　しかし，委託者は，信託設定時点の意思に基づき，信託目的を達成するために信託財産を処分（信託譲渡）しており，委託者の成年後見人は，このような委託者本人の自己決定を尊重する必要があります。信託を終了させることは，委託者本人の自己決定による信託目的に反することになるので，信託の終了により委託者が残余財産を取得する信託であったとしても，委託者の成年後見人が，委託者を代理して信託を終了させることは原則としてできないと考えられます（→Q74参照）。

　もっとも，信託設定後に事情が大きく変更したとか，何らかの事情により信託が機能せず受益者が利益を受けられない状態に陥っているといった場合で，信託を継続させることが，委託者本人が信託を設定した目的に適合しな

くなってしまったという場合には，委託者本人の意思を尊重するという委託者の成年後見人の立場から，信託を終了させるべきこともあるでしょう。

したがって，委託者の成年後見人としては，委託者本人が信託を設定した動機や目的が何であったのかを理解した上で，信託を終了させることが委託者の真意に反しないといえる場合には，信託の終了の合意をすることも許されると考えられますが，このような動機や目的に反するような信託の終了の合意はすべきとはいえません。

4　信託条項を定める際の注意点

このように，委託者の成年後見人が信託を終了する場合には，委託者本人が達成しようとした信託の目的に注意を払う必要があります（→Q74参照）。

そこで，委託者としては，将来自らが成年被後見人となった場合で，万が一信託を終了させるべき事情が発生したときには，成年後見人が適切に信託を終了させることができるよう，信託の目的については分かりやすく定めておく必要があります。

また，信託の終了事由を信託条項で定めたり（法163条9号），合意による信託の終了について信託条項に別段の定めを置いたりすることができますので（法164条3項），どのような場合に信託が終了するのか，誰が信託を終了させるのかについて，明確に定めておくことも考えられます。

 **79　信託終了に関する信託行為の定め**

信託の終了について，信託行為に定めを設ける場合，どのような内容が考えられますか。

Ⓐ　信託法163条以下で，信託の終了事由が規定されていますが，実際には，これらの法定終了事由が発生したかどうかについては個別

の解釈に委ねられることになり，場合によっては紛争も生じ得ます。また，事情変更により信託を継続し難い事態が生じたため，裁判所に対し信託終了命令（法165条）の申立てを行うとしても，手続に時間と費用を要します。そこで，信託行為においてあらかじめ具体的な終了事由を定めておくことが望ましいと考えられます（法163条9号）。

　　具体的な終了事由の例としては，以下のものが考えられます。

　　①　信託期間の満了（例；この信託は，信託開始日から10年を経過した日に終了する。）

　　②　受益者の死亡（例；この信託は受益者が死亡した時に終了する。）

　　③　信託事務の遂行が著しく困難であると受託者が認めたとき（例；この信託は，受託者において，経済事情の変動等により信託事務の収支が悪化し，受益者に対して受益者の生活費として十分な配当ができる見込みがなくなったと判断したときに終了する。）

1　信託の終了

　信託の終了事由の発生（法163条）や，委託者と受益者の合意（法164条），裁判所による終了命令（法165条）により，信託は終了します。信託が終了すると，信託の清算の手続に入ります（法175条）。

2　信託行為の定め

　しかし，実際には，上記の法定終了事由が発生したかどうかについて個別の解釈に委ねられることになり，その解釈をめぐって紛争になることもあり得ますし，裁判所の手続も費用や時間を考えると得策ではない場合もあります。

　そこで，信託の終了については，信託行為で定めを設けることができるとされています（法163条9号）。これにより，信託がいつ，どのような時に終了するのかが，客観的に判断できるようになります。

　考えられる具体的な終了事由としては，例えば，①信託期間の満了（例；

この信託は，信託開始日から10年を経過した日に終了する。），②受益者の死亡
（例：この信託は受益者が死亡した時に終了する。），③信託事務の遂行が著しく
困難であると受託者が認めたとき（例：この信託は，受託者において，経済事
情の変動等により信託事務の収支が悪化し，受益者に対して受益者の生活費とし
て十分な配当ができる見込みがなくなったと判断したときに終了する。）などが考
えられます。

　また，信託法164条1項は，委託者及び受益者の合意によりいつでも信託
を終了させることができる旨が規定されていますが，同条でも，3項で信託
行為に別段の定めをすることができるとされています。例えば，受託者の利
益に配慮して受託者の同意を必要とすることや，委託者，受託者又は受益者
その他の第三者に信託の終了権限を付与することなどが考えられます。

　委託者，受託者又は受益者その他の第三者に信託の終了権限を付与するよ
うな定めについては，信託法の改正過程で，受益者の予見可能性の観点から
問題ではないかとの指摘がなされたようですが，信託の終了権限を付与され
た者が存することは信託行為の定めから明らかであって，受益者が当該信託
から享受し得る利益がその限度で制限されるということは受益者に予見可能
であるし，また，通常，終了権限を有する者がまったく自由な権限行使を認
められることはなく，信託の目的に従うなどの制約の下で権限を行使するこ
とになる等の理由から，かかる指摘は大方の支持を得るには至らなかったと
されています（寺本366頁・注5）。

　なお，自己信託については，信託法163条9号の事由（信託行為において定
める終了事由。なお，当該事由を定めない場合はその旨）を，自己信託を設定す
る公正証書等に記載することが必要ですので注意が必要です（信託規3条7
号）。

80　信託の清算手続

信託の清算手続とは，具体的にどのようなことをするのでしょうか。

　　　　　　　信託が終了した場合（→Q77参照），原則として信託の清算手続
が開始します（法175条）。

　　清算手続においては，原則として信託終了時の受託者が清算受託
者となり（法177条本文），①現務を結了し（同条１号），②信託財産
に属する債権の取立て及び信託債権に係る債務の弁済を行い（同条
２号）[1]，③受益債権に係る債務を弁済し（同条３号），④確定した残
余財産を，残余財産を受けるべき者に給付します（同条４号）。なお，
④残余財産の給付は，原則として上記②，③に係る職務を経て信託
財産に属する財産を確定した後でなければなりません（法181条）。

　　清算受託者は，これらの職務を終了した後，⑤遅滞なく信託事務
に関する最終の計算を行い，信託終了時における受益者及び残余財
産を受けると指定された帰属権利者の全てに承認を求めることを要
します（法184条１項）。

　　この間，終了した信託は，清算手続の結了まで存続するとみなさ
れます（法176条）。

1　清算手続

　信託が終了すると，信託が併合されたとき（法163条５号），信託財産につ
き破産手続開始決定がなされたときを除き，終了時の受託者が，終了以後は
清算受託者となって，以下のとおりの信託の清算手続を行います（法177条
本文）。

1）　道垣内416頁。

⑴　①現務の結了（法177条1号）

　信託の清算では，未了の信託事務を終えること（現務の結了）が必要です。そのため，清算受託者は，信託の終了時点で行われている取引を解除したり，新たな取引を停止したりしなければいけません。

　もっとも，既に締結している契約の履行に必要となる物品を購入したり，事業目的の信託で当該事業の譲渡による信託財産の換価を予定している場合に，事業の毀損を避けるため一定期間事業を継続したりすることも可能であると考えられています。

　なお，現務の結了に当たっても，清算手続の終結まで当該信託が存続するため，清算受託者は信託の目的に反しないようにしなければならないとする見解もあります[2]。

⑵　②信託財産に属する債権の取立て及び信託債権に係る債務の弁済（法177条2号）

　信託財産に属する債権の取立ては，例えば，信託財産からの貸金，信託財産の売却代金や，信託財産である建物を賃貸している場合の賃料の回収などであり，回収に向けた訴訟提起や和解なども含まれます。履行期の到来していない債権については，履行期の到来を待つか，債権譲渡により換価することが考えられます。

　信託債権に係る債務の弁済は，例えば，信託事務処理のための借入金の弁済や，信託事務処理のために不動産を賃借している場合の賃料の支払，物品を購入した代金の支払などです。弁済期未到来の債務があった場合，当該債務の弁済を終えれば残余財産を確定できるような状況であれば，期限の利益を放棄してただちに弁済すべきでしょう。

　信託債権に係る債務のうち，条件付債権や存続期間が不確定な債権など，額が不明確なものについては，清算受託者は，当該債務額の確定のため，裁判所に鑑定人の選任を申し立て（法180条1項），鑑定評価どおりの金額を弁

2）法178条1項が，清算受託者は清算のため必要な一切の行為をする権限を有するとしながら，清算受託者の権限につき信託行為で別段の定めをおいて権限を増減させることを許した理由は，信託の目的に応じた清算職務を可能とする趣旨であると考えられます。前掲注1）道垣内414頁。

済しなければなりません（同条2項）。

　ただし，その債務の債権者，清算受託者，受益者，残余財産の帰属権利者（法182条1項2号）の合意があった場合には，鑑定人による評価を得る手続を経ずに弁済することができます（法180条6項）。

(3)　③受益債権に係る債務の弁済（法177条3号）

　受益債権のうち未払となっているものについても，信託の清算手続で弁済する必要があります。

　受益債権の弁済の時期については，次項④残余財産の給付時期のような定めはありません。しかし，前項(2)②の信託債権に係る債務の弁済の前に受益債権を支払ったために，信託財産が不足して②の信託債権に係る債務が弁済できなくなるという事態は避けなければなりません（法101条は，受益債権は信託債権に劣後することを定めています。）。

　このため，③受益債権に係る債務の弁済は，原則として，②の信託債権に係る債務の弁済が終了した後に行うべきでしょう（法177条各号の①現務の結了，②債権の取立て及び債務の弁済，③受益債権の弁済，④残余財産の交付，の順序は，清算受託者による職務の執行の順序を意味しているという見解もあります[3]。）。

(4)　④残余財産の給付（法177条4号）

　上記の職務を経て，残余財産が確定した後に，清算受託者は④残余財産を受けるべき者（法182条）に給付します。これは，上記②，③に係る職務を経て残余財産を確定させた後でなければなりません（法181条）（残余財産受益者及び帰属権利者について→Q82）。

　なお，清算受託者が，当該信託の定めにより残余財産を受益者に給付しなければならないにもかかわらず受益者が受領を拒む場合は，清算受託者は期限を定めて催告し，受領がない場合は当該残余財産を競売に付することができます（法178条2項1号）。ただし，催告していては価額低下のおそれなどがある場合には催告は不要です（同条4項）。

3）前掲注1）道垣内416頁。

2　清算受託者の権限

清算受託者は，前項(1)～(4)の各手続を行うために必要となる一切の行為を
する権限を有します（法178条1項本文）。ただし，信託行為に別段の定めを
設けることもできます。

そのため，信託の清算手続中にも，信託の目的を反映させるために，清算
受託者がどのような清算手続を行うべきかを信託行為に具体的に定めておく
ことも可能です（例えば，どの信託財産を換価して弁済に充て，どの信託財産を
帰属権利者等にそのまま給付するかや，換価する場合の売却の相手方を定めてお
くことなどが考えられます。）。

3　清算の終了

清算受託者は，以上の清算手続を経た後，⑤遅滞なく信託事務に関する最
終の計算を行い，信託終了時における受益者及び残余財産を受けると指定さ
れた帰属権利者の全てに承認を求めることを要します（法184条1項）。

受益者又は残余財産の帰属権利者と指定された者が積極的に承認する場合
のほか，通知後1か月以内に異議を述べなければ，承認されたものとみなさ
れます（同条3項）。承認された場合（みなし承認の場合を含みます），清算受
託者の責任が免除されますが（同条2項本文），職務執行に不正行為があった
場合は免除されません（同条2項ただし書）。

なお，最終的に信託事務の最終計算事務を終え，受益者や帰属権利者の承
認を得たとしても，信託財産責任負担債務が残存していることが判明した場
合は，信託の清算手続は終了していないこととなります。しかしながら信託
財産は既に存在しませんので，清算受託者が固有の資産で弁済する責任を負
うことになるものと考えられます。そして，清算受託者は，帰属権利者等や
受益債権の債権者に対して，不当利得の返還を求める（民703条）ことにな
るでしょう。

 81　継続的な契約関係と信託の清算

　受託者が信託事務処理として不動産賃貸借契約などの継続的な契約を締結していた場合，信託の清算はどのようにすればよいのでしょうか。

　信託の清算における「現務の結了」では，信託事務処理として締結されていた契約関係を終了させることが原則で，継続的契約についても，合意解約をしたり中途解約権に基づいて解約したりして契約関係を終了させる必要があります。このような方法で契約を解除・解約することができない場合には，損害賠償等を支払ってでも契約関係を終了させるか，契約関係を存続させたまま信託の清算を完了させ受託者や帰属権利者等が引き続き契約当事者の地位にとどまることが考えられます。もっとも，受託者が信託財産である不動産を賃貸しており，帰属権利者等に不動産を交付する場合には，賃貸借関係を終了させず賃貸人の地位を引き継ぐことで足りることもあります。

1　「現務の結了」としての契約関係の終了

　受託者が信託事務処理のために締結していた契約は，通常，信託関係が消滅し信託事務が存在しなくなった後は不必要な契約となります。このため，清算受託者は信託の清算における「現務の結了」として，このような契約関係を終了させるのが原則です。

　このうち，必要に応じてその都度契約している売買契約などの，一般的な取引契約については，双方が未履行債務を履行し終わることで契約関係が終了しますので，特に問題はありません。

　また，電気・ガス・水道の供給契約のような継続的に給付を受ける契約や，又は新聞・雑誌の定期購読契約のような定期的に給付を受ける契約についても，給付を受ける側からの解約申入れが認められている場合には，清算受託

者が解約を申し入れることにより契約関係を終了させることができます。

2 継続的な契約の中途解約

ところが，継続的な契約や定期給付を受ける契約の中には，契約の性質や法律の定めにより，又は契約条項により，解約申入れのみによっては解約ができないものもあります。

例えば，信託事務処理として事業を行っていて，特別な製品を継続的に購入し続ける契約や，継続的に製造・販売する契約を締結していた場合には，契約関係を直ちに終了させることはできず一定期間の猶予をおいた解約の申入れが必要になることがあり，猶予期間を置かずに契約関係を終了させた場合は損害賠償義務を負うこともあります。

また，不動産の賃貸借が借地借家法の適用を受ける場合，たとえ契約条項に中途解約権や期間の定めがあったとしても，賃貸人からの中途解約や期間満了を理由とした契約終了は制限され，契約を終了させられるとしても，多くの場合は立退料の支払が必要となります。

賃借人からの解約についても，中途解約ができるという契約条項がなかったり，中途解約はできるものの違約金を支払わなければならないという契約条項となっていたりする場合には，定められた期間が到来する前に自由に中途解約することはできません。

しかし，信託が終了しこれらの契約関係が不要となる場合には，清算受託者は，合意解約を申し入れたり違約金や損害賠償を支払ったりして，契約関係を終了させることが原則です。仮に契約関係を終了させられなかった場合には，そのまま信託の清算を結了させ，受託者自身が契約上の地位にとどまることになります。

3 信託不動産の賃貸借契約について

ただし，信託財産である不動産を賃貸する契約については，必ずしも賃借人との契約関係を終了させなければならないわけではありません。不動産を残余財産として帰属権利者等に交付する場合は，不動産の所有権とともに，

賃貸人たる地位を帰属権利者に引き継げば足りることもあります。

　例えば，帰属権利者等がその不動産に自ら居住することが予定されている場合には，立退料を支払ってでも賃貸借関係を終了させる必要がありますが，帰属権利者等が引き続き収益物件として賃貸することが予定されている場合には，賃貸借契約を終了させる必要はありません。

　いずれの方法を取るのかは，信託の目的，不動産の性質，帰属権利者等が不動産をどのように活用する予定なのかといった，個別具体的な事情に照らして柔軟に考えることになります。

4　信託条項作成上の注意点

　清算受託者は，信託事務を処理するのに必要と認められる費用を固有財産から支出した場合には，信託財産から償還を受けることができます（法48条）。受託者が予期しない事由によって信託が終了し，信託事務のための継続的な契約を終了させこのために違約金，損害賠償や立退料を支払わざるを得なくなった場合や，受託者自身が契約上の地位にとどまらざるを得なかったことにより損害が生じた場合には，受託者は信託財産からその費用や損害相当額の償還を受けることができることが多いでしょう。

　一方で，信託期間が定められている信託について，信託期間を超えた長期の継続的契約を締結していた場合など，受託者が違約金や立退料を支払ったり賃借人の地位にとどまったりせざるを得ないことについて，受託者に過失がある場合には，「信託事務を処理するのに必要と認められる費用」とはいえないとして違約金，立退料や損害相当額につき費用償還を受けられない場合もあり得ます。また，信託財産である不動産が，信託終了後は帰属権利者等が自宅として使用することが想定されているにもかかわらず，信託不動産についての賃貸借契約を終了させることができず，帰属権利者等に賃借権の負担がある状態で交付せざるを得なかった場合には，受託者は善管注意義務違反（法29条2項）として損害賠償責任を負うこともあり得ます。

　このようなトラブルを未然に防ぐために，信託事務に継続的な契約の締結を含む信託については，信託条項に，受託者がどのような条件の継続的契約

を締結することができるかを具体的に定めておくことが考えられます。

　例えば，信託期間の満了が信託の終了事由となっている信託において，信託条項に，受託者はこの信託期間の範囲内で信託不動産の定期建物賃貸借契約を締結すること，と定めておくことなどです。このようにしておけば，信託が期間満了で終了した時点では，定期賃貸借契約も期間満了により終了していますので，帰属権利者等への不動産（残余財産）の交付を円滑に行うことができます。

Q82　残余財産の帰属

信託が終了した場合の残余財産の帰属先はどのように決まりますか。

　残余財産とは，信託が終了し（→Q77），清算手続において債務の弁済が行われた後に（→Q80）残った財産を示します。

　この残余財産が誰に帰属するかを，契約や遺言などの信託行為で定めておくことができます。この帰属先を「残余財産受益者」又は「帰属権利者」といい（法182条1項各号），両者を併せて「残余財産受益者等」といいます（同条2項）。

　信託行為に残余財産受益者等の定めがない場合，又は残余財産受益者等の全員がその権利を放棄した場合，残余財産は委託者又はその相続人その他の一般承継人に帰属します（同条2項）。

　このような人が存在しないか，その権利を放棄した場合，残余財産は清算受託者に帰属します（同条3項）。

1　残余財産とは

　信託が終了すると，清算受託者は，清算手続として信託事務処理上の債権債務の取立てや弁済をし，受益債権に係る債務を弁済します。これらの事務

処理の後に残った財産が，残余財産です。清算受託者は，残余財産をそれが
帰属すべき者に給付します（法177条）（→Q80参照）。

2　残余財産の帰属先

(1)　信託行為に残余財産の帰属先の定めがある場合

　信託では，この残余財産の帰属先を，信託行為で定めておくことができ，
この定めがある場合は，残余財産はその者に給付されます。特に，財産の承
継目的の信託については，残余財産の帰属先を決めておくべき場合が多いで
しょう。

　信託行為で残余財産の帰属先を定める場合には，①「残余財産受益者」と
して定める場合と，②「帰属権利者」として定める場合があり（法182条1
項），両者を併せて「残余財産受益者等」といいます（同条2項）。

①　残余財産受益者（法182条1項1号）

　残余財産受益者とは，受益権の内容として，残余財産の給付を受ける
こととされた受益者です。

　受益権の内容が，残余財産の給付を受けるものであること（つまり，
信託の継続中に何らかの利益を受けるものではないこと）を除けば，通常の
受益者と変わりません。

　したがって，原則として，残余財産受益者は受益の意思表示をしなく
とも当然にその権利を取得します（法88条1項）。また，信託の終了前か
ら，受益者としての権利（例えば監督権についての法36条，37条3項など）
を有しています（→Q51参照）。

②　帰属権利者（法182条1項2号）

　帰属権利者とは，信託行為で残余財産の帰属先として指定された者で
す。

　残余財産受益者とは異なり，受益者ではありませんので，受益者とし
ての権利は有していません。

　しかし，残余財産受益者と同様，原則として，受益の意思表示をしな
くとも当然にその権利を取得します（法183条1項）。また，信託の終了

後，清算手続中は，受益者としての権利を有します（法183条6項）。

⑵　信託行為に残余財産受益者等の定めがない場合

信託行為に，上記の①残余財産受益者，又は②帰属権利者の定めがない場合の残余財産の帰属先は，次の順で決まります。

③　委託者又はその相続人など（法182条2項）

　信託行為に残余財産の帰属に関して定めがない場合，又は残余財産受益者等と指定された者全てがその権利を放棄した場合には，信託行為にて委託者又はその相続人若しくは一般承継人が帰属権利者として指定されたものとみなされます（法182条2項）。

　したがって，委託者が存在していれば委託者に，委託者が死亡していた場合にはその相続人や包括受遺者に残余財産が給付されることになります。

④　清算受託者

　③のような人が存在しないか，委託者の相続人が相続放棄により権利を放棄した場合には，残余財産は清算受託者に帰属します（法182条3項）。

3　残余財産受益者等の権利の放棄

残余財産受益者と，帰属権利者は，信託行為の当事者でない限り，その権利を放棄することが可能です（法99条，183条3項）。

権利を放棄すると，当初からその権利を有していなかったものとみなされますが，第三者の権利を害することはできません（法99条2項，183条4項）。

委託者が財産の承継目的で（つまり，特定の相続人等にその財産を取得してもらいたいと思って）残余財産受益者や帰属権利者を指定しても，指定された人が権利を放棄してしまうと，委託者の財産承継目的は果たせないことになります。

したがって，残余財産受益者や帰属権利者を指定する場合は，そのような可能性があることも念頭に置いておく必要があります。

第 **9** 章　その 他

**83**　ペット信託（目的信託）

　私は一人暮らしのため，私が亡くなった後，ペットがどうなるか心配です。ペットの世話を依頼する際にどのような方法が考えられるか教えてください。

　　負担付遺贈による方法，目的信託の設定による方法又は受益者の定めのある信託の設定による方法が考えられます。

1　信託以外による方法

　あなたが亡くなられた後，ペットの世話を第三者に依頼する方法としては，ペットの世話を行うことを負担とした負担付遺贈（民1002条）として，ある程度まとまった金額を依頼する第三者に遺贈する旨の遺言を作成しておくことが考えられます。仮に同負担を第三者が履行せず，ペットの世話を放置した場合には，あなたの相続人が上記負担付遺贈の取消しを家庭裁判所に請求することが可能です（同法1027条）。

　もっとも，遺言の場合，財産を計画的に少しずつ承継させることはできず，一度に承継させることになりますので，依頼した第三者が承継資産を使い込んでしまい，ペットの世話が放置される心配が残ります。また，自然人や法人は，権利・義務の主体となることができますが（民3条及び34条），ペットは権利・義務の主体となることはできず，あくまで取引の客体である動産で

しかないとの位置付けが民法上なされているため，例えば，ペット名義で預金口座を作成することはできません。したがって，遺贈した財産が依頼した第三者の固有財産に法律上混入することは避け難いといえます。

そこで，財産転換機能や倒産隔離機能を有する信託を利用することが考えられます（→Q2参照）。

2　目的信託による方法

依頼する第三者を受託者とする信託を設定することが考えられますが，上記のとおり，ペットは権利・義務の主体となれませんので，ペット自身を受益者とすることはできません。

そのため，受益者の定めのない信託（目的信託→Q56）として，仕組みを作ることが考えられます。

もっとも，目的信託は，税務上，法人課税信託とされ，信託を法人とみなして法人税や法人住民税等が課されるなど，重い税負担が生じます（法法2条29号の2ロ）。また，目的信託の場合，純資産額が5,000万円を超える法人等でなければ受託者となることができないという制限があります（法附則3項・信託令3条）。

3　受益者の定めのある信託による方法

そこで，ペットの世話をしてくれる第三者を受益者とし，ペットの世話までは引き受けられないが，ペットの世話にかかる費用等についての金銭管理であれば引き受けてもよいという親族がいれば，その親族を受託者とし，ペットの死亡により終了する信託によることが考えられます（かかる方法を提案するものとして，例えば，伊庭214頁以下）。

この場合，目的信託とみなされないようにするとともに，ペットが長生きすればするほど世話の依頼を受けた第三者が得をし，適切な世話を行うインセンティブが生じるよう，毎月，受益権の内容として，飼育費の支給のほか，定額の金銭を謝礼として受益者に別途支給することも考えられるでしょう。

また，信託においては，受託者を監督する仕組みは存在するものの，受益

者を監督する仕組み（受益者による使い込みを監視する仕組み）は直接的には定められていないことに留意が必要です。もっとも，受益者も信託の目的に従って受益する立場であり，飼育費の適切かつ計画的な支出を信託の目的とする旨定めておけば，一度に多額の飼育費を無闇に請求することを制限し，使い込みによるリスクを減らすことはできるでしょう。飼育費の支給については，通常必要となる費用をもとに算出した定額の金銭を毎月支給するほか，病気等で臨時の出費を要する場合には必要かつ相当な費用を受益権の内容として請求できる旨定めておくことが考えられます。受益者による使い込みが発覚した場合には，信託の終了事由とすることも考えられるでしょう。

　なお，信託終了時の帰属権利者については，受益者とすると，飼育費を抑えれば抑えるほど受益者自身に引き継がれる資産の金額が多くなる関係となり，利害相反になりますので，受益者以外の第三者（例えば，動物愛護団体等）にすることが考えられます。

 84　追加信託

> 費用を賄うなどのために信託財産を追加することはできますか。また，自己信託で追加する場合，手続上，留意すべき点はありますか。

A　追加の法定性質に従い信託財産を追加できる場合も多いと考えられますが，自己信託において，委託者による拠出を行う場合には，改めて，公正証書等の作成又は確定日付のある書面による通知を必要とすべき場合が考えられます。

1　信託財産の追加を検討する場面

　例えば，高齢の委託者が長男に賃貸不動産を信託し，同賃料収入を受益者として受領するというスキームにおいて，賃貸不動産の修繕資金を調達する

必要が生じた場合，受託者が信託借入れ（受託者による信託借入れにつきQ27参照）を行う方法により修繕資金を調達することが考えられます。

しかしながら，信託借入れは，受託者が受託者自身の名義で借入れを行うものであり，信託財産をもって完済できない場合には受託者の個人資産も引き当てとなることから，できるだけ避けたい場合もあるでしょう。また，既に信託借入金が存在する場合には，新たに信託借入れを行うことにより，信託財産責任負担債務の額が増加し，信託財産をもって信託財産責任負担債務全額を支払えない場面が生じ得ることからすると，信託借入金の債権者から問題視されることがあるかもしれません。

そこで，修繕資金の調達に当たっては，委託者が必要な金額（自己資金のほか，借入れによる調達を含む。）を信託財産に拠出する方法も考えられます。

また，例えば，委託者死亡により信託を終了させ残余財産を帰属権利者に取得させる信託など，財産承継の方法として信託を組成している場合，信託契約締結以降に入手した財産も，信託財産に追加したいと考えることがあるかもしれません。

この場合は，委託者が，信託契約締結後に入手した財産のうち必要なものを信託財産に拠出することになるでしょう。

2　信託財産の追加の法的性質

⑴　受託者による信託借入れの場合

この場合，信託のためにする意思を有して行った受託者の行為に基づき，信託借入金が信託財産として追加されることになります。

⑵　委託者による拠出の場合

信託は諾成的に成立するものとされていますので（→Q7参照），信託財産が現に拠出されていなくとも，信託は成立します。

したがって，信託契約などの信託行為（以下単に「信託契約」といいます。）において，委託者の義務として，財産の追加支出が定められている場合には，委託者の受託者に対する信託財産拠出義務が時期的・量的に分割されているものと考えられるでしょう（道垣内398頁参照）。

これに対し，信託契約において追加支出が定められているものの，追加するか否かが委託者の判断に任せられている場合はどうでしょうか。信託財産の追加は，受託者の善管注意義務の対象財産を増加することを意味するため，受託者の同意がなければできないと解すべき場合も考えられますが，いずれにせよ，委託者・受託者両者の同意があり，受益者が反対しないのであれば，信託財産への追加拠出は認められるべきでしょう。当初より予定された信託行為の履行に基づく信託財産の増加と捉えれば足りるのではないでしょうか。

信託契約において追加支出が定められていない場合はどうでしょうか。定められていなくとも，信託の目的からして，予定されていたと解釈されるのであれば，上記同様，当初より予定された信託行為の履行に基づく信託財産の増加と捉えれば足りると思われますが，予定されていたとまでは解釈できない場合には，信託の変更に該当する場合も考えられます。この場合は，信託の変更の要件（→Q73）を満たす必要があるでしょう。

(3)　第三者や受益者による拠出の場合

第三者から信託財産への追加拠出があった場合はどうでしょうか。公益信託では，寄附の募集がされることがあり，第三者からの寄附については贈与と考えられますので，第三者から信託財産に対する追加拠出があった場合には，私益信託においても同様と思われます。

受益者による拠出についても同様に考えられるかもしれませんが，受益者は信託から利益を享受するため，典型的な贈与とは異なるかもしれません。

いずれにせよ，信託財産の追加の法的性質については，いまだ議論が定まっていない部分もあり，具体的事案ごとにその法的性質を慎重に検討すべきでしょう（遠藤122頁以下。なお，新たな信託の設定と信託の併合を同時に行うものと考えるべき場合がある旨指摘するものとして，道垣内398頁）。

3　自己信託について

自己信託では，委託者と受託者が同一人物であることから，信託の効力が発生した時期を，実質的危機時期より前に恣意的に遡らせることにより，債権者からの追及を免れることのできないよう，公正証書等の作成又は確定日

付のある書面による通知が方式として必要とされています（→Q9参照）。

　同趣旨によれば，信託財産の追加として，上記「2」記載のうち，委託者により信託財産が追加拠出される場合には，改めて，公正証書等の作成又は確定日付のある書面による通知を必要とすべき場合が考えられます（能見＝道垣内1　100頁以下）。

【追加信託の条項例】

その1

> 委託者は，受託者の同意を得て，金銭を信託財産に追加することができる。

その2

> 委託者は，夫○○（生年月日昭和○年○月○日）の死亡により別紙保険目録記載の保険に基づく死亡保険金を受け取った場合には，同死亡保険金相当額を信託財産に追加する。

第10章　具 体 例

85　親亡き後問題

　X（70歳）は，自宅の他，賃貸マンション，現預金を有しています。妻は既に死亡しており，Xは障がいを有している独身の息子Aと同居していますが，高齢のため自ら賃貸用マンションの管理を続けることが難しくなってきました。自分が死亡した後も息子Aが自宅に住み続けることができ賃貸マンションの収益で生活をしていってほしいと思っていますが，息子Aがきちんと賃貸マンションの管理をしてその収益を確保できるかが気がかりです。また，自分が認知症になり施設に入らなければならなくなったときや自分の死後，息子Aが自宅で居住できず施設等で居住をしなければならない場合には，自宅を売却してそのための費用に充ててほしいと考えています。また，自宅や賃貸マンションの管理や売却について，いつも気にかけてくれている別居している娘Bに任せたいと考えています。

A　以下のような信託を設定することで，Xの生前，死後を通じての管理方法をあらかじめ定めることができる上，死亡時に中断なく管理を続けながら，財産の承継を図ることができます。

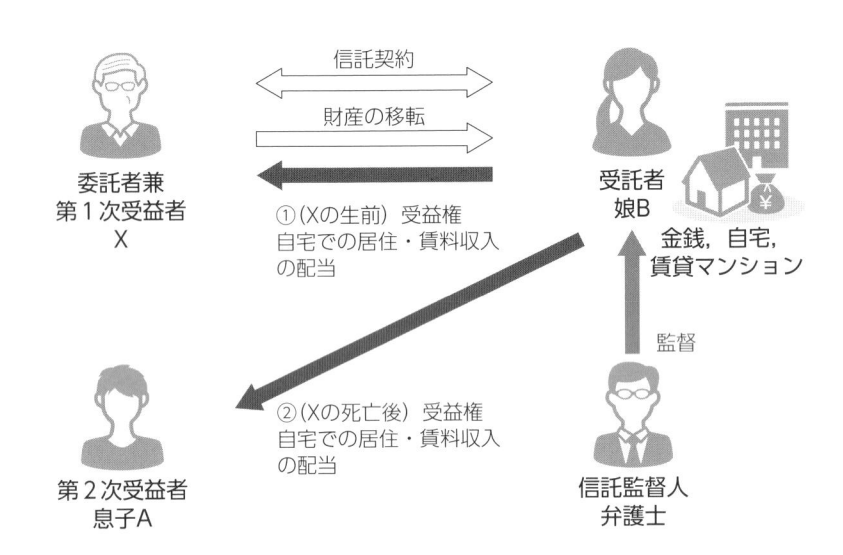

【参考信託スキーム】

信託の目的	委託者兼受益者Ⅹの安定した生活の支援。Ⅹ死亡後の息子Ａの財産管理の負担をなくすこと及びその安定した生活の支援
委 託 者	Ⅹ
受 託 者	娘Ｂ
信託財産	自宅，賃貸マンション，これらの管理に必要な範囲の金銭（受託者Ｂは，信託監督人の同意を得て自宅や賃貸マンションの処分をすることができる）
第１次受益者	Ⅹ
第２次受益者	息子Ａ（Ⅹの死亡時に受益権を取得する）
信託監督人	弁護士
帰属権利者	娘Ｂ
受益権の内容	自宅での居住，賃貸マンションの賃料収入を配当として定期的に受け取ることや信託財産処分時の対価を受領することができる

❖ 解　説

1　相談者のニーズと信託の利用について

　本件で，Xは，自分が生きている間は，第三者（受託者）に自らの財産を管理させ，自らが自宅に居住して賃貸マンションの収益を得つつ，相談者の死亡後は，息子Aの生活の拠点やその生活費を確保したいと考えています。

　また，X自らや息子Aが，認知症の発症や障がいの程度などから自宅以外の施設等での生活が望ましいとされたときに，自宅等の不動産を処分してそのための費用を捻出することも可能となるようにしてほしいと考えています。

　そこで，かかるニーズを実現する方法として，参考スキームのような信託を設定することが考えられます。この点，委託者が死亡の時に受益者となるべき者が受益権を取得する旨の定めのある信託や委託者の死亡以後に受益者が信託財産に係る給付を受ける旨の定めのある信託を遺言代用信託（法90条1項1号・2号）といい，遺言代用信託は，死亡により，財産から給付を受ける利益が移転するという点で遺言と類似した機能を有しています。

　参考スキームのような信託を用いれば，Xのニーズを満たした自宅の利用，賃貸マンションの管理・収益を図りつつ，2において記載するように，自らの加齢による判断力の低下や死亡にかかわらず，賃貸マンション等の管理を間断なく継続して実施することができ，賃貸マンションとしての財産価値の低下を防止することができます。

2　信託以外の方法との比較

　信託以外の方法としては，相談者が，娘Bに賃貸マンションの管理を委任しつつ，息子Aに自宅や賃貸マンションを相続させる遺言を作成しておくという方法が考えられます。

　しかし，それだけでは，相談者死亡により，娘Bとの委任契約が終了することへの対策が必要になりますし（民653条1号），X死亡後の自宅や賃貸マンションの管理方法についてまであらかじめ定めることは困難な面があります。

　生前の財産管理の方法として，Xについて任意後見を利用するとの選択肢もありますが，それだけでは，任意後見が発効するまでの間の財産管理の問題は残りますし，X自身に管理処分権が残るために，管理能力が低下した相談者に第三者が言い寄るなどして重要財産の処分がなされてしまう危険性も無視できません。

　さらに，娘Bとしても，例えば賃貸マンションの管理方法の変更や不動産の処分などを実施する場合に，生前はX，相談者死亡後は息子Aに意思確認をすることが必要となりますが，その際のXや息子Aの状況によってはその意思確認が困難となる事態も考えられます。

　また，相続による対応となれば，死亡後，財産が確定的に次の管理処分権者に引き継がれるまでのタイムラグが生じてしまうおそれがあり，特に賃貸マンションといった間断ない管理が必要な財産の承継に当たって支障が出ることも考えられます。

　しかし，参考スキームの信託によれば，Xが死亡しても，自宅や賃貸マンションの名義は，受託者Bのままで，生前からXの信頼できる娘Bにおいて，不動産の管理を間断なく実施することができ，かつ死亡後の管理方法も自分の意思であらかじめ定めることができるというメリットがあります。

3　受託者の選定，信託監督人などの設定の必要性

　信託の設定をするに当たって，受託者を誰にするかは極めて大事なことです。

　本件では，不動産を管理でき信頼できる存在である娘Bを受託者としていますが，親族・知人にて適切な人がいない場合には，財産の規模等にもよりますが信託銀行や信託会社の利用も検討すべきでしょう。

　また，特に親族・知人のような個人が受託者になる場合には，信託の専門的な知識がないことから信託財産を不適切に利用してしまうリスクも想定されます。特に今回のような信託終了時に残った財産を娘Bが取得するという場合には，信託終了時に自らが取得する財産を確保するために，受益者への給付を抑制してしまう危険性も潜在的にありますし，特に，本件では，障がいを有する受益者たる息子Aに受託者の監督を期待することは困難といえま

す。そのために，信託行為（信託契約等）の中で，弁護士を信託監督人（法131条以下）等に選任するということも検討する必要があります。また，受託者たる娘BがXより先に死亡等した場合への対応など様々な対策の検討も必要です。

4　後見制度の併用の必要性

　信託は，あくまで財産管理の手段にすぎないため，介護保険の契約や施設への入所契約の締結などの身上監護に対応できません。財産管理との面でも，信託財産としなかった財産や受益者として受け取った手元財産の管理については，信託以外の方法での管理が必要となります。

　そのため，X本人や障がいを有する息子Aの生活の確保の観点からは，信託の活用だけではなく，成年後見等の法定後見や任意後見も組み合わせて制度設計をすることが考えられます。

　任意後見の制度によることができるかは，息子Aにおいて任意後見契約を締結する能力があるかなどにもよります。また，任意後見制度を利用する場合には，誰を任意後見人とするか（本件では，受託者たる娘Bに兼任させるのか弁護士等を任意後見人とするか），任意後見の権限と信託との調整などの検討が必要となります（→Q37参照）。

5　税務について

　税務についても簡単に説明します。信託においては，当該信託財産に帰属する収益及び費用は当該受益者の収益及び費用とみなされ，受益者に課税される受益者等課税信託が原則となります。そのため，本件では，委託者であるXが受益者である間は，特に信託設定前と課税関係に変動はなく，受益者に対して信託設定前と同様に賃料収入について所得税の課税があります。そして，Xの死亡により息子Aが受益者となった時点では，第1次受益者たるXから信託に関する権利を遺贈により取得したとみなされますので（相法9条の2第2項），相続税が発生します。また，信託終了時に帰属権利者が財産を取得した際にも課税が発生することになります。いずれにしても信託設定

時には税理士等に課税関係の確認をしておく必要があるでしょう。

86　後継ぎ遺贈型受益者連続信託

Xには，先妻（先に死亡）との間に長男Aがいます。Xと後妻Yとの間に子どもはおらず，また，後妻Yと長男Aの間で養子縁組も行われていません。Xは，後妻Yと自宅で居住していますが，自分が生きている間はこれまでどおり自分は自宅に居住し，自分が死んだ後も，後妻Yの存命中は後妻Yを自宅に住まわせたいと希望しています。しかし，後妻Yと長男Aの関係は芳しくなく，自分の死後，長男Aが後妻Yをないがしろにしないか気がかりです。なお，後妻Yの死後は長男Aが自宅を相続してもやむを得ないと思っています。

A 以下のような後継ぎ遺贈型受益者連続信託を利用し，Xの自宅不動産を使用することを内容とする受益権を設定した上で，その受益権をXの存命中はX自身が，Xの死亡後は後妻Yが，後妻Yが死亡した後は信託を終了させて長男Aが自宅不動産を取得するようにすれば，Xの希望を実現することができます。

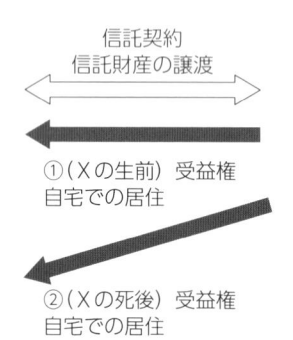

信託契約
信託財産の譲渡

委託者兼
第1次受益者
X

受託者
（第三者）

自宅

①（Xの生前）受益権
自宅での居住

②（Xの死後）受益権
自宅での居住

第2次受益者
後妻Y

【参考スキーム】

信託の目的	委託者の信託財産目録記載の不動産（以下，信託不動産という。）を受託者が管理することにより，受益者の生存中は，受益者が信託不動産を生活の本拠として使用し，受益者が生涯にわたり安定した生活を送れるようにすること
委 託 者	X
受 託 者	第三者（信託会社など）
信託財産	自宅（居住用不動産）
第１次受益者	X
第２次受益者	後妻Y
帰属権利者	長男A
信託期間	後妻Yが死亡するまで
受益権の内容	信託財産たる自宅を使用（居住）することができる

❖解　説

1　民法上の制度との比較

(1)　遺　言

　後妻YがXから相続により自宅を取得した後に，後妻Yが死亡して相続が開始すると，後妻Yの財産はその相続人（後妻Yの親族）が取得することになります。

　Xの希望を叶えるためには，後妻Yにおいて，後妻Yが自宅を長男Aに相続させる（遺贈する）旨の遺言を作成することが考えられますが，そもそもこうした遺言が作成されない可能性や，仮に後妻YがXの生前に作成したとしても後日後妻Yによって遺言が書き換えられる可能性があります。

(2)　負担付き遺贈

　Xが長男Aに自宅を遺贈し，後妻Yの存命中は自宅を後妻Yに利用させるとの負担を付けることも考えられます。しかし，Xの死後，長男Aがこうした負担を履行しない可能性があります。

　また，相続法の改正において，配偶者居住権が新たに設けられたことによ

り（改正民1028条以下），法定の要件を充足する場合は，遺産分割や遺贈により，後妻Yが自宅の利用を継続することができるようになったものの（→Q18参照），法定の要件を充足する必要があり，他方，信託によれば，柔軟に後妻Yの自宅の居住権を設計することができます。

(3)　後継ぎ遺贈

　Xが，後妻Yに相続させた自宅を，後妻Yの死後，長男Aに相続させる旨の遺言（いわゆる「後継ぎ遺贈」）をすることも考えられますが，このような後継ぎ遺贈は無効であるとする見解が有力です。後継ぎ遺贈は，受遺者の死亡時を終期とする期限付所有権を創設するものであり（本件でいえば，後妻Yの死亡時までという期間制限が付されたものと整理できます。），所有権の完全・包括・恒久性に反するからというのがその大きな理由です。

2　解決策（後継ぎ遺贈型受益者連続信託の活用）

　そこで，本件のような信託スキームを採用すれば，Xの生前はXが受益者として自宅に居住を続け，Xの死後は後妻Yが受益者として自宅に居住することが可能となります。このとき，受託者を第三者とすれば，Xの死後も，長男Aの関与なく，後妻Yは自宅に住み続けることができます。さらに，後妻Yの死後の自宅の帰趨について，後妻Yの死亡を信託の終了事由，帰属権利者を長男Aと定めることで，最終的には自宅を長男Aの所有とすることもできます。

3　税　務

　相続税法上は，後妻YがXの死亡により受益権（居住する権利）を，長男Aが後妻Yの死亡を原因とした信託の終了により自宅所有権を取得する際に，それぞれ，委託者Xからの遺贈，後妻Yからの遺贈があったとみなされて相続税が課税されます（相法9条の2第2項，4項）。なお，後妻Yと長男Aとの間には，配偶者又は一親等の血族の親族関係がないので，長男Aの相続税は2割加算されます（相法18条）。

4　遺留分

既に述べたとおり（→Q55），信託によっても遺留分制度を逸脱すること
はできません。

例えば，親（委託者兼第1次受益者）から子（第2次受益者），子から孫（第
3次受益者）への後継ぎ遺贈型受益者連続信託の例では，親の死亡時，子は
もとより，孫も潜在的な受益権（子の死亡を始期，孫の死亡を終期とする受益
権）を取得すると考えられています。そのため，親の相続人の中で，遺留分
が侵害された相続人がいれば，遺留分侵害額請求をなし得ると考えられます。

もっとも，上記の理解については，現時点で裁判例もなく，法的には不安
定と言わざるを得ませんので，実務上は，遺留分侵害が顕在化しないように
信託を設定することが賢明といえます。

 **87**　事業承継

> 　XはA社の代表者であるところ，70歳になったのを契機に，事業承
> 継について考えはじめました。A社はXが創業した会社（非上場会社）
> で，株式は全てXが保有しています。Xには長男Y（42歳）と長女Z
> （40歳）がいます。妻には先立たれています。
>
> 　長男YはA社に入社して20年になり，現在取締役です。長女Zは専
> 業主婦で，A社の経営に関わる気はなさそうです。Xは，A社は長男Y
> に継がせたいと考えているものの，あと5〜6年は代表を譲るつもりは
> ありません。A社の株価を算定してもらうと比較的高額になり，全株式
> を長男Yに引き継がせると遺留分の問題も発生します。

　　A社株式を信託財産として以下のような信託スキームを採用する
ことで，Xの生前はXが受益者となって配当を受けると共に，受託
者に対して議決権行使の指図権を持つことで株主としての権限を保

持し，Ｘ死亡後は長男Ｙと長女Ｚを第２次受益者とするものの，議決権行使については長男Ｙが全株式について指図権を有して株主の権限を行使することができます。長女Ｚは配当という経済的利益を得ることができるため，財産承継の面で不公平になることはありません。

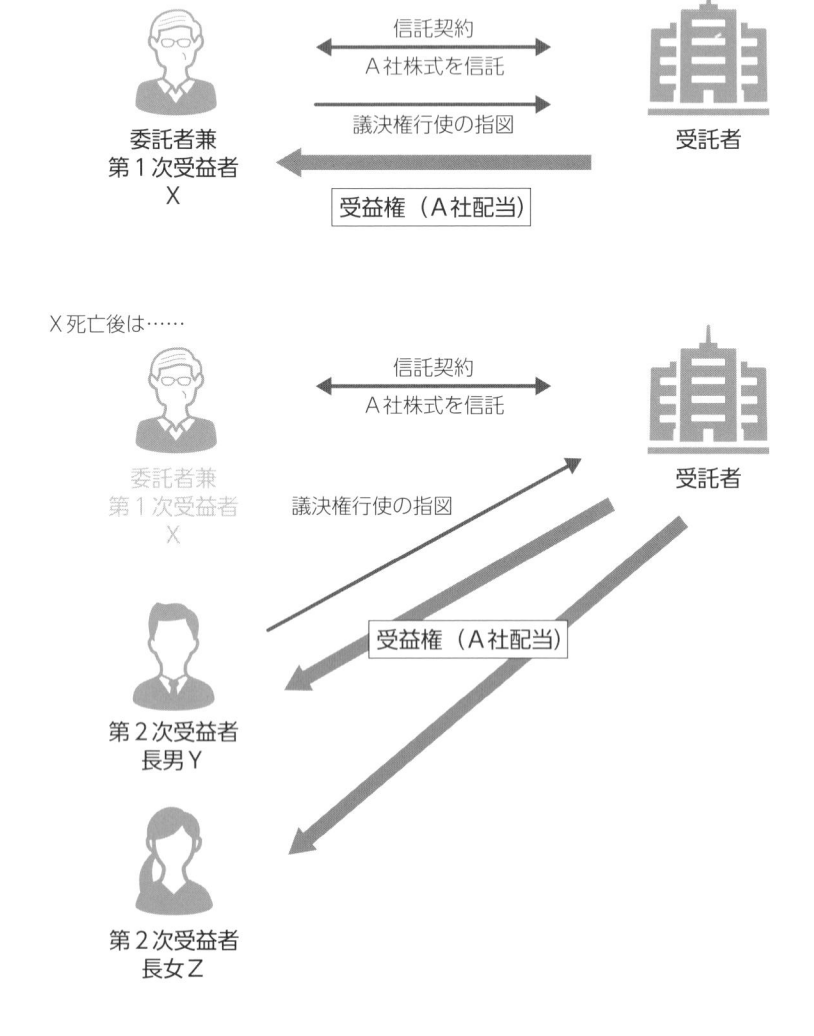

【参考スキーム】

信託の目的	長女Zの経済的利益を確保しつつ，A社を長男Yに円滑に承継することで，A社の企業価値を保持すること
委 託 者	X（A社代表者）
受 託 者	Xが信頼する者や法人，信託会社など
信託財産	A社株式（100％）
第1次受益者	X
第2次受益者	長男Y51／100，長女Z49／100
受益権の内容	信託財産の収益から給付を受けることができる
指図権者	X死亡又はXが成年被後見人等になるまではX，X死亡又はXが成年被後見人等になった後は長男Y
指図権の内容	A社株式の議決権行使の指図権
Xの死亡の効果	第1次受益権が消滅し，長男Yと長女Zに第2次受益権が発生
信託の終了事由	A社の廃業（清算・倒産手続開始を含む。）又は長男Yの死亡
残余財産の帰属	信託終了時の受益者，ただしX死亡後に長男Y死亡で信託が終了する場合は長女Z及び長男Yの相続人とする。残余財産の帰属割合については，信託終了時の受益権の割合に従う

❖解　説

1　事業承継と信託

　事業承継を考える上で信託を用いるメリットは，①相続が発生したとしても遺言の執行や遺産分割などによる株式の承継手続が不要であり経営に空白が生じないこと，②スキームによっては株式の権利を自益権（配当を受ける権利等）と共益権（議決権を行使する権利等）に分けて分配するのと実質的に同様の効果を達成できることにあります。

　財産の大部分を占めるのが株式の場合，後継者である相続人だけに株式を相続させることにすると，遺留分に関して他の相続人との関係で争いになる可能性が高くなりますが，自益権と共益権とに実質的に分けて，自益権に相当する権利のみを後継者以外の相続人に配分すれば経済的価値として公平性

を保つことが可能になるのです。

　同様のことは，議決権のない株主（属人的定め・会109条2項。ただし非公開会社のみに許容されている制度です。）や議決権のない株式（種類株式・会108条1項）を創設することによっても可能ですが，そのためには定款の変更や登記が必要になり手続が煩雑といえます。しかし，信託であれば信託契約の締結だけで同様の効果が得られるため非常に簡便です。ただし，非公開会社の株式を信託財産とする場合であれば，複数受益者のうち特定の受益者に議決権行使の指図権を集中させても，当該会社は属人的定めも許容されていることとの関係から，会社法上問題はないと指摘されており（信託を活用した中小企業の事業承継円滑化に関する研究会『中間整理～信託を活用した中小企業の事業承継の円滑化に向けて～』（平成20年9月）），翻っていえば，公開会社の株式については，議決権行使の指図権を特定の受益者に集中させることについて会社法上疑義が指摘されていることに注意が必要です。

2　参考スキームのメリット

　まず，株式の権利を実質的に自益権と共益権に分けることができる機能を利用して，X死亡後は受託者が株主として議決権行使をする際に具体的にどのように議決権を行使するべきか指図する権利（指図権）を，A社の次の代表と考えている長男Yに残します。長女ZはA社の経営に関わるつもりがないようですから，株式配当を受けることで満足するでしょうし，経済的価値としては長男Yと長女Zに不公平な状況にはならず遺留分の問題は発生しないものと考えられます。

　次に，Xはあと5～6年は長男Yに代表権を譲るつもりがないため，当初の受益者を自己とする自益信託とし，議決権行使の指図権も自己に残すことで現在と同様の権利行使及び経済的利益の確保が可能です。

　もし，Xが認知症になって成年被後見人になる場合は，議決権行使の指図権を長男Yに変更するよう定めておくことが，より経営に混乱を生じさせず適当でしょう。

　これによって，株式を全部長男Yに承継させた場合の遺留分の問題や，X

が成年被後見人になってしまった場合の議決権の行使をどうするかの問題を解決することができます。

3　その他のスキームと課税

(1)　参考スキームの場合

信託設定時には受益者がＸであるため経済的価値の移転がなく，課税は生じません。Ｘが死亡した際は，受益権が長男Ｙと長女Ｚに発生しますので経済的価値が移転しています。税法上は遺贈によって受益権を取得したものとみなされ，長男Ｙと長女Ｚに相続税が課税されます。

(2)　生前贈与をする場合

株価が減少したタイミングに株式を子どもに生前贈与したいものの，まだ子どもが若いなどで経営を任せることができない場合，信託を利用して子どもを受益者とし，委託者である親に議決権行使の指図権を残しておくというスキームも考えられます。この場合，信託設定時に経済的価値の移転があるため受益者に贈与税が発生し，低い株価を基準に課税されることになります。

(3)　株式の円滑な承継を目的とする場合

ところで，今回のスキームでは長女Ｚに経済的価値を承継させるとともに長男Ｙに議決権行使の実質的な権限を残すことを目的としたものであって，Ｘの死後も信託が継続することが想定されています。

これとは別に，株式を子どもらへ公平に承継させることを目的とする場合，親の死亡を信託終了事由とし，残余財産の帰属権利者として子どもを指定しておくことも考えられます。委託者の生前は委託者が受益者を兼ねて株式の議決権行使の指図権を留保しておき，委託者兼受益者の死亡により信託が終了した後は，残余財産である株式を長男と長女に帰属させるというスキームです。

遺言と変わらないように思えますが，信託では委託者と受託者との契約によって成立しているため，委託者兼受益者の一方的な信託の変更を許容しないように定めておけば，遺言のように安易に作り変えができないことと，委託者兼受益者が死亡すれば受託者により迅速に子どもらに株式が承継される

というメリットがあります。

　なお，この場合，委託者兼受益者死亡時に，子どもらに対し遺贈がなされたとして相続税がかかります。

4　株式について信託する場合の注意点

(1)　株式の受託者への移転

　株式を信託する場合，株式の名義人は受託者になるため，株式譲渡制限の定めのある会社では，信託設定時に発行会社の承認（取締役会や株主総会の承認決議）が必要[1]です。

(2)　株主名簿への記載

　信託を設定した場合，A社株式の株主は受託者となり，株主名簿には受託者名が記載されます。もっとも，受託者は分別管理義務（法34条1項）があり，また信託財産であることの第三者対抗要件を満たすため（法14条），株券不発行会社においては，株主名簿には信託財産である旨の記載をする必要があります（会154条の2）（→Q23参照）。

(3)　議決権行使の指図権集中による注意点

　参考スキームでは，X死亡後は長男Yに議決権行使の指図権があるため，例えば，長男YがA社取締役を退任する際に著しく多額の退職慰労金を取得する旨の株主総会決議において，自己に有利に議決権を行使し，A社財産を減少させて長女Zに不利益を与えるような場合がないとはいえません。

　この場合，受益者の利益を考えて事務を行うべき受託者が指図に従ったことで善管注意義務に反することはないか，また，一方の受益者に損害を与える指図をした指図権者に責任はないかといった点が問題になります。

　指図権者は信託法上の定めがなく[2]，よって指図権者の責任は規定されてい

---

1) 信託財産を譲渡制限付株式とする遺言信託につき，受託者への株式譲渡についての会社の不承認を原因として目的達成不能により信託が終了するものと判断した裁判例があります（東京高判平成28.10.19判時2325-41以下参照）。
2) 信託法には「指図権者」の定めはありませんが，信託業法において，「信託財産の管理又は処分の方法について指図を行う業を営む者」が指図権者であると定められ，忠実義務や行為準則が規定されています（信託業65条，66条）。

ません。そのため，信託契約上に指図権者の受益者に対する善管注意義務・忠実義務などの責任規程を盛り込んだり，指図権の濫用によって長女Zの利益を害しないよう定めるなどの対応が考えられるでしょう。

(4) **事情変更についての検討**

参考スキームでは，A社の廃業と長男Yの死亡を信託の終了事由としています。すると，X死亡後に信託が終了した場合は，株式の51％が長男Yの相続人に，残り49％が長女Zに分配されます。長男Yの相続人は過半数の株式を有することにはなりますが，相続人が複数いれば株式が分散することが懸念されます。また，信託開始から30年，40年と信託が継続する可能性があり，その間に経済状況の変動やM&Aその他A社の環境が大きく変わることもあるでしょう。そのため，将来的に長男Yが長女Zの受益権を譲り受けて単独株主となることを想定して，第2次受益者が1名になった時点で信託を終了することができるように設定しておくなどの対応も考えられます。

 **88** 離婚給付

　自営業を営むX（50歳）には，妻Y（35歳），子A（11歳），子B（8歳）がいますが，今般Xが妻Yと協議離婚することとなり，A，Bの親権はいずれも妻Yが持つことになりました。養育費については，妻Yは，Xの事業の悪化もあり得ることから将来養育費を確実に支払ってくれるのか不安があるので養育費を一括で支払ってほしいと希望しています。Xも，子どものために使われるのであれば一括で養育費を支払っても構わないと思うものの，妻Yに浪費癖があるため，養育費を一括で支払ってしまうとYが浪費してしまうのではないか不安です。

　　Xの希望を実現するためには，以下のようなスキームを採用することが考えられます。

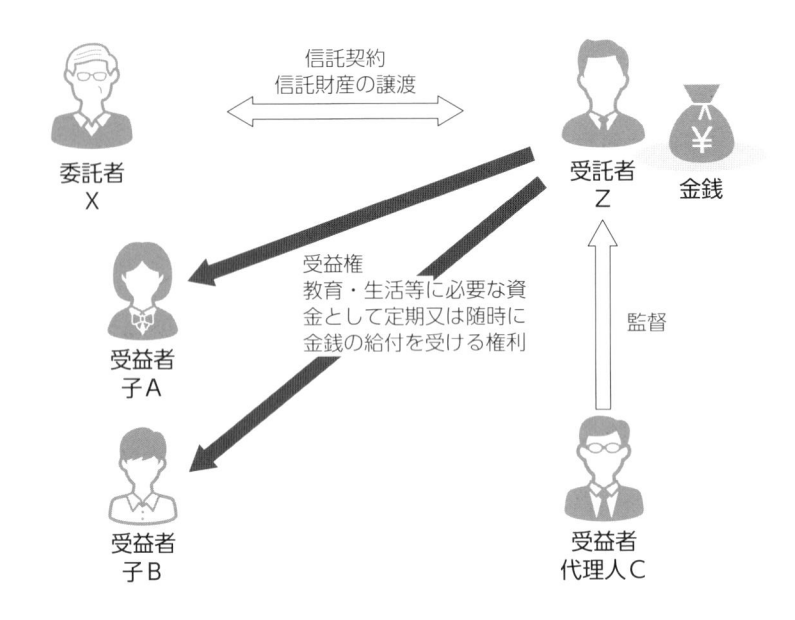

【参考スキーム】

信託の目的	子A，Bに養育費を定期的かつ安定的に交付し，その福祉を保護すること
委 託 者	X
受 託 者	X，Y共通の知人Z（XやYの親族ということも考えられます）
信託財産	金銭
受益者	子A，B
受益者代理人	弁護士C（妻Yの代理人弁護士）
帰属権利者等	子A，B
信託期間	子Bが20歳に達したとき又は子Bが大学を卒業したときのいずれか遅い時期。ただし，子A及びBが死亡した場合には，信託は終了する
受益権の内容	教育・生活等に必要な資金として定期又は随時に信託財産である金銭から給付を受けることができる

❖解　説

1　信託財産の独立性（倒産隔離機能）

　信託の設定により，信託財産の所有権は受託者に帰属することになるため，仮に将来的に委託者が経済的に破綻を来したとしても，信託財産に影響が及ぶことはありません。また，受託者の固有の債権者は，信託財産に対して強制執行，仮差押え，仮処分，国税滞納処分等をすることができませんし（法23条１項），受託者が破産手続等の開始決定を受けたとしても，信託財産はその破産財団，再生債務者財産及び更生会社財産に帰属しません（法25条）。

　このように，信託財産は委託者や受託者の財産から独立しており，委託者や受託者の倒産のリスクから隔離することが可能になります。

2　受託者について

　本件においてXは，養育費を一括払いすることについて，妻Yによる浪費の不安を持っていますが，他方，妻Yの立場に立てば，養育費を分割払いされることについて，Xによる養育費支払義務の履行に対する不安があるでしょう。

　そこで，Xと妻Yがそれぞれ抱く不安を解消するため，参考スキームとして挙げた内容を骨子とした信託の設定を検討するのが有益と思われます。

　もっとも，本件のような場面で信託を活用するに当たって最も悩ましい問題が，誰を受託者にするかです。双方の親族や知人に適任者がいれば，その人を受託者にするのが望ましいと思われますが，適任者がいない場合には，信託銀行や信託会社を受託者とすることを検討することになります。

　ただ，信託銀行は一定額以上の金銭の信託しか受託しないのが一般的ですし，信託会社も数が限られているため，受託先として適切な信託会社が見つからない可能性もあります。また，信託銀行や信託会社を受託者とする場合には，受託者に対する信託報酬の支払が必要になります。

　こうした不都合を回避する手段として，相手方の了解が得られる場合には受託者をXとした自己信託の活用も考えられるところです。

3　受益者について

　受益者については，妻Yとすることも考えられるところですが，本件では，Xが妻Yによる浪費の不安を抱いているということですので，子A，Bを受益者とするのが当事者の意向に合致すると思われます。

　ただ，未成年者が受益者ですと，受益者自身による適切な受託者の監督を期待することができません。そこで，未成年者である受益者の利益を保護するためにも，受益者代理人を置くのが望ましいでしょう。

4　教育資金贈与信託の活用

　「教育資金贈与信託」とは，高齢者の資産を若年層に移転させると共に，教育・人材育成をサポートする観点から，平成25年度税制改正において導入された「教育資金の一括贈与に係る贈与税非課税措置」に基づき，新たに創設された信託です。

　具体的には，30歳未満の直系卑属（子，孫）の教育資金[3]として，直系尊属（父母，祖父母）が信託銀行等に金銭を信託した場合に，1,500万円を限度として贈与税が非課税になります。[4][5]

　本件では，Xが子どもの養育費として支払った金銭を妻Yが浪費しないか不安があるということですので，その不安を解消するため，養育費とは別枠で教育資金贈与信託の活用を検討するのも有益といえるでしょう。

3）信託期間は「受益者が30歳に達した日又は受益者が死亡した日のいずれか早い日」とされ，これ以外の信託期間を定めることはできません。また，信託財産を全て受益者に交付した場合を除き，解約することはできません。

4）①幼稚園，小学校，中学校，高等学校，中等教育学校，特別支援学校，大学，高等専門学校，学校教育法124条に規定する専修学校，外国におけるこれらに相当する教育施設又はこれらに準ずる教育施設，学校教育法134条1項に規定する各種学校，保育所，認定こども園等，水産大学校，海技教育機構の施設，航空大学校等に直接支払われる入学金，授業料，学用品の購入費等については，非課税の範囲が1,500万円になります。

②学校等以外の者に，教育を受けるために直接支払われる金銭（学習塾や習い事の謝礼，月謝，学習塾に支払う教材費等が対象）については，非課税の範囲が500万円になります。

③税務上の優遇措置は，2021年3月31日までに信託されたものに限ります。

5）教育資金として使われなかった残余財産等は，贈与税の課税価格に算入されます。

5　課税関係

　扶養義務者相互間において生活費又は教育費に充てるためにした贈与により取得した財産のうち通常必要と認められるものについては，贈与税の非課税財産とされています（相法21条の3第1項2号）。

　ただし，相続税法基本通達21の3-5では，「生活費又は教育費に充てるためのものとして贈与税の課税価格に算入しない財産は，生活費又は教育費として必要な都度直接これらの用に充てるために贈与によって取得した財産をいうものとする。」とされていることとの関係で，離婚に伴って養育費が一括して支払われた場合には，「通常必要と認められるもの」を超えるものとして，贈与税が課税される可能性があります。もっとも，「離婚に伴い養育料が一括して支払われる場合の贈与税の課税の取扱いについて」と題する個別通達（昭和57年6月30日直審5-5）を踏まえますと，参考スキームの内容を骨子とした信託を設定した場合であれば（ただし，委託者Xが勝手に信託契約を終了することができないようにするため，妻Yに信託契約の終了の同意権限を付与しておくことが考えられます。），養育費として支払われる額が子の年齢やその他一切の事情を考慮して相当と認められる限り，贈与税が課税されることはないと考えられます。

89　不動産活用のための信託

　Xは，所有するマンションの賃貸業を営んでいます。そろそろマンションも老朽化してきており，近い将来に建替えをする必要があります。しかし，Xは高齢になったので，建替計画を立てることや，資金借入れについての銀行との交渉，住人との立ち退き交渉について，自信がありません。

　そこで，いっそのこと，今後はマンション経営の一切を長男Aに任せてしまいたいと思っています。

　また，Xの相続人には長男Aと長女Bがいますが，Xの死亡後はマンションを長男Aと長女Bとの共有状態にしたくありません。しかし，Xには金融資産がそれほどありません。このため，長男Aにも長女Bにも納得してもらえる財産の分配方法はないものかと悩んでいます。

A　Xは以下のような信託により，マンション経営を長男Aに任せ，かつ長男Aと長女Bの両方に配慮した遺産承継を実現することができます。

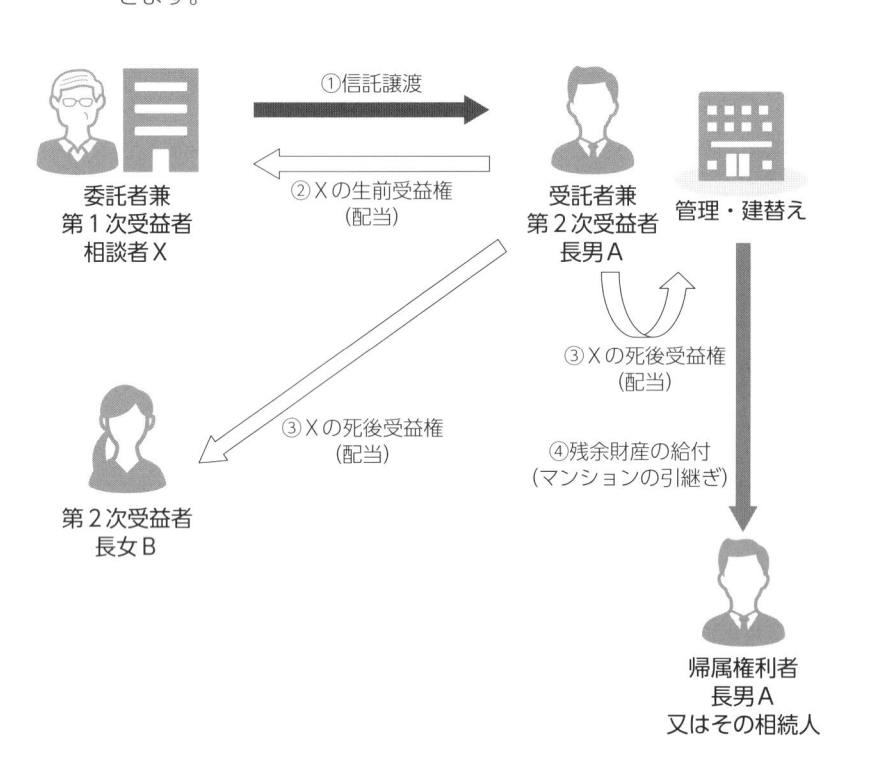

委託者兼
第1次受益者
相談者X

①信託譲渡

②Xの生前受益権
（配当）

受託者兼
第2次受益者
長男A

管理・建替え

③Xの死後受益権
（配当）

③Xの死後受益権
（配当）

④残余財産の給付
（マンションの引継ぎ）

第2次受益者
長女B

帰属権利者
長男A
又はその相続人

【参考スキーム】

信託の目的	賃貸マンションを適切に経営し，受益者に利益をもたらすとともに，次世代に承継すること
委 託 者	X
受 託 者	長男A
第1次受益者	X（当初は自益信託）
第2次受益者	長男A及び長女B
帰属権利者	長男A又はその相続人
信託財産	既存マンション・その敷地（マンションの新築後は新築したマンション）
信託事務の内容	既存マンションの経営・建替えに必要な一切の行為，そのための銀行からの借入れ及び当該借入れを被担保債権とした信託財産への抵当権設定
受益権の内容	賃貸マンションの賃料から，管理費・修繕積立金・借入金等の一切の費用を支払った残金を，定期的に受領する
信託の終了事由	信託開始から30年経過後，など（第2次受益者AとBが受ける利益バランスを考慮して適宜設定）

❖ 解　説

1　マンション経営と信託

　参考スキームのように，X（委託者）が長男A（受託者）にマンションとその敷地を信託譲渡すると，マンションとその敷地の所有権は長男Aに移ります。そのため，長男Aは，マンションの所有者として，現在の入居者から賃料を得たり立ち退き交渉を行ったり，新たな入居者との間で賃貸借契約を締結したりする権限が認められ，これを信託契約に明記することが考えられます（この場合，長男AがXからマンションの賃貸人としての地位を引き継ぐことについて，賃借人の承諾は不要です（改正民605条の3参考）。）。

　また，長男Aには，マンションの管理契約を締結したり修繕工事などを発注したりする権限も認められるため，同じく信託契約に明記することが考えられます。

　さらに本件では，長男Aにはマンションを建て替えてもらうことを想定しているため，既存マンションの取壊しや新築マンションの建築工事を発注する権限，これらの信託事務を遂行する資金を銀行から借り入れる権限や，信託財産に抵当権を設定する権限を明記しておくことが考えられます。

　なお，長男A自身が契約当事者となったり，借入れの当事者となった場合には，それが信託事務の遂行のためであったとしても，長男A自身が負う債務となります。ただし，このように信託財産のために受託者の権限の範囲内でしたことによる債務は，信託財産責任負担債務（法21条1項5号）となりますので，長男Aは信託財産から支払うこともできますし，長男Aの固有財産から支払った場合には信託財産に求償することもできます（法48条）。ただし，信託財産が支払や求償に足りない場合には，不足分は長男Aが負担することになります。

2　遺産の公平な分配と信託

　本件でXが死亡した場合，長男Aと長女Bが相続人になります。しかし，マンションのような財産が共同相続により共有状態になった場合，経営方針についての意見の不一致や共有者の人間関係の悪化によって，効率的な経営ができなくなってしまうおそれがあります。また，共有者の一人について相続が発生し，その共有持分がさらに細分化されると，問題がさらに複雑になります。かといって，Xがマンションを長男Aだけに相続させた場合には，それに釣り合う長女Bに与えるべき金融資産がないため，遺留分をめぐる争いにも発展しかねません。

　そこで，参考スキームでは，Xの死亡後も信託が継続し，長女Bを第2次受益者とすることで，長女Bもマンションの経済的価値を得られるように設計をしています。一方で，信託の終了後は，長男A又はその相続人が帰属権利者としてマンションとその敷地を取得することとし，信託終了によりマンションが複雑な共有状態となることを回避しています（共有状態になることを完全に避けるために，長男Aの相続人の特定の1名のみを帰属権利者として指名することも考えられますが，長男Aの相続人の間の関係にも配慮が必要でしょ

う。）。

　なお，帰属権利者が長男Ａ又はその相続人となりますので，公平を保つために，長女Ｂの受益権は長男Ａの受益権に優先して配当されることとしたり，信託終了前に長女Ｂが死亡した場合は長女Ｂの受益権は長女Ｂの相続人（Ｂの子，孫等）に相続されることとしたりすることも考えられるでしょう。そして，信託の終了時期は，長女Ｂが受益権により十分な利益を得られるであろうと見込まれる時期（例えば「信託開始から30年経過後」など一定の年数の経過後や，長女Ｂに配当された受益権に基づく配当額が一定額に達した時）に設定しておくとよいでしょう。

3　信託の終了時の処理

　信託が終了すると，清算手続が開始します。一般的には，清算手続では受託者が清算受託者となり，現務を結了し（法177条１号），債権の取立てと債務の弁済（同条２号），受益債権に係る債務の弁済（同条３号），残余財産の給付（同条４号）を行います。

　しかし，本件では，受託者たる長男Ａ，又はその相続人が帰属権利者となり，マンションの所有者として，引き続きマンション経営を続けることが想定されています。このような場合には，マンションの入居者との賃貸借関係を終了させるより，継続させることが望ましいといえます。そこで，信託契約には，現務の結了の方法として，清算受託者は帰属権利者にマンションの賃貸人としての地位を引き継ぐことを定めておくことが考えられます。

　また，信託終了時に銀行借入れの債務が残っていたとしても，マンションを売却して返済資金に充てるのではなく，マンション経営を継続して返済を続けていった方が合理的な場合もあります。したがって，信託契約には，信託終了時の借入金債務の処理については清算受託者と帰属権利者が協議して決めることを定めておくことが考えられます。

　ただし，債権者との関係では，債務は信託の清算手続の中で弁済するのが原則です（法177条２号）。このため，実際の債務の処理については，清算受託者や帰属権利者の協議だけでは決められず，債権者の承諾が必要になるこ

とに注意しましょう。

4　銀行借入れ時の注意点

　銀行からマンション建替え費用等を借り入れるに際しては，敷地や建替え後の新築マンションへの抵当権設定を求められるのが通常です。

　また，信託借入れでは，銀行によっては，委託者や受益者が借入債務を保証することを求められたり，受益権への担保権設定を求められたりすることもあります。

　さらに，借入れの条件として，受託者の変更時や受益者の変更時に，新受託者や新受益者が保証や担保権設定に応じないことを，借入債務の期限利益喪失事由として，残債務を一括して返済しなければならないと定められることも考えられます。このような場合には，新受託者の候補者や新受益者にあらかじめ説明し，理解を得ておくことが必要になります（信託借入れ一般についてQ27参照）。

 **90**　自己信託の活用

　X（50歳）には，長男A（10歳）がいます。妻が先に他界したため，Xが長男Aを養育していますが，Xは自営業者であり，その経営状況によっては長男Aのために必要な財産を残せるか不安があります。できれば，この先，長男Aの生活のために，Xが所有している賃貸物件1棟を残して活用したいと思っています。

　信託の倒産隔離機能を生かして，以下のような委託者兼受託者をX，受益者を長男A，信託財産を賃貸物件として自己信託を設定することが考えられます。

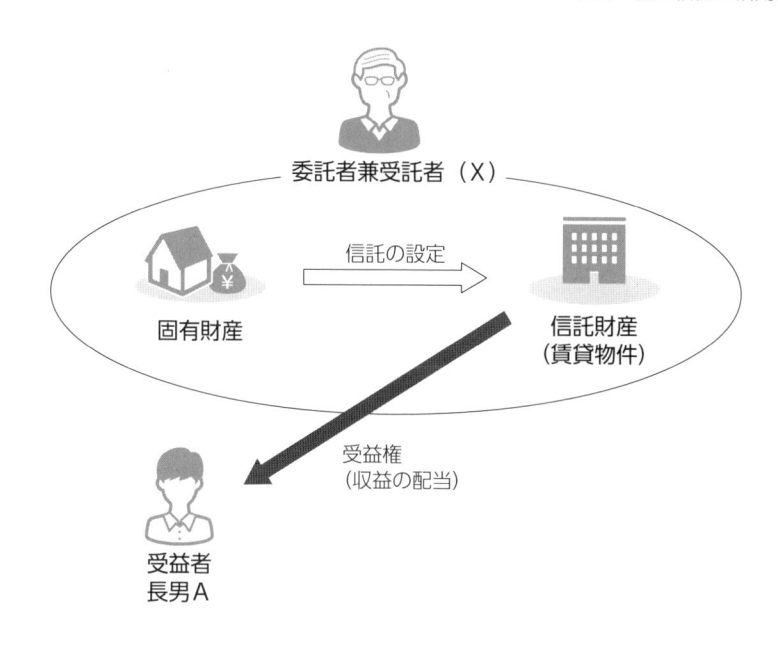

委託者兼受託者（X）

信託の設定

固有財産

信託財産
（賃貸物件）

受益権
（収益の配当）

受益者
長男A

【参考スキーム】

信託行為	自己信託
信託の目的	受託者が信託財産を管理処分等することにより，長男Aの安定的な生活を確保すること
信託財産	賃貸物件1棟
委託者兼受託者	X
受　益　者	長男A
信託期間	長男Aが20歳になる日又はXが死亡した日のいずれか早い日
受益権の内容	毎月末日を計算期日として，当月の信託財産の収益から当月に支払った費用を控除した残高から，翌月末までに予定されている信託に必要な費用を控除した残高を配当する
信託終了時の扱い	残余財産は長男Aに帰属する

❖ 解　説

1　考えられるスキーム

　Ｘとしては長男Ａのために賃貸物件１棟を活用したいと思っているものの，自分の経営状況によっては，その資産を残せるか不安に思っていることから，特定の財産を自己の他の財産から隔離する手段として，自己信託の活用が考えられます。自己信託でも，その信託財産には独立性が認められ（法23条１項，25条），委託者兼受託者の倒産リスクから隔離されるからです（倒産隔離機能）。

2　信託行為について

(1)　自己信託のメリット

　本件では，Ｘが自己の倒産リスクから賃貸物件を隔離したいという希望を持っています。

　この点，信頼できる第三者が存在すれば，当該第三者を受託者として，Ｘと当該第三者との間で信託契約を締結し，受益権を長男Ａに交付するという方法も考えらえます。

　しかし，受託者の候補者を見つけることは容易ではなく，そのような場合には，第三者の受託者なくして設定できる自己信託が効果的です。

　また，自己信託の場合，信託財産に所有権移転がないため，所有権移転事務やそれに伴う諸手続（例えば，本件では所有権移転に伴って賃貸人の地位が移転されるため，それに関するテナント対応など）及びその費用が不要になるというメリットもあります。

(2)　自己信託の設定方法と関連する問題点

　本件の信託行為は「自己信託」です。自己信託は，委託者兼受託者が，信託目的に従い，自己の有する一切の財産の管理等その他信託目的の達成のために必要な行為を自らすべき旨の意思表示を公正証書等によって行う必要があります（要式行為・法３条３号）（なお，自己信託を事後的に変更する際にも要式性が求められるかについてはＱ９参照）。

3 自己信託の公示

自己信託では，信託財産の所有権移転はないため，その対抗要件の具備は問題となりません。

しかし，自己信託においても信託財産としての公示については，他の信託行為による場合と変わりません。登記又は登録をしなければ権利の得喪及び変更を第三者に対抗することができない財産については，信託財産としての公示が必要となります（法14条）。

したがって，信託財産が不動産である本件では，自己信託の登記が必要となります（不登法98条3項参照）。

4 税務について

受益者課税信託に該当する場合には，信託設定時に，受益者である長男Aに贈与税が課税され（なお，委託者が60歳以上で子が20歳以上であれば相続時精算課税制度の利用の検討も必要でしょう。），信託期間中には，長男Aに所得税が課税されることになります。なお，信託の終了時に受益者たる長男Aが残余財産を取得したとしても，受益者と帰属権利者が一致しているため，新たな課税は生じないことになります。

5 特に問題となる契約条項

(1) 信託の目的

信託の目的は，受託者が任務を行う際の指針（主観面）及び受託者の行為がその権限の範囲内かどうかの判断基準（客観面）という観点から，明確かつ具体的に定めるべきであると指摘されているところであり（伊庭37頁），事案に応じて工夫が必要です（→Q11参照）。本件では，賃貸物件の収益から長男Aの生活費を賄うことが想定されていることから，「受託者が信託財産を管理処分等することにより，長男Aの安定的な生活を確保すること」を信託目的とすることとしています。

(2) 受益債権の内容

参考スキームでは，賃貸物件を保有し続けていることを前提に，受益権

（受益債権）の内容を，簡単にいえば，毎月，賃貸物件の収益を配当するという内容にしています。

ただし，本件において，賃貸物件の売却を許容するものとし，それによって取得する売却代金が信託財産となった場合（法16条1号）には，これに対応して，受益権の配当の内容について変更が必要になるでしょう。

(3)　受託者の死亡時の対応

本件では，受託者の財産から長男Aの生活に必要な財産（賃貸物件）を隔離することが主たる目的であるため，受託者が死亡した場合には，信託は終了すれば足りると想定していますが，長男Aが幼少であることから，受託者死亡後も信託を継続して長男Aによる賃貸物件の管理を避けるというスキームも考えられます。具体的には，信託行為に後継受託者の定めを設けておき，受託者を変更するというスキームです。

ただし，受託者の死亡による任務終了の場合（法56条1項1号），受託者の相続人等が，後継受託者への引継ぎ等をする必要があり（法60条），本件では長男Aがこの引継ぎを行う必要があることになるため，長男Aにおいて後継受託者への引継業務が可能か，そもそも後継受託者の候補者がいるのかについて十分検討の上，スキームを決定する必要があるといえます。

Ⓠ91　遺言による信託

X（80歳）には，認知症が発症した妻A（75歳），長女Bと長男Cがおり，妻Aと自宅で生活しています。近所に住む長女Bが毎日のように自宅に訪れてXと妻Aの面倒を見てくれています。Xは，自分が生きている限りは自宅を誰の手にも渡したくありませんが，自分が死んだ後も妻Aが愛着を持っている自宅に住み続けるか，仮に施設に入ったとしても妻Aが死ぬまでは自宅を第三者の手に渡したくないと願っています。ただ，長男Cは自宅を売ろうと考えているようで，できれば長男Cには知らせずにことを進めたいと考えています。

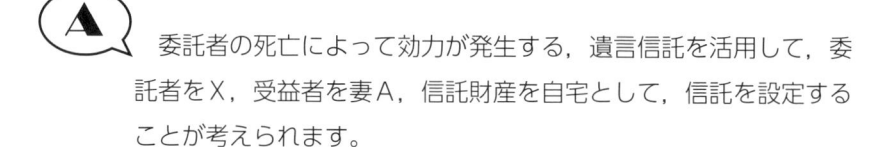

委託者の死亡によって効力が発生する，遺言信託を活用して，委託者をＸ，受益者を妻Ａ，信託財産を自宅として，信託を設定することが考えられます。

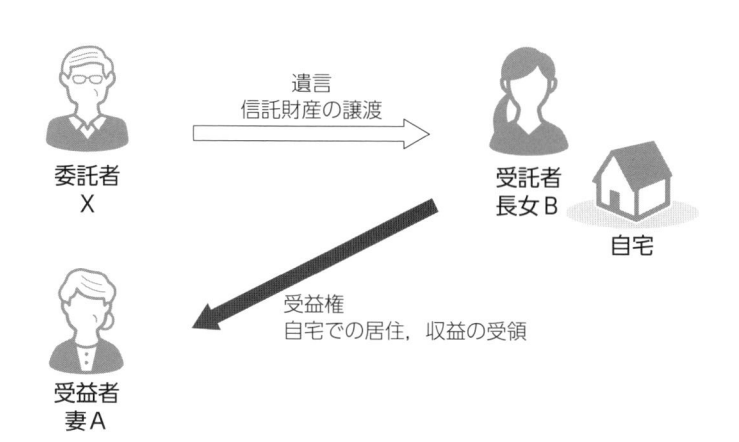

【参考スキーム】

信託行為	遺言信託
信託の目的	妻Ａがいつでも自宅に居住し安定的な生活を確保できること，自宅を妻Ａの生前中は維持保存すること
信託財産	自宅
委 託 者	Ｘ
受 託 者	長女Ｂ
受 益 者	妻Ａ
信託期間	妻Ａが死亡した日まで
受益権の内容	自宅の使用をし，かつ，その収益が発生したときにはその財産的給付を受けること
信託終了時の扱い	残余財産は長女Ｂ及び長男Ｃに交付する

❖解　説

1　信託行為について

(1)　遺言信託のメリット

本件の場合，まず，①長女Bに負担付き遺贈をすることが考えられます。しかし，これによって妻Aが取得する居住は使用借権であって，第三者に対抗することができない弱い権利で，不安定です。

次に，相続法改正を受けて，②妻Aに配偶者居住権を遺贈することも考えられます。たしかに，居住し続けられるという観点からは，配偶者居住権の遺贈によって解決できるともいえます。しかし，配偶者居住権成立には相続開始時に配偶者が被相続人の所有建物に居住していることが必要であるところ，短期間の入院であれば帰ることが予定されており「居住している」と評価される余地はあるものの，長期的な施設入所をしている場合にこれが認められるかは現時点では判然としないともいえます。

そこで，考えられる方法として，③遺言信託により妻Aに受益権を与え，居住させるという方法が考えられます。この点，生前にXが長女Bとの間で信託契約を締結して，生前はXが居住を内容とする受益権を取得し，Xの死後に妻Aを第2次受益者とする方法も考えられるところですが（遺言代用信託の活用），Xとしては生前に死亡後に備えた対策を家族に知られたくないという意向を有しているため，生前に信託を設定してあらかじめ所有権を長女Bに移転させてしまうと，移転登記及び信託の登記によって，信託設定が公示されてしまうことになり，Xの希望をかなえられないことになります。そこで，このような問題点を回避するために，Xの死亡を停止条件として効力を発生する遺言代用信託や遺言信託を活用することが考えられます。本問では，遺言信託を取り上げます。

(2)　遺言信託の設定方法と関連する問題点

遺言信託とは，遺言によってする信託であり（法3条2号），その方式は民法によります（民960条・要式性）。そして，遺言信託の効力発生の時期も（法4条2項），民法により，被相続人（委託者）の死亡時となります（民985条）。

そのため，受託者による信託の引受けも，委託者の死亡後ということになります。すなわち，遺言信託の効力発生後に，遺言信託において受託者として指定された者による引受けが必要となります。

多くの場合は，委託者たる遺言者は，生前から，受託者として指定した者との間で信託に関して事実上，調整している場合が多いと思われ，このような場合には，遺言信託の執行を受けて，受託者として引受けをすればよいということになります。

とはいえ，受託者として指定されていることを全く知らない場合もあり得ます。

そこで，信託法は，遺言信託が効力発生した場合，遺言執行者，遺言者の相続人などの利害関係人は，受託者として指定された者に対して，相当に期間を定めて信託の引受けを催告することができると定めています（法5条1項）。そして，この期間内に受託者として指定された者が確答をしない場合には，引受けをしなかったものとみなされてしまいます（同条2項）。

このように，信託法では，受託者と指定された者に対して引受けを催告するという手続が定められているものの，確実に引き受けてもらえるかは不明であるため，遺言作成に当たっては，受託者と指定された者に対して，あらかじめその予定を伝え，当該者の意向も踏まえることが適当です。

2　特に問題となる信託条項

(1)　信託の目的

本件では，妻Aが自宅で居住し，その自宅を確保することが目的であることから，「妻Aが安定していつでも自宅に居住し安定的な生活を確保できること」と定めています。信託の目的の定め方の重要性についてはQ11を参照ください。

なお，妻Aが施設に入所することも想定されることから，施設に入所してしまった場合であっても，信託の目的不達成として終了してしまわないように，本件のように，信託の目的に妻Aの生前中は自宅を維持保存することを加えるなど，工夫が必要でしょう（法163条1号）。

(2) 受益権の内容

上記の参考スキームでは，受益権の内容を「自宅の使用をし，かつ，その収益が発生したときにはその財産的給付を受けること」としています。

この点，残余財産の交付者を長女Bと長男Cとしていることについて，収益受益権と元本受益権とを分けて，収益受益権を妻A，元本受益権を長女Bと長男Cに信託設定時から交付するという方法も考えられます（いわゆる受益権の複層化)。しかし，受益権の複層化に関して，税務上の取扱いは安定的ではなく（→Q100)，また，本件では自宅であって原則として収益性は考えられないため，あえて収益受益権と元本受益権とするのではなく，妻Aに受益権として信託財産の財産的給付の全て（使用収益）を交付し，信託終了時に残余財産がある場合にこれを長女Bと長男Cに交付するという内容にしています。

(3) 信託監督人等の設置

本件の受益者として予定されている妻Aは既に認知症が発症しており，受益者として受託者を監督することは困難ともいえます。また，自宅を売却したいという意向を有している長男Cとの対立も想定されるため，受託者たる長女Bの職務遂行に客観性を持たせるためにも，信託監督人や受益者代理人を選任することも考えられます。なお，両者の使い分けについてはQ67をご参照ください。

 **92　空き家発生防止信託**

　X（70歳）は，妻に先立たれ，自身が所有する自宅に一人で生活しています。長男A，長女Bにはそれぞれ家庭があり，自宅に戻ってくることはなさそうです。ただ，長男Aは近所で生活をしているため，よく様子を見に来てくれて，Xや自宅の状況を理解しています。Xは，ここのところ病気で入退院を繰り返しており，近々施設に入居することになるかもしれません。施設に入居すると自宅は空き家になってしまいますが，もし認知症になれば自宅を処分することもできなくなることが心配です。

　　自宅不動産を信託財産とし長男Aを受託者として，以下のような信託契約を締結することで，認知症になるか否かにかかわらず，その管理，運用，処分を受託者たる長男Aに任せることができます。受益権の内容として，①自宅不動産への居住権と②生活に必要な費用の受給権を定めておけば，施設に入居するまでの間はこれまでどおり自宅に居住できますし，施設入居後は自宅不動産を子どもに運用あるいは売却してもらい，賃料や売却代金の中から施設費，医療費等の給付も受けることができます。

 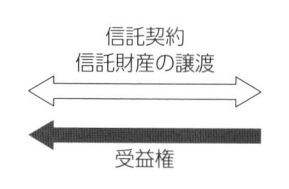  

信託契約
信託財産の譲渡

受益権

委託者兼
受益者
X

受託者
長男A

自宅
金銭

【参考スキーム】

信託の目的	委託者の財産管理の負担を軽減し，信託財産からの費用拠出により委託者の安定した生活と福祉を確保すること，自宅不動産を委託者の生活状況に応じて適切に処分すること
委託者兼受益者	X
受 託 者	長男A
信託財産	自宅不動産，金銭
信託事務の内容	(1)自宅不動産の管理（修補，公租公課支払を含む。），(2)自宅不動産の賃貸その他の運用，売却その他の処分，(3)信託財産たる現預金を管理・運用し，相当な生活費・医療費・施設費・介護費等を支出
受益権の内容	①Xが自宅不動産を生活の本拠として無償で使用する権利，②受託者が相当と認める生活費・医療費・施設費・介護費等の給付を受ける権利
信託の終了事由	Xの死亡，信託財産の消滅，終了につき受託者及び受益者の合意があったとき
残余財産帰属者	長男A，長女B

❖ 解 説

1　信託事務の内容──(1)不動産の管理

　Xは自身を委託者兼受益者，長男Aを受託者として信託契約を締結します。

　信託財産としては，自宅不動産に加え，特定の預金を解約して金銭を信託することが考えられます。これは，受託者たる長男Aがこの資金を用いて，自宅不動産の管理（修補や公租公課の支払）等の信託事務を行えるようにするためです。一方，全預金を信託財産とはせず，特定のものに限っているのは，Xに生活費等として自由に使える分を残すためです。

　また，施設に入居するまでは，Xはこれまでどおり自宅不動産に居住する必要があります。そこで，受益権の内容として，Xに，①自宅不動産を生活の本拠として無償で使用する権利を付与します。

　このような信託契約を締結することで，Xは，仮に将来認知症になったり，

施設に入居することになっても，自宅不動産の管理は信託財産となっている金銭を用いて長男Aが行ってくれることになるので安心です。

2　信託事務の内容 ──(2)不動産の運用・処分

　さらに，自宅不動産の賃貸その他の運用，売却その他の処分も信託事務の内容とすることで，Xが認知症になった後も，受託者たる長男Aが必要に応じて自宅不動産を適法に運用・処分してくれることになります。

　そのために，例えば，「受託者は，受益者の施設入居等により，受益者の生活の本拠として自宅不動産を使用する必要がなくなった場合は，自宅不動産を賃貸に供し，あるいは，売却処分することができる」との定めを置いたり，「受託者は，前記定めにかかわらず（つまり施設入居前でも），必要と認める場合は，受益者の施設入居等に要する費用に充てるために，自宅不動産を売却することができる」との定めを置いたりすることが考えられます。また，自宅建物が老朽化している場合に，長男Aにおいて，それを取り壊せるようにするために，「受託者は，自宅建物の老朽化が進んでいる場合には，自宅建物を取り壊し，敷地の整地等をすることができる」との定めを置くことも考えられます。

　仮に運用・処分について長男Aが適切な判断をしてくれるか不安が残る場合は，例えば弁護士等を信託監督人に指定の上，「予め信託監督人の同意を得て」との条件を付することで，第三者の判断を介在させることもできます。もっとも，専門家を信託監督人に指定する場合は，その報酬を信託財産から支払う旨の定めも併せて置く必要があるでしょう。

3　信託事務の内容 ──(3)生活に必要な費用の支払

　Xとしては，自宅不動産への居住に係る受益権に加えて，②受託者が相当と認める生活費・医療費・施設費・介護費等の給付を受ける権利を受益権として定めておきます。それにより，将来Xが認知症になったり，施設に入居することになっても，長男Aが管理する信託財産（信託財産たる自宅不動産を運用・処分して得た賃料や売却代金は，法16条1号により，当然に信託財産に属

するものと考えられます。）の中から生活に必要な費用を支出してもらえることになるので安心です。

　そして，この受益権の実現のため，信託事務の内容として，「受託者が信託財産たる現預金を管理・運用し，受益者の生活費・医療費・施設費・介護費等に充てるため，必要な費用を支出すること」も定めておきます。併せて，「ただし，受益者から理由を示して金銭の給付請求があった場合は，受託者は特段の事由がない限りこれに応じるものとする」などとも定めておけば，Xが信託財産とせずに手元に残した現預金が不足した場合でも，必要な費用は原則Xの希望に沿って給付されることになります。

4　受託者の負担への配慮

　長男Aには様々な信託事務を行ってもらい，負担をかけることになるので，受託者に一定の報酬を付与する定めを置くことも考えられます（なお，信託業法との関係についてQ34参照）。

　また，長男Aの注意義務の程度を善管注意義務ではなく「自己の財産に対するのと同一の注意をもって行うことで足りる」と定めて軽減したり，「受託者は，信託財産の管理，運用，処分その他の信託事務について，第三者に委託することができる」と定めて再委託を認めたりすることで，長男Aに負担がかかり過ぎないよう配慮することも検討できます。

5　信託の終了

　Xが死亡したときや，終了につき受託者と受益者（信託監督人が選任されている場合であれば，受益者の事理弁識能力が低下した後は信託監督人）の合意があったときは，もはや信託を存続させる必要はないと考えられます。また，その他法定の終了事由（法163条等）に該当した場合も信託は当然に終了します。そこで，こうした場合に信託が終了する旨を信託契約で定めておきます。

　信託終了時における信託財産の帰属権利者については，長男A，長女Bが2分の1ずつ取得する旨定めてもよいですが，個別事情に応じて柔軟に設定可能です。

　ただし，受託者である長男Ａを帰属権利者とした場合は，信託行為によって受託者から信託の軽微でない変更に関与する権限（法149条，151条，155条，159条の合意権等）を排除しない限り，長男Ａは特定委託者（相法９条の２第５項，相法令１条の７）に該当するものと解され，信託終了時の財産帰属が贈与や遺贈とみなされて（相法９条の２第１項）課税される可能性がありますので，留意が必要です。

 **93** エスクロー信託（不動産売買等の決済における活用）

　相談者Ｘ社は，この度，Ｙ社から甲土地を購入することを前向きに検討していますが，甲土地に土壌汚染が存在しないかを確認するため，土壌汚染調査を行いたいと考えています。

　一方，Ｙ社としては，資金繰りの関係から，土壌汚染調査の結果を待たずに早期に甲土地を売却して現金化したいと考えていますが，早期売却のため必要以上に安価な売却も避けたいと考えており，できれば購入希望金額が高額なＸ社に売却したいとも考えています。

　Ｘ社・Ｙ社双方の意向に沿うよい解決策はないものでしょうか。

　　以下のような信託によるスキームを採用することで，売買代金の一部の支払を留保し，双方の信用リスクを排除しながら，土壌汚染対策費用確定後，同費用の精算を行って決済を完了する方法が考えられます。

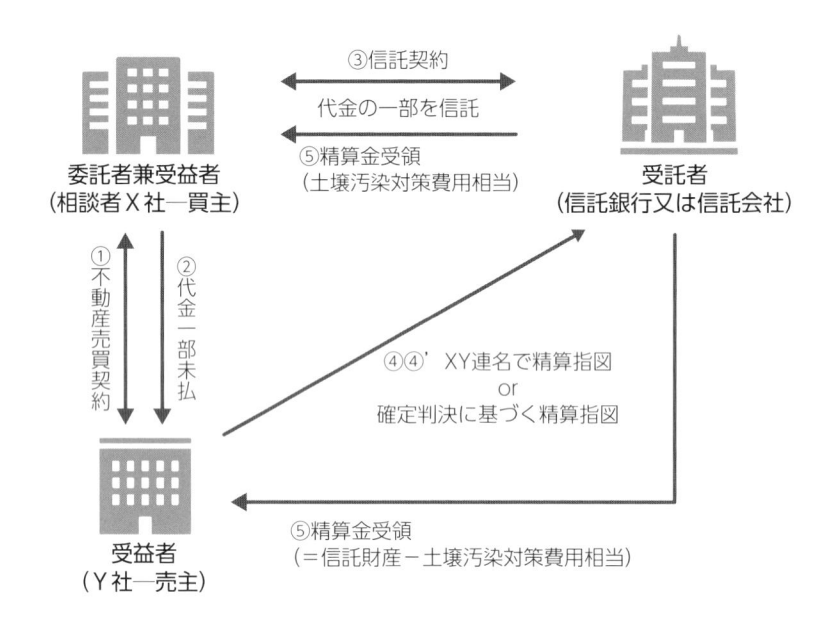

【参考スキーム】

信託の目的	X社Y社間の土地売買に関し，土壌汚染の瑕疵担保責任に基づく売主Y社の買主X社に対する損害賠償金支払の信用リスクを排除するとともに，買主X社の売主Y社に対する売買代金支払の信用リスクを排除すること
委 託 者	相談者X社（買主）
受 託 者	信託銀行又は信託会社
信託財産	売買代金の一部に相当する金銭（例えば，2割）
受 益 者	X社及びY社（売主）
受益権の内容	土壌汚染対策費用確定後，X社は受託者から確定した土壌汚染対策費用相当額を受領する。Y社は信託された金銭から確定した土壌汚染対策費用相当額を差し引いた残額を受託者から受領する。

❖解　説

1　損害賠償金と精算金の回収リスク

　本件において，売買代金全額を支払った後に土壌汚染調査を行い，土壌汚染対策費用の精算を売買後に行うとすると，実際に土壌汚染の存在が判明した場合，同対策費用につき，買主Ｘ社は，瑕疵担保責任に基づいて売主Ｙ社に対し損害賠償請求することとなります。売主Ｙ社の信用力がしっかりしていればこのような方法で済ますことも考えられますが，信用力に不安がある場合には，回収不能のリスクを負うことになってしまいます。そこで，買主Ｘ社としては，土壌汚染対策費用が自己負担とならないような確実な方法がないかを検討することとなります。

　この場合，例えば，代金の一部の支払については留保し，土壌汚染調査後，同対策費用を精算の上，残額を支払うこととすれば，買主Ｘ社としては土壌汚染対策費用が自己負担となるリスクを避けることができます。

　しかしながら，この方法による場合，売主Ｙ社の立場からすれば，買主Ｘ社から精算金を確実に回収できるかのリスクを負うこととなってしまいます。

　そこで，信用力のある第三者に，土壌汚染対策費用の精算のため，代金の一部を預託するという手法（エスクロー）も考えられますが，同第三者が破産等の法的手続をとった場合などを考えると，信用リスクの回避が万全とまではいえません。

2　信託を用いた具体的なスキーム

　信託を用いたスキームを用いることとした場合，より信用リスクの回避が万全なものになるといえるでしょう。具体的には，①買主Ｘ社，売主Ｙ社は甲土地の売買契約を締結し，②Ｘ社がＹ社に対し売買代金の一部（例えば，８割とします。）を支払った後，③Ｘ社は，受託者である信託銀行又は信託会社と信託契約を締結の上，売買代金の残り２割を信託します。④Ｘ社は，土壌汚染調査を行い，土壌汚染が発見されなければ，その旨Ｙ社と確認し，両者連名で受託者に指図の上，受託者は信託された金銭全額をＹ社に交付する

こととなります。④´X社が土壌汚染調査を行った結果，土壌汚染が発見された場合，その対策方法及び費用について，X社・Y社協議の上，同費用を確定後，両者連名で受託者に指図し，確定した費用の金額に従って，受託者からそれぞれ精算金を取得することとなります。

当事者間の協議が整わなかった場合には，X社・Y社間の裁判にてその費用を確定し，受託者は判決内容に従って，X社，Y社に対しそれぞれ精算金を支払うことにすることが考えられます。

また，参考スキームのメリットとして，Y社としては，土壌汚染対策費用としていくらかかるか不透明だとして，必要以上の安価な売却に応じなければならないといった事態を避けることができ，実際に必要な土壌汚染対策費用の負担だけにとどめることができるという点が挙げられます。

3　信託によるメリット

参考スキームは，「倒産隔離機能」や「信託財産の独立性」と呼ばれる信託の機能の一部を利用したものであり，エスクロー信託と呼ばれることがありますが，これにより各当事者の信用リスクを遮断することが可能です。

信託法23条１項では，受託者固有の債権者は信託財産への強制執行ができないとされており（信託財産責任負担債務に係る債権を除きます。），また信託法25条１項では，受託者が破産した場合であっても信託財産は破産財団に属しないとされています。

信託財産は既に委託者の財産ではなく，受益者は信託財産の所有者ではありませんので，信託財産は，あたかも委託者，受託者及び受益者のいずれにも属しない財産（nobody's property）のようになるといえるでしょう。

4　発展事例

参考スキームは，株式の売買によるM&Aの場合など，対象会社に簿外債務（保証債務や未払残業代等）のリスクがある場合に利用することも考えられるでしょう。

また，参考スキームは，関係当事者の信用リスクを遮断することを目的と

するものですが，利用方法はこれに限られません。

　例えば，同時決済が予定されていない非対面取引であるインターネット取引において，買主としては商品を受け取るまでは代金を支払うのが心配である一方，売主としては代金が支払われていない段階で商品を送付するのは心配と考えている場合などにも利用が考えられます。①買主は代金を受託者に信託し，②売主は受託者に代金が信託されたのを確認後，商品を発送，③買主は商品受領後，受託者に指図することにより売主が代金を受領するといったスキームです。売主は代金を確保した上で商品発送が可能であり，買主は商品が届かなければ代金取戻しが可能となります。

　このように参考スキームは応用範囲の広いものといえるでしょう。

第**11**章　税　務

 **94**　信託設定時の課税関係

信託設定時には，誰にいかなる課税がなされるかを教えてください。

　　信託効力発生時の課税は，自益信託か他益信託（→Ｑ４）か，他益信託の場合，受益者から委託者に対する適正な対価の授受があるか否かによって結論が変わります。

　自益信託であれ受益信託であれ，原則として受託者に対する課税はありません。

　また，自益信託の場合，受益者への課税もありません。

　他益信託で適正な対価の授受がない場合，受益者に贈与税又は相続税が課されます。他益信託で適正な対価の授受がある場合，委託者に課税されることがありますが，受益者への課税はありません。

　なお，複層化信託や受益者連続型信託を設定した場合は，課税関係が複雑になることもありますので，注意が必要です（→Q99，Q100）。

1　総　論

　原則的な信託（集団投資信託，退職年金等信託，特定公益信託等及び法人課税信託を除く信託）では，信託財産から経済的利益を受けるのは誰かという点に着目して，課税関係が決定されます。

　信託された財産の所有権は，信託の効力発生時に，委託者から受託者に移転します。もっとも，信託財産から経済的利益を受けるのは受益者であることから，受益者が信託財産を有するものとみなして，課税関係を検討することになります（所法13条１項，法法12条１項，相法９条の２）。その結果，受託者に対しては課税がされず，受益者がその信託財産を取得したことを前提とした課税関係が構築されます。具体的には，以下のとおりです。

2　自益信託の場合

　自益信託の場合，委託者と受益者が同一であり，信託の前後で経済的利益の移動がないため，後記４の流通税以外の課税関係は生じません。

3　他益信託の場合

(1)　適正な対価の授受がない場合

ア　考え方

　適正な対価の授受がない他益信託は，受益者が，委託者の有していた財産を適正な対価の授受なく有することになったと考えます。そのため，委託者から受益者に対し，信託財産の贈与・遺贈や無償譲渡・低額譲渡があったものとして課税関係を考えます。

　委託者や受益者が個人か法人かにより課税関係が異なるため，以下，①委託者・受益者双方が個人の場合，②委託者が個人かつ受益者が法人の場合，③委託者が法人かつ受益者が個人の場合，④委託者・受益者双方が法人の場合の４通りを検討します。

イ　①委託者・受益者双方が個人の場合

　委託者・受益者双方が個人で無償の他益信託を設定したときには，受益者に対し，贈与の場合には贈与税が，遺贈の場合には相続税が課税されます。また，個人である受益者が，著しく低い価額の対価で財産の譲渡を受けた場合，税務上の適正な時価との差額について，贈与・遺贈されたものとみなされますので（相法７条），適正価額より低い価額での他益信託については，無償の場合と同様，受益者に対し，その差額につ

いて，贈与の場合には贈与税が，遺贈の場合には相続税が課税されます。

　このため，親が委託者で子が受益者の場合など，信託の効力発生時に子に贈与税がかかることを避けるため，委託者生存中は委託者が受益者を兼ねておき，委託者死亡により子を第２次受益者とする受益権が発生する形式がよく用いられます。委託者死亡時に第２次受益者に経済的利益が移る場合，遺贈として相続税がかかりますが，一般的には贈与税より税率が低く抑えられるからです。また，直系卑属等を受益者とする信託の設定に際しては，相続時精算課税制度を選択することを検討しなければならない場合もあります。

　個人である委託者には，課税関係は生じません。もっとも，贈与税について連帯納付義務の問題は生じます（相法34条４項）。

ウ　②委託者が個人かつ受益者が法人の場合

　法人である受益者は，信託財産を時価で譲り受けたことになり，時価と譲受価格との差額（無償の場合は信託財産の時価相当額となる。）について，受贈益として益金計上され，法人税が課税されます（法法22条２項）。

　個人である委託者は，無償又は著しく低い価額（対価が時価の２分の１未満の場合（所法令169条）で譲渡した場合，税務上の適正な時価で譲渡したとみなされ，所得税が課せられます（所法67条の３第３項，59条１項，所基通67の３‐１）。

エ　③委託者が法人かつ受益者が個人の場合

　この場合，法人から個人に対する無償又は低額譲渡があったものと同様の課税関係になります。

　個人である受益者は，時価と受領した対価との差額（無償の場合は信託財産の時価相当額）が一時所得となり，所得税が課税されます（所法34条，所基通34‐１(5)）。

　法人である委託者は，個人である受益者に対し，信託財産を税務上の適正な時価で譲渡したものとみなされ（法法22条２項），売却益がある場合には益金，売却損がある場合には損金として所得金額が計算されます。また，時価と受領した対価との差額（無償の場合は信託財産の時価相当額）

については，受益者に寄附したものと処理され（法法37条8項），損金算入に制限があります。

オ　④委託者・受益者双方が法人の場合

法人である受益者は，②の場合と同様に，受贈益課税（法法22条2項）により課税されます。

法人である委託者は，③の場合と同様に，時価で譲渡したものとみなされ，売却益を益金，売却損を損金として所得金額が計算され，時価と受領した対価（無償の場合は信託財産の時価相当額）との差額は寄附金として処理されます（法法22条2項，37条8項）。

(2) 適正な対価の授受がある場合

適正な対価の授受がある場合は，委託者から受益者へ信託財産が適正な対価で譲渡されたものとして，課税関係を考えます。

受益者は，適正な対価を支払うことにより受益権を取得したとみることができるため，例えば，コンビニで買い物をしても課税関係が生じないのと同様に，課税関係は生じません。

委託者は，受益者に対し，適正な対価で信託財産の実質的な所有権を譲渡したとみることができることから，委託者が個人であれば譲渡所得として課税（所法33条）がなされ，委託者が法人であれば譲渡課税がなされます。

4　流通税

(1) 印紙税

信託契約書に貼付する印紙税は1通につき200円です（印紙税法2条，7条，別表第1⑫）。

(2) 登録免許税

ア　財産権の移転の登記・登録

委託者から受託者に信託のために財産を移す場合における，財産権の移転の登記・登録には，登録免許税はかかりません（登録免許税法7条1項1号）。

イ　財産権の信託の登記・登録

財産権の信託の登録又は登記には登録免許税がかかります。

登記・登録する物件によって異なりますが，例えば，建物の「所有権の信託の登記」に係る登録免許税は，固定資産税評価額の1,000分の4です（登録免許税法別表第1①(十)イ「所有権の信託の登記」）。

(3)　不動産取得税

委託者から受託者に信託財産を移す場合における不動産の取得について不動産取得税は課すことができないとされており（地法73条の7第3号），不動産取得税はかかりません。

## 95　信託期間中の課税関係

信託期間中の課税関係について教えてください。

信託法上，信託期間中の信託財産に属する資産等の所有者は受託者ですが，税法上は，実質所得者課税の原則などから，信託の受益者が信託財産に属する資産等を有するとみなし，また，信託財産に係る収益・費用も受益者に帰属するものとして，特定の場合を除いて，受益者に所得税や法人税が課税されます。なお，信託契約上の受益者のみならず，特定委託者（みなし受益者）に該当する者にも，このような課税が及びます（→Q98）。

また，受益権の譲渡等により受益者が変更された場合には，信託財産に属する資産の譲渡等があったとして，所得税又は法人税が課税され，消費税も課税されます。しかし，受益者の変更以外の信託の変更がされた場合には，一定の流通税以外の課税関係は生じません。

なお，信託の受益者が個人である場合，信託から生じた不動産所

得の損失については，生じなかったものとみなされ，他の不動産所
得の黒字から差し引くことができませんし，損益通算の対象にもな
りません。また，複層化信託や受益者連続型信託を設定した場合は，
課税関係が複雑になることもありますので，注意が必要です（→Ｑ
99，Q100）。

1　信託期間中の所得税・法人税

⑴　総　論

　私法上（信託法上），信託の信託財産に属する資産・負債及び信託財産に
帰せられる収益・費用の法律上の帰属者は受託者とされていますが，税法上
は，実質的に利益を享受する者に課税するとの基本理念（実質所得者課税の
原則）の下，特定の場合（集団投資信託・法人課税信託・退職年金等信託・特定
公益信託等）を除いて，受益者が信託財産に属する資産・負債を有するもの
とみなされ，かつ，信託財産に帰せられる収益・費用を受益者の収益・費用
とみなして，所得税法・法人税法を適用することとされています（所法13条
１項，法法12条１項本文）。

　すなわち，受託者が信託収益を取得した時点で，受益者がその信託収益を
実際に受け取っているかどうかに関係なく，受益者に対する課税が発生しま
す。受託者を通り抜けて受益者に課税することから，「パススルー課税」と
呼ばれています。

　このように，基本的に，信託財産に属する資産又は事業から生ずる収益に
ついては，受益者に帰属するものとして，受益者の各年分の各種所得の金額
又は各事業年度の所得の金額を計算して，所得税又は法人税が課税されるこ
とになります。

⑵　収益・費用の帰属時期

　受益者の税法上の所得の計算期間（所得税であれば暦年，法人税であれば事
業年度）と信託契約等に定められた信託の計算期間が一致しない場合には，
信託の計算期間を基とするのではなく，当該受益者の所得の計算期間を基に，
当該期間に対応する信託財産に帰せられる収益・費用に基づき所得額を計算

することになります（所基通13-2，法基通14-4-2）。

(3)　収益・費用の帰属額

受益者の総収入金額・必要経費又は収益・費用の計算に当たっては，受益者が信託に係る収益の分配として受けたものを基にするのではなく，当該信託財産に帰せられる収益・費用を基として計算することになります（所基通13-3，法基通14-4-3）。

(4)　信託財産から生じる損失の取扱い

かつて民法上の組合の事業から生ずる損失を利用した節税スキームが流行し，同様のことが信託を利用することにより可能であったことから，このような節税スキームを抑止するために以下のような措置が講じられています。

すなわち，個人が受益者の場合で，信託財産から生ずる不動産所得を有する場合，その年分の不動産所得の金額の計算上，当該信託に係る不動産所得で生じた損失の金額を生じなかったものとみなし，損益通算できないこととされています（租特41条の4の2）。同様に，純損失の繰り越し（所法70条1項）も認められません。

また，法人が受益者の場合で，信託についての弁済責任が実質的に信託財産の価額の限度とされている場合には，信託財産から生じた損失額のうち，信託財産の帳簿価額を基礎として計算した金額を超える部分の金額（信託損失超過額）は，その年度の所得金額の計算上損金の額に算入しないこととされています（租特67条の12第1項）。また，損金の額に算入されなかった信託損失超過額は，翌年度以降に繰り越され，繰り越された年度の信託による利益の額を限度として損金に算入されることとされています。

2　信託の変更時

(1)　受益者の変更

上記1(1)のとおり，所得税法・法人税法では，基本的に，信託の受益者が信託財産に属する資産等を有するものとみなしますので，信託の受益者の有する権利（受益権）が譲渡され，その権利を譲り受けた者が受益者となる「受益者の変更」が行われた場合，その権利の目的となっている信託財産に

属する資産等が譲渡されたこととなり（所基通13-6，法基通14-4-6），そのような資産等の譲渡がされたものとして，変更前の受益者・変更後の受益者の各年分の各種所得の金額又は各事業年度の所得の金額を計算することになります。

そのため，受益者の変更に際して適正対価の授受がない場合には，信託財産に属する資産等が適正対価の授受がなく譲渡された場合と同様の課税関係となります。

(2) 受益者以外の変更

上記1のとおり，所得税法・法人税法・消費税法では，受益者の変更以外の信託の変更がされた場合には，信託財産に係る実質的利益関係に変更がないので，課税関係は生じないこととなります。

(3) 流通税

ア 印紙税

信託の変更をする際に作成される信託行為に関する契約書や受益権の譲渡契約書（契約金額が1万円未満のものは除く。）には，1通につき200円の印紙税がかかります（印紙税法2条，7条，別表第1⑫⑮）。

イ 登録免許税

登録免許税は，各種の登記・登録を受けることを対象として課される租税です。

信託法上，信託期間中の信託財産に属する資産等の所有者は受託者ですから，「財産権の移転の登記・登録」が必要となるのは，受託者の変更に伴い信託財産に属する資産の名義を前受託者から新受託者に移す場合に限られることになります。

ただ，登録免許税法では，受託者の変更に伴い前受託者から新受託者に信託財産を移す場合における，「財産権の移転の登記・登録」には登録免許税を課さないとの特例が定められていますので（登録免許税法7条1項3号），この場合には，登録免許税がかかりません。

また，不動産が信託財産である場合に，信託の変更に伴い「所有権の信託の登記」の登記事項である受託者・受益者の氏名・住所等に変更が

あれば，登記事項の変更の登記をすることになり，それには不動産１個につき1,000円の登録免許税がかかります（登録免許税法２条，９条，別表第１①(十四))。

ウ　不動産取得税

　不動産取得税は，不動産の取得を対象として課される都道府県税ですが，地方税法では，受託者の変更に伴い前受託者から新受託者に信託財産である不動産を移転する場合の新受託者による不動産の取得には，不動産取得税を課すことができないと定められていますので，不動産取得税はかかりません（地法73条の７第５号)。

 **96　信託終了時の課税関係**

　受益者等課税信託が終了した時点で，所得税や法人税の課税が誰にどのように生じるのかを教えてください。

　信託行為において帰属権利者が定められている場合，課税上は，信託が終了した時点で，受益者から帰属権利者に対して実質的な財産の移転があったものとして課税関係が構築されます。

　一方，信託行為において残余財産受益者が定められている場合は，信託開始時に，当該受益者に対する財産の移転があったものとして課税がなされており，信託の終了時（残余財産の帰属時）には，新たな課税関係は生じません。

　なお，複層化信託や受益者連続型信託を設定した場合は，課税関係が複雑になることもありますので，注意が必要です（→Q99，Q100参照)。

1　残余財産の帰属

　信託終了時の残余財産の帰属については，信託法182条によって規律されており，具体的には，その帰属順序は，第1順位は信託行為において残余財産の給付を内容とする受益債権に係る受益者となるべき者として指定された者（残余財産受益者）又は信託行為において残余財産の帰属すべき者として指定された者（帰属権利者），第2順位は委託者又はその相続人その他一般承継人，第3順位は清算受託者とされています（→Q82）。

　多くの信託行為において，残余財産受益者や帰属権利者が指定されていますので，最終的には信託行為において指定された者に残余財産が帰属することになります。

2　信託終了時の所得税・法人税の課税関係

(1)　帰属権利者が指定されていた場合

　信託行為において帰属権利者が定められていた場合，税務上は，信託が終了した時点で，受益者から帰属権利者に対して財産の移転があったものとして課税関係が構築されます。具体的な課税関係は，以下のとおりです。

　　ア　受益者と帰属権利者が同一である場合

　　受益者と帰属権利者が同一である場合には，税務上，信託終了の前後で実質的な権利関係の変動はなく，特に課税関係は生じません。

　　イ　受益者と帰属権利者が異なる場合

　　受益者と異なる者が帰属権利者として指定されていた場合には，税務上，受益者から帰属権利者に対して財産の譲渡があったものとして捉えられることになります。生じる課税関係は，受益者と帰属権利者との間で適正な対価の授受がなされているか否かによって異なります。

　　(ア)　適正な対価の授受がなされている場合

　　帰属権利者は，受益者に対して適正な対価を支払って残余財産を取得したものと評価されますので，個人であろうと法人であろうと，帰属権利者に所得税や法人税の課税関係は生じません。一方，受益者は，適正な対価を受け取ることになりますので，受益者が個人の場合には

受領した対価が譲渡所得として課税され，受益者が法人の場合には受領した対価が益金に計上されることとなります。

(イ)　適正な対価の授受がなされていない場合

　受益者や帰属権利者が個人であるか法人であるかによって，生じる課税関係が異なってきます。

　受益者，帰属権利者がともに個人である場合には，受益者から帰属権利者に対して財産の贈与（又は遺贈）があったものとされますので，帰属権利者に対して贈与税（又は相続税）が課せられます（相法9条の2第1項）。一方で，受益者には特に課税関係は生じません。

　受益者が個人で帰属権利者が法人であった場合には，受益者に対してはいわゆるみなし譲渡課税がされ，対価が時価の半額未満の場合（無償の場合を含む。）には時価で譲渡をしたものとして受益者の譲渡所得が計算されます（所法59条1項）。また，帰属権利者は時価よりも安い金額で財産を得たこととなるので，負担した対価と時価との差額（無償の場合には時価相当額）が受贈益（益金）となります（法法22条2項）。

　受益者が法人で帰属権利者が個人であった場合は，受益者は無償又は時価よりも安い金額で財産を譲り渡したこととなり，時価相当額が益金となり，時価相当額と対価の差額（無償の場合は時価相当額）が寄附金（法法37条）となります。逆に，帰属権利者は，法人から無償又は時価よりも安い金額で財産を譲り受けたこととなりますので，時価相当額と負担した対価との差額（無償の場合は時価相当額）が一時所得となります（所法34条）。

　受益者と帰属権利者がともに法人である場合は，受益者は時価相当額が益金となり，さらに時価相当額と対価の差額（無償の場合は時価相当額）が寄附金（法法37条）となります。一方，帰属権利者については，負担した対価と時価との差額（無償の場合には時価相当額）が受贈益（益金）となります（法法22条2項）。

⑵　残余財産受益者が指定されていた場合

　残余財産受益者と帰属権利者は，最終的に残余財産を取得するという意味においてはその立場に変わりはありませんが，前者は信託終了前からまさにその名が示すとおり受益者であるという点において，帰属権利者と法的地位は異なります。

　そして，信託行為において残余財産受益者が指定された場合は，その信託開始時に，委託者から残余財産受益者に対して当該権利の譲渡があったものとされ，課税関係が生じています。したがって，信託関係が終了し，残余財産受益者の下に財産が帰属した時点においては，特段の所得税や法人税の課税関係は生じません。もっとも，残余財産に不動産が含まれる場合には，登録免許税や不動産所得税が発生します。

　なお，複層化信託や受益者連続型信託を設定した場合については，それぞれについて特例があり，課税関係が複雑になることもありますので，注意が必要です（→Q99，Q100参照）。

 **97　税務署長に提出しなければならない書類**

　受託者や受益者が税務署長に提出しなければならない書類にはどのようなものがありますか。

　　受託者や受益者が，税務署長に提出する書類には，定期的に提出するものと事由が発生した都度提出するものがあります。

　　受託者は，原則として，毎年1月31日までに，税務署長に対し，信託の計算書及びその合計表を提出します。また，受託者は，信託の効力が発生したこと等の事由が生じた場合，原則として，事由が発生した日の属する月の翌月末日までに，税務署長に対し，「信託に関する受益者別（委託者別）調書」及び「信託に関する受益者別

（委託者別）調書合計表」を提出します。

　信託から生じる不動産所得がある個人の受益者は，確定申告書に，不動産所得に関する明細書を添付します。法人の受益者は，確定申告書に，別表九㈡を添付します。法人が受益者となるために対価を支払った場合には，その譲渡があった翌年１月31日までに調書及びその合計表を提出します。

1　受託者が提出する書類

(1)　定期的に提出する書類

　受託者は，信託財産に係る収益の額の合計額が暦年３万円以上ある場合等には，税務署長に対し，翌年１月31日までに，信託の計算書（参考書式１→351頁）及びその合計表（参考書式２→353頁）を提出する必要があります（所法227条，所法規96条，租特８条の５第１項２号ないし７号）。

(2)　事由が発生した都度提出する書類

　信託の受託者は，次の事由が生じたときは，その事由が生じた日の属する月の翌月末までに，税務署長に対し，「信託に関する受益者別（委託者別）調書」（参考書式３→355頁）及び「信託に関する受益者別（委託者別）調書合計表」（参考書式４→357頁）を提出する必要があります（相法59条３項各号）。ただし，受益者別の信託財産の価額が50万円以下の場合には提出する必要はありません（相法規30条７項１号）。

① 　信託の効力が発生したこと（ただし，委託者と受益者等が同一である信託（自益信託）の場合などを除く（相法規30条７項５号イ(4)）。）

② 　受益者等が変更されたこと（受益者が存するに至った場合又は存しなくなった場合を含む。）

③ 　信託が終了したこと（ただし，信託に関する権利の放棄があった場合，信託の残余財産がない場合などを除く（相法59条３項３号，相法規30条７項５号ハ）。）

④ 　信託に関する権利内容に変更があったこと

2　受益者が提出する書類

⑴　定期的に提出する書類

ア　個人の受益者の場合

　信託から生じる不動産所得がある場合には，確定申告書に，通常添付する青色決算書や収支内訳書等に加えて，信託から生ずる不動産所得の金額に関する明細書を添付する必要があります（租特令26条の6の2第6項，租特規18条の24）。

イ　法人の受益者の場合

　法人の受益者（信託財産の帳簿価額を基礎として計算した金額を超える信託損失額が生じるおそれがないと見込まれ，かつ，損失補てん等契約が締結されていない場合の受益者を除く。）は，確定申告書に，別表九㈡「組合事業等による組合等損失額の損金不算入又は組合等損失超過合計額の損金算入に関する明細書」を添付します（租特令39条の31第17項）。

⑵　事由が発生した都度提出する書類

　居住者又は恒久的施設を有する非居住者に対し，国内において，信託受益権の譲渡の対価を支払った法人は，支払の確定した日の属する年の翌年1月31日までに，税務署長に対し，信託受益権の譲渡の対価の支払調書を提出する必要があります（所法225条1項12号，224条の4）。

【参考書式１】

信託の計算書

（自　　年　月　日至　　年　月　日）

信託財産に帰せられる収益及び費用の受益者等	住所（居所）又は所在地			
	氏名又は名称		番号	
元本たる信託財産の受益者等	住所（居所）又は所在地			
	氏名又は名称		番号	
委託者	住所（居所）又は所在地			
	氏名又は名称		番号	
受託者	住所（居所）又は所在地			
	氏名又は名称	（電話）		
	計算書の作成年月日	年　月　日	番号	

信託の期間	自　年　月　日 至　年　月　日	受益者等の異動	原因	
信託の目的			時期	

受益者等に交付した利益の内容	種類		受託者の受けるべき報酬の額等	報酬の額又はその計算方法	
	数量			支払義務者	
	時期			支払時期	
	損益分配割合			補てん又は補足の割合	

収益及び費用の明細

	収益の内訳	収益の額		費用の内訳	費用の額
収益		千　円	費用		千　円
	合計			合計	

資産及び負債の明細

	資産及び負債の内訳	資産の額及び負債の額	所在地	数量	備考
資産		千　円			
	合計		（摘要）		
負債					
	合計				
	資産の合計－負債の合計				

整理欄	①	②

（「番号」欄に個人番号（12桁）を記載する場合には、右詰で記載します。）

#$%

【信託の計算書】

備　考

1　この計算書は、法第 227 条に規定する信託について使用すること。

2　この計算書の記載の要領は、次による。

(1)　「住所（居所）又は所在地」及び「番号」の欄には、計算書を作成する日の現況による住所若しくは居所（国内に居所を有しない者にあつては、国外におけるその住所。(9)イにおいて同じ。）又は本店若しくは主たる事務所の所在地及び行政手続における特定の個人を識別するための番号の利用等に関する法律第 2 条第 5 項に規定する個人番号又は同条第 15 項に規定する法人番号を記載すること。

(2)　「収益及び費用の明細」の「収益の内訳」及び「費用の内訳」並びに「収益の額」及び「費用の額」の項は、各種所得の基因たる信託財産の異なるごとに収益及び費用の内訳並びに当該収益及び費用の額を記載すること。

(3)　信託財産の処分により生じた損益は、他の収益及び費用と区分して記載すること。

(4)　「資産及び負債の明細」の「資産及び負債の内訳」及び「資産及び負債の額」の項には、各種所得の基因たる信託財産の異なるごとに区分してその信託財産に属する資産及び負債の内訳並びに当該資産及び負債の額を記載し、「資産及び負債の明細」の「所在地」の項には、各種所得の基因たる信託財産に属する資産の異なるごとに区分してその所在地を記載すること。

(5)　信託会社（法第 227 条に規定する信託会社をいう。以下この表において同じ。）の事業年度中（受託者が信託会社以外の者である場合又は当該信託が特定寄附信託（租税特別措置法第 4 条の 5 第 1 項に規定する特定寄附信託をいう。以下この表において同じ。）である場合には、その年中）に信託財産の全部又は一部を処分した場合には、その処分年月日を、新たに信託行為により受け入れた信託財産がある場合には、その受入年月日を、それぞれ「備考」の項に記載すること。

(6)　「受益者等に交付した利益の内容」の「損益分配割合」の欄には、信託財産に帰せられる収益及び費用の受益者等が 2 人以上あり、かつ、それぞれの受益者等が受ける損益の割合が異なる場合に限り、記載すること。

(7)　「受益者等の異動」の「原因」の欄には、信託契約の締結、受益者の指定、受益者の変更、受益権の放棄、信託の終了のように記載すること。

(8)　「受託者の受けるべき報酬の額等」の「補てん又は補足の割合」の欄には、金融機関の信託業務の兼営等に関する法律（昭和 18 年法律第 43 号）第 6 条の規定による補てん又は補足の割合その他これに関する事項を記載すること。

(9)　次に掲げる場合には、「摘要」の欄にそれぞれ次に掲げる事項を記載すること。

　イ　当該信託が信託法（平成 18 年法律第 108 号）第 89 条第 1 項に規定する受益者指定権等を有する者、同法第 182 条第 1 項第 2 号に規定する帰属権利者として指定された者その他これらに類する者の定めのある信託である場合　その者の氏名又は名称及び住所若しくは居所又は本店若しくは主たる事務所の所在地

　ロ　信託会社の事業年度（受託者が信託会社以外の者である場合又は当該信託が特定寄附信託である場合には、その年）の中途において当該受益者の損益分配割合に変更が生じた場合　その旨、変更の年月日及びその変更の事由

　ハ　受益者等又は委託者の納税管理人が明らかな場合　当該納税管理人の氏名及び住所又は居所

　ニ　受益者等が非居住者又は外国法人である場合　　（非）

　ホ　当該信託が相続税法第 21 条の 4 第 1 項の規定の適用に係るものである場合　その旨

　ヘ　当該信託が特定寄附信託である場合　その旨及び次に掲げる事項

　　(ⅰ)　当該特定寄附信託契約（租税特別措置法第 4 条の 5 第 3 項に規定する特定寄附信託契約をいう。以下この表において同じ。）締結時の信託の元本の額

　　(ⅱ)　前年中に当該信託の信託財産から支出した寄附金の額及び当該信託財産に帰せられる租税特別措置法第 4 条の 5 第 1 項の規定の適用を受けた同項に規定する利子等の金額のうち前年中に寄附金として支出した金額並びにこれらの寄附金を支出した年月日

　　(ⅲ)　(ⅱ)の寄附金を受領した法人又は法第 78 条第 3 項に規定する特定公益信託の受託者の名称及び所在地並びに当該特定公益信託の名称

　　(ⅳ)　当該特定寄附信託契約又はその履行につき、租税特別措置法施行令第 2 条の 36 第 8 項各号に掲げる事実が生じた場合には、当該事実及びその事実が生じた日

3　合計表をこの様式に準じて作成し、添付すること。

4　所轄税務署長の承認を受けた場合には、この様式と異なる様式により調製することができる。

自 令和　年　月　日		信 託 の 計 算 書 合 計 表	処理事項	通信日付印	検 収	整理簿登載	身元確認
至 令和　年　月　日				※　.　.		※	※

税務署受付印

令和　年　月　日提出

税務署長　殿

提出者	住所（居所）又は所在地	電話（　　－　　－　　）
	個人番号又は法人番号（注）	i 個人番号の記載に当たっては、左端を空欄にし、ここから記載してください。
	フリガナ 氏名又は名称	
	フリガナ 代表者 氏名印	㊞

整理番号						
調書の提出区分 新規=1、追加=2 訂正=3、無効=4		提出媒体		本店一括	有・無	
作成担当者						
作成税理士 署名押印		税理士番号（　　　　　）			㊞	
		電話（　　－　　－　　）				

信託財産の種類	件　数	収益の額	費用の額	資産の額	負債の額
金　　　銭	件	円	円	円	円
有 価 証 券					
不　動　産					
そ　の　他					
計					

（摘　要）

○　提出媒体欄には、コードを記載してください。（電子=14、FD=15、MO=16、CD=17、DVD=18、書面=30、その他=99）

(注)　平成27年12月31日以前に開始する事業年度に係る合計表を作成する場合（信託会社以外の受託者にあっては、平成28年12月31日以前にこの合計表を提出する場合）には、「個人番号又は法人番号」欄に何も記載しないでください。

（用紙　日本産業規格　Ａ４）

【信託の計算書合計表】

記載要領

1　この合計表は、信託の計算書を信託財産の種類別に合計したものにより記載する。

2　「件数」欄の「計」欄には、この合計表とともに提出する計算書の枚数（実件数）を記載する。

3　「※」印欄は、提出義務者において記載を要しない。

（注）この合計表を信託会社が信託法（平成18年法律第108号）の施行の日（以下「信託法施行日」という。）前に開始する事業年度に係る計算書（信託会社以外の受託者にあっては、平成21年1月1日前に提出するもの）に添付する場合には、「収益の額」とあるのは「収入金額」と、「費用の額」とあるのは「支出の額」と、「資産の額」とあるのは「信託財産の価額」と読み替えて使用する。

　　　なお、この場合において「負債の額」については記載を要しない。

【参考書式３】

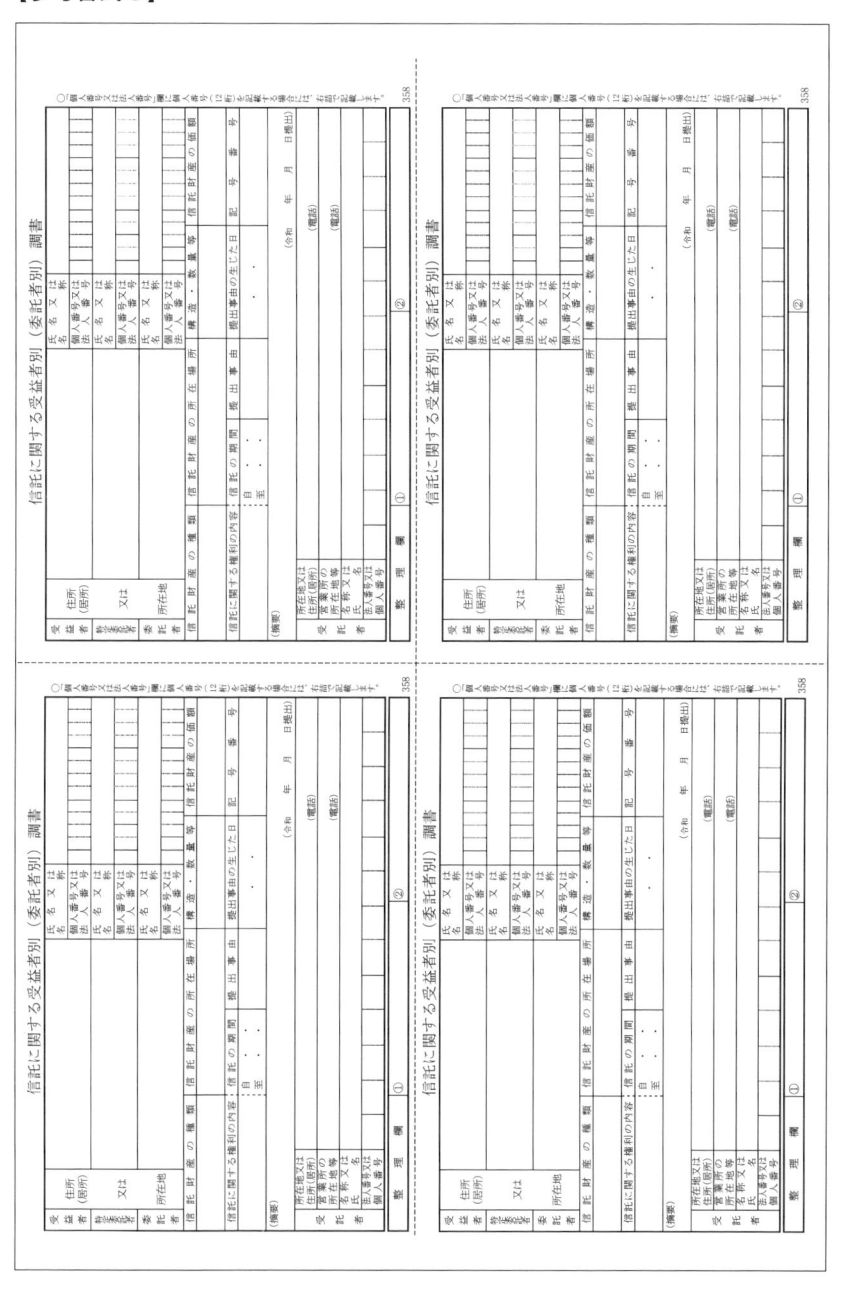

【信託に関する受益者別（委託者別）調書】

※様式はA4用紙1枚に調書4枚分が印刷されますので、裁断の上ご利用ください。

備　考
一　「受益者」、「特定委託者」及び「委託者」の欄の「個人番号又は法人番号」の項には、当該受益者、特定委託者及び委託者の行政手続における特定の個人を識別するための番号の利用等に関する法律第2条第5項に規定する個人番号又は同条第15項に規定する法人番号を記載すること。
二　「特定委託者」の欄には、相続税法第9条の2第5項に規定する特定委託者に関する事項を記載する。ただし、この調書を四3に掲げる場合に該当することにより提出するときには、信託法第182条第1項第2号に規定する帰属権利者（以下「帰属権利者」という。）又は同法第177条に規定する清算受託者に関する事項を記載するものとする。
三　「信託財産の価額」の欄には、信託財産を相続税法第22条から第25条までの規定により評価した価額を記載する。ただし、信託財産について当該規定により評価することを困難とする事由が存する場合は、この限りでない。
四　「提出事由」の欄には、次に掲げる場合の区分に応じ、それぞれ次に定める事由を記載する。
　　1　相続税法第59条第3項第1号に規定する信託の効力が生じた場合　効力発生
　　2　相続税法第59条第3項第2号に規定する受益者等が変更された場合　受益者変更
　　3　相続税法第59条第3項第3号に規定する信託が終了した場合　信託終了
　　4　相続税法第59条第3項第4号に規定する信託に関する権利の内容に変更があった場合　権利内容変更
五　摘要欄には、次に掲げる場合の区分に応じ、それぞれ次に定める事項を記載する。ただし、7の場合において、7に規定する従前信託について信託に関する受益者別（委託者別）調書を提出しているとき、又は当該従前信託以外の信託に関する受益者別（委託者別）調書の摘要欄に当該7に規定する従前信託に係る7のイからハまでの事項を記載したものを提出しているときは、この限りでない。
　　1　受益者又は特定委託者が存しない場合　その存しない理由
　　2　相続税法第9条の3第1項に規定する受益者連続型信託の場合　その旨、その条件及びその期限並びに新たに信託に関する権利を取得する者又は同項の受益者指定権等を有する者の名称又は氏名及び所在地又は住所若しくは居所
　　3　法人税法第2条第29号の2に規定する法人課税信託である場合　その旨
　　4　信託法第182条第1項第1号に規定する残余財産受益者又は帰属権利者の定めがある場合　その旨、これらの者の名称又は氏名及び所在地又は住所若しくは居所並びに一に規定する法人番号又は個人番号
　　5　この調書を四2又は3に掲げる場合に該当することにより提出するとき　変更前（終了直前）の受益者又は特定委託者の名称又は氏名及び所在地又は住所若しくは居所
　　6　この調書を四4に掲げる場合に該当することにより提出するとき　「信託財産の種類」、「信託財産の所在場所」、「構造・数量等」、「信託財産の価額」、「信託に関する権利の内容」及び「信託の期間」の欄に係る変更のあった事項についての変更前の内容
　　7　その年の1月1日からその信託につき四1から4までに定める事由が生じた日の前日までの間に当該信託と受益者（受益者としての権利を現に有する者の存しない信託にあっては、委託者。）が同一である他の信託（以下「従前信託」という。）について当該事由が生じていた場合で、当該信託の信託財産を相続税法第22条から第25条までの規定により評価した価額と当該従前信託の信託財産を相続税法第22条から第25条までの規定により評価した価額との合計額が50万円を超えることとなること、又は当該信託の信託財産を相続税法第22条から第25条までの規定により評価することを困難とする事情が存することからこの調書を提出することとなったとき　当該従前信託に係るイからハまでに掲げる事項
　　　イ　委託者及び特定委託者の名称又は氏名及び所在地又は住所若しくは居所（委託者別の調書の場合には、委託者に係る事項を除く。）
　　　ロ　信託財産の種類、信託財産の所在場所、構造・数量等、信託財産の価額、信託に関する権利の内容及び信託の期間（提出事由が四4に定める事由である場合にあっては、信託に関する権利の内容の変更前後のこれらの事項）並びに提出事由、提出事由の生じた日及び記号番号
　　　ハ　1から6までに定める事項
六　受託者の「所在地又は住所（居所）」の欄には受託者の本店若しくは主たる事務所の所在地又は住所若しくは居所を、「営業所の所在地等」の欄には受託者の信託の引受けをする営業所、事務所その他これらに準ずるものの所在地を、「法人番号又は個人番号」の欄には受託者の一に規定する法人番号又は個人番号を記載する。
七　合計表をこの様式に準じて作成し添付すること。

令和　　年　　月分　信託に関する受益者別（委託者別）
調書合計表

税務署受付印

処理事項 ※	通信日付印 ※ ．．	検収 ※	整理簿登載 ※	身元確認 ※

令和　　年　　月　　日提出

提出者

税務署長　殿

	住所（居所）又は所在地	電話（　　－　　－　　）		整理番号	
	個人番号又は法人番号(注) ※個人番号の記載に当たっては、左端を空白とし、ここから記載してください。			調書の提出区分 新規＝1、追加＝2 訂正＝3、無効＝4	提出媒体 　　本店 一括 　　有・無
	フリガナ 氏名又は名称			作成担当者	
	フリガナ 代表者氏名印	㊞		作成税理士署名押印	税理士番号（　　　　　） 　　　　　　　㊞ 電話（　　－　　－　　　）

提出事由	信託財産の種類	提出枚数	受益者数	特定委託者数	委託者数	信託財産の価額
効力発生	□金銭　　□有価証券 □金銭債権□不動産 □その他（　　　）	枚	人	人	人	円
受益者変更	□金銭　　□有価証券 □金銭債権□不動産 □その他（　　　）					
信託終了	□金銭　　□有価証券 □金銭債権□不動産 □その他（　　　）					
権利内容変更	□金銭　　□有価証券 □金銭債権□不動産 □その他（　　　）					
	計					
（摘要）						

○　提出媒体欄には、コードを記載してください。（電子＝14、FD＝15、MO＝16、CD＝17、DVD＝18、書面＝30、その他＝99）
（注）　平成27年12月分以前の合計表を作成する場合には、「個人番号又は法人番号」欄に何も記載しないでください。

（用紙　日本産業規格　Ａ４）

【信託に関する受益者別（委託者別）調書合計表】

記載要領

1　この合計表は、相続税法59 条第2 項の規定により提出すべき調書について、提出事由の異なるごとに記載する。

2　信託財産の種類の欄には、該当する信託財産について□枠にチェックをする（複数ある場合には、それぞれチェックする。）。

3　「※」印欄は、提出義務者において記載を要しない。

 **98　特定委託者（みなし受益者）に対する課税**

　信託が設定された際，特定委託者やみなし受益者に該当する者に対しては課税がなされると聞きました。どのような者が特定委託者やみなし受益者に該当し，いかなる課税がなされるのでしょうか。

　特定委託者（みなし受益者）とは，受益者以外で，信託の変更をする権限を現に有し，かつ，当該信託の信託財産の給付を受けることとされている者のことをいいます。

　特定委託者（みなし受益者）は，各税法上受益者と同様に扱われ，特定委託者（みなし受益者）にもいわゆるパススルー課税が及ぶこととなります。その場合は，贈与税等の課税が発生することがあるので注意が必要です。

1　特定委託者やみなし受益者とは

　特定委託者とは相続税法上の概念・用語であり，以下の2つの要件を充足する者がこれに該当することとされています（相法9条の2第5項）。

① 　信託の変更をする権限を現に有する

② 　当該信託の信託財産の給付を受けることとされている

　ただし，①の要件に関し，信託の目的に反しないことが明らかである場合に限り信託の変更をすることができる権限のみを有している者がいたとしても，それは軽微な変更をする権限であるとして，①の要件を充足しないものとされています。また，他の者との合意により信託の変更をすることができる権限であっても，①の権限に含まれるとされています（相法令1条の7）。特定委託者は，その名が示すように委託者が念頭に置かれた規定ですが，委託者でなくとも信託行為によってこのような権限が与えられた者がいれば，その者は特定委託者に該当することになります。

　また，特定委託者という用語は用いられていませんが，上記の2つの要件

を満たした場合には受益者とみなされる旨の規定は，所得税法・法人税法・消費税法にも置かれており（所法13条2項，法法12条2項，消法14条2項），みなし受益者といわれています。

2　信託法が定める権限と特定委託者（みなし受益者）

信託法においては，委託者は，信託行為に別段の定めがない限り信託の変更をする権限を有するとされ（法149条1項・2項・4項），残余財産受益者又は帰属権利者の定めがなければ委託者を帰属権利者として指定する旨の定めがあったものとみなされますので（法182条2項），信託行為にこれらの定めがないような場合の委託者は特定委託者（みなし受益者）に該当することになります。

3　特定委託者（みなし受益者）に対する課税

受益者は，信託財産に属する資産・負債を自己が有するものとみなして，かつ，そこに帰せられる収益や費用は受益者のものとして所得税や法人税の規定が適用され，また，相続税法上は，当該信託の効力が生じた時において，当該信託に関する権利を当該信託の委託者から贈与（当該委託者の死亡に基因して当該信託の効力が生じた場合には，遺贈）により取得した者とみなされます（パススルー課税→Q94，Q95）。

そして，特定委託者（みなし受益者）は，各税法上受益者と同様に扱われることになりますので，このようなパススルー課税は，特定委託者（みなし受益者）にも及ぶことになります。特定委託者（みなし受益者）は，信託の変更に関与でき，かつ，信託から財産をもらえる可能性のある者ですから，その実質をみて，税務上の受益者とみなすべきであろうという考え方に基づいています。

4　受益者等が2以上ある場合における課税関係

所得税，法人税及び消費税法上，みなし受益者を含む受益者が2以上ある場合には，信託財産に属する資産・負債の全部をそれぞれの受益者等がその

有する権利の内容に応じて有するものと，その信託財産に帰せられる収益及び費用の全部がそれぞれの受益者等にその有する権利の内容に応じて帰せられるものとされます（所法令52条4項，法法令15条4項，消法令26条4項）。

これは，例えば，ある受益者は信託財産に属する土地の底地権を有し，他の受益者はその土地の借地権を有するものとみなされる場合もあるといったように，信託行為の実態に応じて，帰属を判定しようとするものであり，仮に信託でないものとした場合に同様の権利関係を作り出そうとすればどのような権利関係になるのかが参考になると考えられます。そして，受益者等の定義を形式的に当てはめたところ受益者等に該当する者であっても，権利の内容によってはその者に帰属させるべき資産及び負債並びに収益及び費用が限りなくゼロに近い場合もあると考えられますが，その場合は，その者に対する課税はなされないものとして取り扱われることも考え得ます。

なお，信託財産に属する資産が，その構造上区分された数個の部分を独立して住居，店舗，事務所又は倉庫その他建物としての用途に供することができるものである場合において，その各部分の全部又は一部が2以上の受益者の有する権利の目的となっているときは，当該目的となっている部分については，当該各受益者が，各自の有する権利の割合に応じて有しているものとされます（所基通13-4）。

5　最後に

以上に述べましたように特定委託者（みなし受益者）となると信託法上受益者ではなくても，税法上受益者とみなされて課税されることがありますので信託を構築する際にはこの点につき注意が必要です。

 **99　複層化信託が組成された場合の受益権の評価**

　信託財産に関し，その元本受益権と収益受益権とを別の者に帰属させ
たいと考えています。その場合の課税関係について，特に留意しておか
なければならない事項はあるでしょうか。

　　元本受益権と収益受益権とを異なる者に帰属させた場合，相続税
や贈与税を計算する上での信託受益権の評価は，①収益受益権につ
いては，課税時期の現況において推算した受益者が将来受けるべき
利益の価額ごとに課税時期からそれぞれの受益の時期までの期間に
応ずる基準年利率による複利現価率を乗じて計算した金額の合計額，
②元本受益権については，課税時期における信託財産の価額から，
上記の方法により評価した収益受益者に帰属する信託の利益を受け
る権利の価額を控除した価額，とされます。

　　したがって，仮に無償で元本受益権と収益受益権とを異なる者に
帰属させる複層化信託を設定した場合には，元本受益者，収益受益
者のそれぞれに対して，上記の評価額を前提とした贈与税等が課さ
れることとなります。

　　なお，受益者連続型信託の受益権の評価額の算定については，別
に定めがあります（→Q100参照）。

1　複層化信託

　元本受益者と収益受益者が異なる信託のことを，複層化信託といいます。
例えば，委託者Aが，信託財産（株式）の収益受益者を委託者自身Aとしつ
つ，孫を元本受益者として，一定の期間の信託を設定するような場合が挙げ
られます。

　信託を設定する際には，信託設定の対価の額によって，相続税や贈与税が
生じることがありますが（→Q94参照），複層化信託が設定された場合，その

税額の計算の前提となるそれぞれの受益権の評価は，必ずしも容易ではありません。

2　信託受益権の評価に関する通達の規定

相続税や贈与税を計算する上での信託受益権の評価について，国税庁が定める財産評価基本通達202（信託受益権の評価）は，おおむね以下のとおり定めています。

⑴　元本と収益との受益者が同一人である場合

同通達に定めるところにより評価した課税時期における信託財産の価額によって評価します。元本と収益との受益者が元本及び収益の一部を受ける場合においては，同通達に定めるところにより評価した課税時期における信託財産の価額にその受益割合を乗じて計算した価額によって評価します。

⑵　元本と収益との受益者が異なる場合

収益を受益する場合は，課税時期の現況において推算した受益者が将来受けるべき利益の価額ごとに課税時期からそれぞれの受益の時期までの期間に応ずる基準年利率による複利現価率を乗じて計算した金額の合計額によって評価します。

元本を受益する場合は，同通達に定めるところにより評価した課税時期における信託財産の価額から，上記の方法により評価した収益受益者に帰属する信託の利益を受ける権利の価額を控除した価額によって評価します。

したがって，複層化信託が設定された場合，まず，収益受益権の評価額を算定し，信託財産の評価額からそれを差し引くことによって元本受益権の評価額を算出することになります。ただし，この複層化信託が受益者連続型信託と組み合わせて組成された場合の受益権の評価額の算定については，別に定めがあります（→Q100参照）。

100　受益者連続型信託に係る特例

いわゆる後継ぎ遺贈型受益者連続信託を設定することを検討しています。その場合の課税関係について，特に留意しておかなければならない事項はあるでしょうか。

　いわゆる後継ぎ遺贈型受益者連続信託をはじめとする受益者連続型信託における信託財産の相続税法上の評価について，当該受益者連続型信託に関する権利で当該受益者連続型信託の利益を受ける期間の制限その他の当該受益者連続型信託に関する権利の価値に作用する要因としての制約が付されているものであっても，当該制約は，付されていないものとみなす旨が定められています。

したがって，最初に受益権を取得した者は，その取得時点における当該財産の評価額に応じて相続税や贈与税を負担することとなり，将来受益権が他の者に承継され，その承継者が当該財産の一部を費消することが前提となっていたとしても，その点は財産の評価に際しては考慮されません。

また，受益者連続型信託で，かつ，受益権が複層化された信託について，その収益受益権の全部を適正な対価を負担せず取得した場合には，信託財産の全部の価額をその権利の価額とし，一方で，元本受益権をゼロと評価されることとされています。

1　受益者連続型信託とは

信託法においては，①受益者の死亡により他の者が新たに受益権を取得する定めのある信託（いわゆる後継ぎ遺贈型受益者連続信託→Q54，Q86）を設定することが可能とされています（法91条）。このような信託や，②受益者指定権者による受益者の指定・変更が行われる定めのある信託（法89条），③受益者等の死亡その他の事由により，当該受益者等の有する信託に関する

権利が消滅し，他の者が新たな信託に関する権利（当該信託の信託財産を含む。）を取得する旨の定め（受益者等の死亡その他の事由により順次他の者が信託に関する権利を取得する旨の定めを含む。）のある信託，④受益者等の死亡その他の事由により当該受益者等の有する信託に関する権利が他の者に移転する旨の定めのある信託，及び⑤これら信託に類するものは，相続税法上，「受益者連続型信託」と定義づけられています（相法９条の３第１項）。

このような受益者連続型信託においては，信託契約の定めにより受益者が連続して受益権を取得することとなります。

2　受益者連続型信託における課税

(1)　後継ぎ遺贈型受益者連続信託においては，信託法上，第２次以降の受益者は，先順位の受益者からその受益権を承継取得するのではなく，委託者から直接に受益権を取得するものと法律構成されています（寺本260頁（注５））。

これに対し，相続税法上は，当該信託の一部の受益者等が存しなくなった場合において，適正な対価を負担せずに既に当該信託の受益者等である者が当該信託に関する権利について新たに利益を受けることとなるときは，当該信託の一部の受益者等が存しなくなった時において，当該利益を受ける者は，当該利益を当該信託の一部の受益者等であつた者から贈与（当該受益者等であつた者の死亡に基因して当該利益を受けた場合には，遺贈）により取得したものとみなすものとされており（相法９条の２第３項），先順位の受益者から承継取得するものとみなされているため，留意が必要です。

(2)　また，受益者連続型信託における信託財産の相続税法上の評価について，相続税法９条の３第１項は，当該受益者連続型信託に関する権利で当該受益者連続型信託の利益を受ける期間の制限その他の当該受益者連続型信託に関する権利の価値に作用する要因としての制約が付されているものについては，当該制約は，付されていないものとみなすとの特例を定めています。

例えば，受益者Ｂ，Ｃ，Ｄが順次受益権を取得するような受益者連続型信託を設定した場合，Ｂが得る受益権は，将来Ｃ（あるいはＤ）が未費消分を

取得するという価値の制約が付されていますので，その受益権の評価としては，受益者Bが費消する部分に限られるべきであるとも考えられます。しかし，信託を活用しない通常の財産の譲渡について，Bが将来Cに対して当該財産を譲渡すること（換言すれば，Bがその財産全てを費消するわけではないこと）が前提となっていたとしても，Bが財産を受け取った時点における財産の価額が相続税法上の評価額となるのであって，Bの費消予定分に限られるわけではありません。それとの均衡から，相続税法は，当該受益者連続型信託に関する権利の価値に作用する要因としての制約が付されているものについては，当該制約は，付されていないものとみなすこととされているのです。

　したがって，Bが受益権を取得した時点で当該財産が100と評価され，その後Cが取得した時点で60と評価されたのであれば，BとCに対しては，それぞれ当該財産が100あるいは60であることを前提として相続税や贈与税が課せられることとなります。このように，受益者連続型信託については，受益者が変わるたびに課税関係が構築されることになり，また，その評価に当たっては，他の受益者が存在することは考慮されません（上記の例でいうと，Bに対して当該財産が40であることを前提として課税関係が構築されるわけではありません。）。

　ただし，受益者連続型信託に関する権利を有することとなる者が法人である場合には，本特例は適用されません（相法9条の3第1項ただし書）。

3　複層化信託と受益者連続型信託

　複層化信託が組成された場合の受益権の評価については，まず，収益受益権の評価額を算定し，信託財産の評価額からそれを差し引くことによって元本受益権の評価額を算出することとされています（→Q99参照）。

　そして，受益者連続型信託で，かつ，受益権が複層化された信託について，その収益受益権の全部を適正な対価を負担せず取得した場合には，信託財産の全部の価額をその権利の価額とし，一方で，元本受益権をゼロと評価することとされています（相基通9の3‐1(2)(3)）。

　ただし，法人が収益受益権を有する場合には，本特例は適用されませんの

で，元本受益権の評価はゼロとはなりません。また，本特例の適用により，価値を有しないとみなされた元本受益権は，信託期間中は贈与税や相続税の課税関係は生じませんが，信託が終了し，元本受益者が信託の残余財産の給付を受けることになる場合には，相続税法9条の2第4項の規定に基づき贈与税や相続税の課税関係が生じます。

〈とりあえず押さえておくべき民事信託の税務のポイント！〉

※　以下は，原則的な課税パターンの受益者等課税信託を前提とした説明です。詳細は，本文のQをご覧ください。

① 受託者への信託譲渡で，受託者に贈与税はかかりません。

② 自益信託なら，譲渡所得税，贈与税は発生しません。

③ 受益権の取得につき対価のない他益信託の場合，受益者に贈与税がかかります。

その場合，受益者は信託財産を取得したものとみなされ，受給開始の有無や毎月の受給金額にかかわらず，信託設定時に，信託財産の価格に対し贈与税がかかります。

④ 上記②・③のため，委託者生存中は，委託者が受益者を兼ねておき（当初自益信託），委託者死亡により委託者の推定相続人を第2次受益者や帰属権利者とする場合が多いといえます。この場合，委託者死亡時に，同推定相続人に対し，遺贈により譲り受けた者として相続税がかかることになるところ，相続税の負担は，基礎控除の額や税率の面で，③の贈与税よりも軽くなることが通常だからです（なお，上記の例で，第2次受益者や帰属権利者が委託者の推定相続人でない場合には，委託者死亡時に贈与税がかかります。）。

⑤ 信託不動産にかかる不動産所得について損益通算はできません。

⑥ 年1回，信託の計算書及びその合計表を税務署長に提出する必要があります。ただし，信託財産にかかる収益が暦年3万円未満なら提出不要です。したがって，自宅や預貯金原資の現金を信託財産とした信託の場合には，これらの計算書の提出は不要な場合も多いでしょう。

⑦ 教育資金贈与信託や特別障がい者扶養信託など，税務上優遇措置のある信託商品と組み合わせる場合が考えられます。

事 項 索 引

末尾の**ゴシック数字**は第○章の総論部分の項目○を指す。

例：6-1 ⇒ **第6章**の *1* 委託者 を指す。

執筆者一覧 (五十音順)

＊阿部秀一郎	鈴木　章	長谷川　裕
安部将規	高田健司	＊林　邦彦
石堂一仁	＊髙橋敏信	＊平井信二
井上圭吾	＊田上洋平	＊堀野桂子
岡﨑倫子	徳田　琢	本間亜紀
木原恵子	豊川大智	宮崎裕二
小関伸吾	＊中川みち子	元氏成保
小寺史郎	＊中祖康智	谷井健一
＊坂川雄一	＊中森　亘	吉田郁子
塩路広海	橋田　浩	余田博史
須貝信之丞	筈井悠太	

＊編集委員

弁護士が答える民事信託Q&A100

2019年11月1日　初版発行

編　　　者	大阪弁護士会司法委員会信託法部会
発 行 者	和　田　　　裕

発行所　日本加除出版株式会社

本　　社　郵便番号 171-8516
東京都豊島区南長崎 3 丁目 16 番 6 号
　 T E L　(03)3953-5757（代表）
　　　　　(03)3952-5759（編集）
　 F A X　(03)3953-5772
　 U R L　www.kajo.co.jp

営 業 部　郵便番号 171-8516
東京都豊島区南長崎 3 丁目 16 番 6 号
　 T E L　(03)3953-5642
　 F A X　(03)3953-2061

組版　㈱郁 文 ／ 印刷　㈱精興社 ／ 製本　藤田製本 ㈱